W0471150

Adolf Sievers

Vom Schiffsjungen zum Kapitän

Ein Tagebuch aus der Windjammerzeit

Koehlers Verlagsgesellschaft mbH
Hamburg

Ein Gesamtverzeichnis der lieferbaren Titel schicken wir Ihnen gerne zu.
Senden Sie eine E-Mail mit Ihrer Adresse an:
vertrieb@koehler-books.de
Sie finden uns auch im Internet unter: www.koehler-books.de

Bibliografische Information der Deutschen Nationalbibliothek
Die Deutsche Nationalbibliothek verzeichnet diese Publikation in der Deutschen Nationalbibliografie; detaillierte bibliografische Daten sind im Internet über http://dnb.d-nb.de abrufbar.

ISBN 978-3-7822-1015-7

Layout und Produktion: Nicole Marquardt
Illustrationen: Joanna Hegemann, Hamburg
Lektorat: Keren Bewersdorf
Korrektorat: Hans Albert
Druck und Bindung: fgb. freiburger graphische betriebe
Printed in Germany

Inhalt

Vorwort	7
Erste Segelschiffsreise	9
Zweite Segelschiffsreise	25
Dritte Segelschiffsreise	33
Vierte Segelschiffsreise	71
Fünfte und letzte Segelschiffsreise als Matrose	81
Meine Steuermanns-Schulzeit	98
Meine Dienstzeit in der Marine	100
Sechste Segelschiffsreise	103
Siebte und letzte Segelschiffsreise	123
Seemannsschule und Beginn meiner Dampferfahrzeit	137
Nachwort	140
Worterklärungen	141

...wenia aufräumen! Wie nun alles ruhig
, die Deckwache auf ihrem Posten war,
gegen 12 Uhr abends, stand der Capt. hinten an
der Reling, ich an der andern Seite, plötzlich steigt
von außenbords über die Reling in der Dunk-
heit ein vollständig nackter Mensch nur mit einem
umgekrempelten Stück Segeltuch um die Hüften
und packt den Capt. an. Wir alle waren sehr erschro-
cken, riefen die schlafende Wache zu Hilfe und mit
großer Mühe gelang es uns, den nackten Mann
zunächst in die Segelkoje zu sperren. Mit Gewalt
tobte der Segelmacher, ein starker großer
Mann, gegen das Schott, welches Segelkoje
und Kajüte trennte. Bald gab die Wand nach
und Spiegel flogen von der Wand und
wir wurden nun gezwungen ihn zu fesseln. Die
Hände wurden mittels eiserner Handschellen auf
dem Rücken gefesselt, dann ein Tau vom
...bord Luk gespannt und hier wurde nun
der Mann in der Mitte, auf der Luke am Tau
befestigt, so daß er sich nur auf derselben ein
wenig bewegen konnte. Da es warm war,
mochten wir ihn hier sich nicht austoben. Da-
nun hatte er mit den Zähnen wieder herum
gerissen, sogar den Nagel der großen Zehe hatte er
sich abgerissen und einen Bleistift in seiner Hand
trotz der starken Fesselung in Stücke zerlegt. Ich
hatte nun als Schiffsjunge die Bewachung vorzu-
nehmen. Brauner Lohmann war sein Leibgericht
und konnte ich so eine halbe Stunde mit dem
Mal immer einschmeicheln, er verlangte immer
...

Vorwort

Unser Großvater Adolf Sievers wurde am 25. Mai 1862 in Elsfleth/Weser als ältestes von vier Kindern geboren. Sein Vater Louis war als Kapitän auf einer Handelsreise in Pernambuco/Brasilien an Gelbfieber gestorben.
Trotz dieses für die Familie schweren Verlustes entschloss Adolf sich, auch den Seemannsberuf zu ergreifen.
Er begann 1877 als 14-jähriger Schiffsjunge auf einem Segelschiff seine seemännische Ausbildung.

Nach elf harten Jahren der erlebnisreichen und abenteuerlichen Fahrten über die Weltmeere erlangte er nach dem Besuch der Seemannsschule das Kapitänspatent.

Seine handschriftlichen Aufzeichnungen über die Segelschiffsreisen sind ein wertvolles Zeugnis der alten Windjammerzeiten.

Ursula Meiners
Helmut Hinterthür †

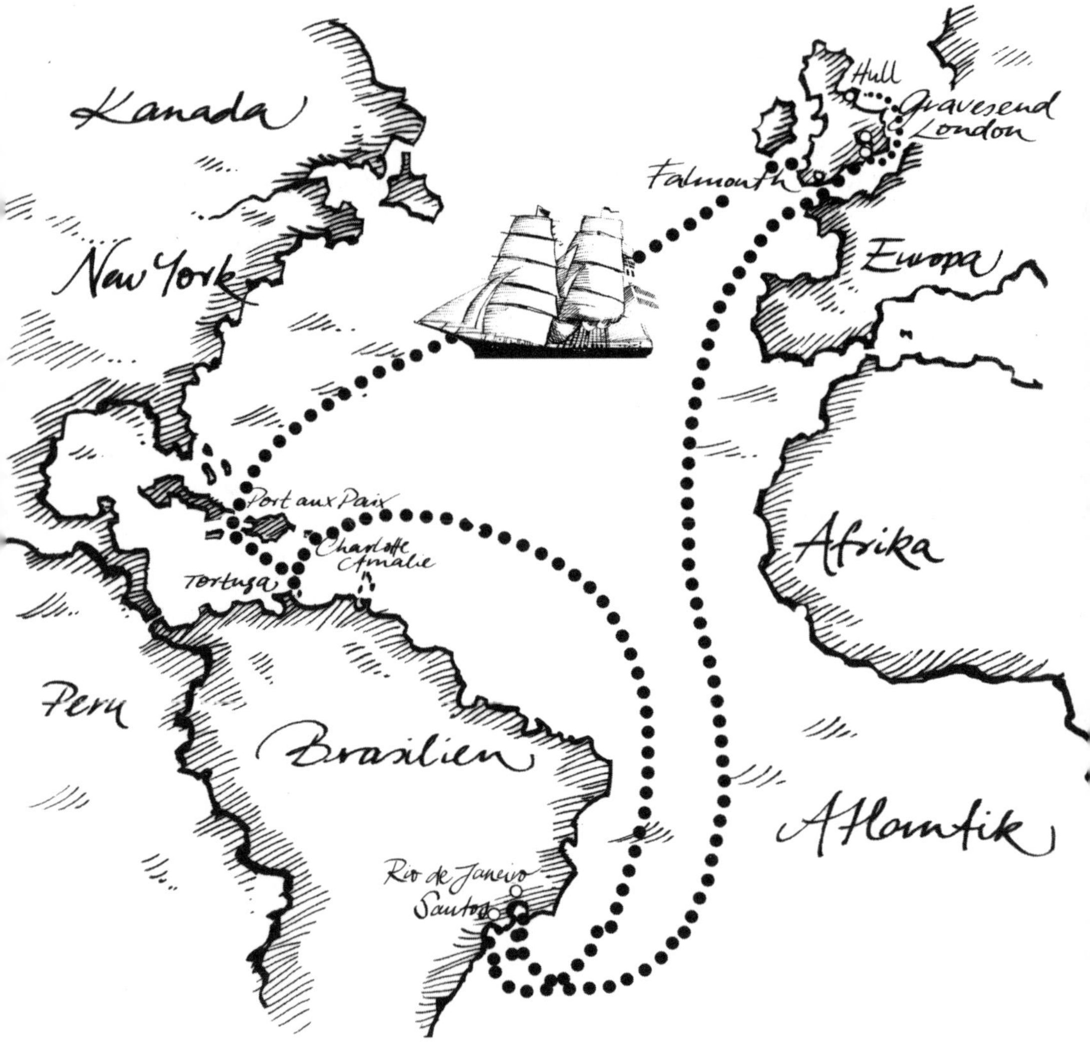
Kanada
New York
Hull
Gravesend
London
Falmouth
Europa
Port aux Paix
Charlotte Amalie
Tortuga
Afrika
Peru
Brasilien
Atlantik
Rio de Janeiro
Santos

Erste Segelschiffsreise

als Schiffsjunge
auf der Brigg W. VON FREEDEN

Rio de Janeiro – Port aux Paix

1877

Ostern 1877 war herangekommen, ich hatte meine Schulzeit beendet und wollte mich dem Seemannsberuf widmen. In größter Eile war man im Hause damit beschäftigt, meine Seeausrüstung fertig zu stellen, denn schon in der Woche nach Ostern sollte ich meinen Dienst auf der Brigg W. VON FREEDEN in London antreten. Vaters alte Seekiste wurde wieder in Stand gesetzt, wenn auch nur mangelhaft, wie ich später erfahren musste. Ein aus Bettdrell genähter großer Sack, gefüllt mit zwei Bund Stroh, war als Matratze gedacht, eine Wolldecke, mehrere Arbeitsanzüge, zwei Paar Schuhe und ein Paar Stiefel, die aber wie ein Sieb leckten, standen zur Verpackung bereit. Auf alles wurde Bedacht genommen, zuletzt kam der Nähkasten mit Nadeln und Schere, Zwirn, Stopfgarn, Spiegel und Kamm, Seife und auch Soda, denn ich musste mein Zeug selber waschen. Es fehlte bei der Abreise nichts, alles war in bester Ordnung für eine Reise von zwei Jahren, und meine Mutter, die ja als Seemannsfrau viele Male solche Ausrüstungen fertig gemacht hatte, verwendete hierauf besondere Sorgfalt, da ich als 14-jähriger Junge allein in die weite Welt ging und auf mich selbst angewiesen war.

Der Tag meiner Abreise rückte immer näher. Am Tag vorher ging ich zum Korrespondenz-Reeder, erhielt mein Reisegeld und 15 Mark, ein Monatsgehalt im Voraus. Freudig gab ich die 15 Mark meiner Mutter als erstes Geld, welches ich verdienen sollte, und auch sie freute sich, etwas entlastet zu werden, hatten wir doch vor vier Jahren unseren Vater verloren und somit auch den Verdiener. Am nächsten Morgen schon in der Frühe holte der alte Rathjen, der Seemannsgepäckträger, meine Seekiste und Strohsack, um sie zum Anleger zu bringen. Dann nahm ich von meiner Mutter und meinen Geschwistern Abschied und bestieg in Elsfleth den Dampfer PAUL FRIEDRICH AUGUST des Norddeutschen Lloyd, der mich nach Bremerhaven bringen sollte. Als der Dampfer unser Haus passierte, stand meine Mutter auf dem Deich vor der Tür und winkte lebhaft mit vielleicht bewegtem Herzen, denn hier stand sie auch bei Vaters letztem Abschied, leider auf Nimmerwiedersehen. Rasch ging es stromabwärts und bald war der Liener Deich, die Heimat meiner Jugend, meinen Blicken entschwunden. Die waren nun voraus gerichtet, mit dem Vergangenen konnte ich mich nicht mehr befassen. Ich dachte an eine abenteuerliche Zukunft, an das Land der Palmen mit den Indianern, an den Urwald mit den Affen, Papageien und Raubtieren, dann an große Weltstädte, an das Meer und die Stürme. Diese Bilder beschäftigten meine Phantasie unterwegs sehr, und nach mehrstündiger Fahrt stieg ich in Bremerhaven an Land, nahm bei meinem Onkel Wulf Quartier, der mich dann am nächsten Tage zum Dampfer SPERBER des Norddeutschen Lloyd brachte, mit dem ich nach London fahren sollte. Der Dampfer lag in der Schleuse seebereit und nahm hier noch eine Herde Schafe an Deck. Diese verursachten einen abscheulichen Geruch, besonders als sich dieser noch mit dem Maschinendunst mischte, und ich dachte, dass dieses Gemisch wohl die Seekrankheit fördern könnte. Mein Onkel, der noch an Land stand und den ich darauf aufmerksam machte, reichte mir aus seiner homöopathischen Apotheke fünf kleine Pillen und sagte: »Hier, mein Junge, nimmst du eine Pille von, wenn ihr den Feuerturm passiert habt, merkst du dann etwas, nimmst du die zweite Pille usw., sicher werden diese Pillen die Seekrankheit verhindern.«

Ich nahm Abschied von meinem Onkel, und wir verließen nun den Hafen. Bei ruhiger Fahrt hatten wir gegen Abend den Leuchtturm Hohe Weg und bald auch das WESER-FEUERSCHIFF erreicht, wo uns der Lotse verließ. Das Schiff fing jetzt langsam an sich zu bewegen. Schnell holte ich meine Pillen hervor, betrachtete die kleinen Sagokörner mit großem Misstrauen und dachte, wenn eine schon helfen soll, dann müssen fünf große Wirkung haben, verschluckte also alle auf einmal und war froh, nun gegen die Seekrankheit gesichert zu sein. An die Reling gelehnt beobachtete ich die untergehende Sonne, wie sie so feurig rot ins Meer tauchte in der Richtung, in der England liegen musste. Es war schon ziemlich dunkel, als ich das Deck verließ, und das Meer leuchtete. Unten in der Kajüte empfand ich das Schwanken des Schiffes im eingeschlossenen Raum bedeutend stärker und unangenehmer. Die Schraube ratterte fürchterlich und ungleichmäßig, denn wenn der Dampfer sich hinten hob und die Schraube blind schlug, verursachte dies ein Höllengerumpel, als wenn das Schiff aus allen Fugen springen wollte, und die Lampe zitterte und pendelte nach allen Richtungen. Bald kam der Steward und setzte die Schlingerleisten auf den Tisch, damit Teller und Schüsseln nicht herunterglitten, die Abendmahlzeit sollte beginnen. Trotz der Pillen im Leibe stellte sich bei mir Appetitlosigkeit ein und ich zog es vor, am Essen nicht teilzunehmen und meine Koje aufzusuchen. Ungewohnte Eindrücke stürmten auf mich ein, im Halbschlummer hörte ich auf die lebhafte Unterhaltung an der Tafel nebenan, halb englisch, halb deutsch, dazwischen das Gerumpel der Schraube, das Rauschen des Wassers gegen die Bordwand. Das schwere Stampfen des schlingernden Schiffes sowie das Pendeln des neben der Koje aufgehängten Zeuges machten mich fast schwindelig, und es dauerte nicht lange, da musste ich dem Neptun ein schreckliches Opfer bringen. Die Seekrankheit verstimmte mich sehr, verflogen waren alle schönen Träume der Zukunft. Ich dachte nur an die Heimat, an unser Haus, wie ruhig, still und friedlich dort jetzt doch alles sei, und schon jetzt kam mir der harte, raue Seemannsberuf zu Bewusstsein. Doch ein Zurück gab es nicht, ich musste aushalten, es war die tollste Nacht meines bisherigen Lebens. Langsam dämmerte der Morgen heran. Durch die Bullaugen meiner Kammer sah ich das Tageslicht schimmern, die Lampen waren erloschen. In der Kajüte wurde es wieder lebhafter, meine Kammerteilhaber waren aufgestanden und fragten spöttelnd, ob ich denn bei diesem schönen Wetter seekrank wäre. Ich dachte bei mir, wie wird es sein, wenn Sturm oder Orkan herrschen. Ich versuchte aufzustehen, krabbelte taumelnd an Deck, doch die Seekrankheit wurde nicht besser und ich begab mich wieder in die Koje. Das Schiff arbeitete ziemlich stark, und unter schweren Opfern, die ich Neptun bringen musste, verging auch dieser Tag, ein Sonntag, schleppend. In der Nacht, in welcher wir uns mehr der englischen Küste näherten, wurden die Bewegungen des Dampfers infolge der ruhigeren See geringer, und ich schlief so lange, bis ich vom Stoppen der Maschine aufwachte und merkte, dass die Schraube nicht mehr rumpelte. Ein Passagier in der Kajüte fragte einen mitfahrenden Neger, was denn los sei? – »The pilot came on board«, antwortete dieser. Leuchtend rot schien schon die aufgehende Sonne in meine Kammer. Ich schlief jedoch wieder ein und stand erst auf, als wir schon auf der Themse waren und Gravesend passiert hatten. Da mein Appetit sich wieder eingestellt hatte, nahm ich an der reich besetzten Frühstückstafel teil. Die Stewardess reichte mir eine Portion Kotelett und Kartoffeln und meinte wohlwollend, da ich so lange gefastet hätte, sollte ich durch diese Abschiedsmahlzeit den Sperber in guter Erinnerung behalten. Um acht Uhr morgens zum Frühstück schon Braten mit Kartoffeln war mir etwas ganz Neues. Aha, dachte ich, das ist eine von den Lichtseiten der christlichen Seefahrt und ließ es mir gut schmecken. Bald darauf ging ich mit neuem Lebensmut und gestärkt an Deck und ließ die fremden Eindrücke voll auf mich einwirken.

Mittlerweile waren wir London schon erheblich näher gekommen, der Verkehr wurde lebhafter, unzählige kleine Schlepper jagten auf und ab. Dann kamen uns große Dampfer entgegen oder fuhren mit uns, dazwischen kleine Segelfahrzeuge, die so beladen waren, dass das Wasser das Deck bespülte. Am meisten interessierten mich die großen eisernen, tief beladenen Segelschiffe, die Vollschiffe, von kleinen Dampfern seewärts geschleppt, und auf denen die Mannschaft mit Gesang die Anker aufsetzten. Andere kamen schwer beladen und von der Seereise sehr mitgenommen aus fremden Ländern, Gott weiß woher. Ich rannte von der einen Seite auf die andere, damit mir nichts verloren ging. So erreichten wir »Themsehaven«, wo wir am Pier anlegten, um die Schafe loszuwerden. Zu meinem großen Erstaunen ging das besser als ich dachte. Es wurde ein sogenannter Leithammel über den Landungssteg geschleppt und sogleich folgten die anderen Schafe nach, bis das Deck leer war, es nahm ungefähr eine Dreiviertelstunde Zeit in Anspruch. Weiter ging es nun in rascher Fahrt nach London hinauf. Immer gewaltiger wurde der Verkehr, kaum konnte sich unser Dampfer seinen Weg durch die vielen Schiffe hindurcharbeiten. Unendlich lange Reihen von Piers und Warenhäusern zogen sich am Ufer entlang. Kohlendampfer, in langen Reihen vertäut, wurden von »Jumpern« entlöscht. Vor Kohlenstaub und Dunst konnte man kaum eine Schiffslänge voraussehen. Endlich kamen wir langsam fahrend gegen zehn Uhr in die Nähe der London Docks und unser Schiff wurde an den Duc d'Alben befestigt. Nach der Zollabfertigung, bei der man hauptsächlich nach Tabak und Zigarren suchte, wurden meine Kiste und Matratze in ein Boot verladen – ich konnte auch selbst mit einsteigen, um den Dampfer zu verlassen. Da es gerade Niedrigwasser war, war die Landung in der Vorschleuse des London Docks sehr schwierig. Kisten und Sack wurden mittels eines Taues an der hohen Mauer hoch geholt und, da die W. VON FREEDEN ganz in der Nähe lag, konnte ich ohne weitere Schwierigkeiten bald an Bord gelangen.

Wie ich nun so mit meinem Kleidersack an Bord zog, kam ich mir vor wie Peter in der Fremde. Der Kapitän empfing mich und wies mir meine Kammer in der Kajüte an, die ich mit dem Steuermann de Boer teilen musste. Das Schiff machte auf Deck einen fürchterlichen, schmierigen Eindruck. Es hatte von Lagos eine Ladung Palmöl angebracht und das ganze Stauholz, mit Öl stark verdreckt, lag noch in größter Unordnung in großen Haufen umher. Auch in meiner Kammer sah es keineswegs einladend aus. Sie war dunkel und schmutzig, dazu der mir entgegenkommende sonderbare Schiffsgeruch, da wurde mir schon damals klar, dass zwischen Poesie und Wirklichkeit ein kleiner Unterschied bestand. Nachdem ich meinen Strohsack in die Koje gelegt und meiner Kiste das nötige Bettzeug entnommen hatte, wurde um zwölf Uhr Mittag gemacht. Der Koch, ein richtiger holländischer »Smerlapp«, der früher in Sumatra gegen die Wilden gekämpft hatte, trug in einer geputzten Messingterrine die ewige Schiffssuppe in die Kajüte, dazu Fleisch, Kohl und Kartoffeln. Wie der Kapitän und Steuermann fertig waren mit dem Essen, konnten der Koch und ich beginnen. Ich wollte mir nun einen reinen Teller holen, doch da kam ich aber schön an. »Nur um eben zu essen, kannst du dem Steuermann seinen Teller nehmen, sonst muss ich ja noch mehr Schüsseln aufwaschen!« – schrie der Suppenschmied mir entgegen. Natürlich machte ich ein sehr überraschtes Gesicht, entschloss mich aber zuletzt doch zum Essen. Mein Tischgenosse nahm des Kapitäns Teller, der stand auf Deck und war von der Katze reingeleckt. Der Koch füllte sich die Suppe schön hinein und aß mit großem Behagen und Appetit. »Pfui«, dachte ich, »das ist eine von den schlechten Seiten der christlichen Seefahrt, von der du noch nichts gehört hast, na, vielleicht Gewohnheit.«

Den Tag über waren meine Gedanken noch von den neuen Eindrücken vollständig in Anspruch genommen, als aber der Abend kam und die Arbeit ruhte, erinnerte ich mich wieder an meine Heimat. Ringsherum war es still, in der Abenddämmerung läuteten in der Ferne schwermütig die Glocken. In meiner Kammer brannte trüb die kleine Lampe, ich hörte nur die Katze und die Ratten im Spardeck sich lebhaft widersprechen, sonst war hier unten auch alles still wie das Grab. Aus Langeweile öffnete ich meine Kiste, hier lag noch alles so wie Mutter es sorgfältig eingepackt hatte. Meine Gedanken waren wieder zu Hause in der Kinderstube bei meiner Familie, und bald stellte sich das Heimweh ein, ich fing bitterlich an zu weinen. Traurig schlüpfte ich dann in mein dunkles Kojenloch hinein, zog die Gardinen zu und schlief ein. Nach einer Weile verspürte ich im Gesicht so etwas, als wenn jemand mit einer Feder darüberführe. Erschrocken fuhr ich mit der Hand über mein Gesicht und erfasste einen Rattenschwanz, doch leider war mir der nächtliche Gast wieder entschlüpft, ich hatte nicht fest genug zugepackt. Mein Gesicht tief unter die Decke verhüllend schlief ich bis zum anderen Morgen um fünf Uhr dreißig, um nun von dem Koch, der schon um vier Uhr aufstand, geweckt zu werden.

Angekleidet mit Arbeitshose und Bluse und die nie fehlenden Messer und Scheide umgeschnallt, betrat ich wohlgemut das Deck, um den ersten vollen Tag meines Berufes zu beginnen. Punkt sechs Uhr rief der Steuermann »Turn to!«. Die an Bord befindliche Mannschaft kam an Deck, sie sollte mit dem Segelanschlagen beginnen. Zuerst kam das Großbramsegel an die Reihe. Zum Aufheißen wurde eine Jolle nach oben gebracht. Hiermit heißte man das zusammengebundene Segel bis zur Bramrah, um es dann an dem Jeckstag der Rah zu befestigen. Da mir diese Arbeit neu war, bekam ich hierbei manche grobe Belehrung mit noch nie gehörten kräftigen Schimpfausdrücken und Püffen. Die Matrosen gingen nach oben, und von dort aus dem Mast wurden mir allerhand Schiffsausdrücke zugerufen, die ich aber gar nicht verstand. »Bramgeitaue und Gurten los!«, schrie wieder einer. Aufgeregt betastete ich an der Nagelbank entlang die vielen dicken und dünnen Taue, bis einer, der dies bemerkte, schrie: »Dat mit den blauen Lappen!« In der Hast warf ich nun die Jolle los, woran das Bramsegel hing. »Fest! Hol an.« »Du verdammter Gymnasiumsschleicher!«, wurde von allen Seiten geschrien, und auch der Steuermann kam herbeigelaufen, um mich die Schiffsmettwurst kosten zu lassen. Hier an Deck war ich also nicht zu gebrauchen, ich musste jetzt nach oben. Das Klettern in der Takelage hatte ich schon in der Heimat erlernt, schwindelig wurde ich nicht, und so ging ich gleich auf die Rahnock hinaus, um den Steckbändsel zu belegen. Nach einigen kräftigen Hieben mit dem Steckbändsel selbst hatte ich diese Arbeit bald begriffen. Das Segel wurde festgemacht, und an Deck wurde mir nun das laufende und stehende Gut (Tauwerk) erklärt, vor allen Dingen, wo sich der Platz an der Nagelbank für jedes Tau befand. Durch den Wegweiser im Want geschoren, von vorn beginnend, sind die Taue wie folgt geordnet: Fockgeitau, Fockbauchgurten, Focknockgurten, Fockreeftalje, Untermarsgeitaue, Untermarsgurten, Obermarsdurchholer, Obermarsgurten, Bramgeitau, Brambauchgurten, Bramnockgurten, Royalgeitaue, Royalgurten, Bramsegelschoten, Royalschoten, Focksegelfall, Klüverfall, Außenklüverfall, Jagerfall und Bram- und Royalfall. Auf verschiedenen Seiten verteilt, waren die Obermarssegelfalle, Klau- und Piekfall, Mittelstagsegelfall etc. die Brassen. Sowie das Schiff nun aber unter Segel ist, kommen noch die Fockschoten, Großschoten, Klüver- und Briggsegelschoten, Piekgeien, Bullen, Bullleinen etc. dazu. An diesem Vortrag hatte ich lange zu verdauen.

Nach sechs arbeitsreichen Tagen kam mein erster englischer Sonntag heran, still und langweilig. Die einzigen Personen, die man sah, waren Damen aus »Sailorshome«, die mir belehrende heilige Schriften überreichten. Ich nahm mir einen Schiffszwieback zum Frühstück und las die Bücher teilweise durch. Der Inhalt dieser Schriften war ebenso langweilig wie das Kauen des Schiffszwiebacks, deshalb brach ich kurzerhand damit ab und ging wieder zum Weltlichen über. Ich besah mir unseren großen Konkurrenten nebenan, eine schöne große Bark, die auch nach Rio de Janeiro und in zwei Tagen segeln sollte. Am Nachmittag ging ich mit dem Zimmermann an Land, um mir die Straßen von London anzusehen. Mit dem Omnibus fuhren wir bis Tower Bridge und wanderten zum Tower. Dieses finstere, schmutzige Kolossalgemäuer machte einen unheimlichen Eindruck. Wie viele Menschen waren hier eines gewaltsamen Todes gestorben! Wir kehrten dieser historischen Stätte bald den Rücken und kamen nach London Bridge, hier war schon mehr Leben. Obgleich es Sonntag war, konnte man hier vieles sehen und kaufen. Ein kleines Mädchen schrie immer hinter mir her: »Johnny, box matches, box matches, Johnny.« Ich kaufte mir eine solche Schachtel Wachszündhölzer, die mir ganz unbekannt waren. Sie zündeten, brannten und rochen gut. Dann waren schöne Apfelsinen zu haben, auch davon kaufte ich mir einige, die sehr billig waren. Da es mittlerweile sieben Uhr geworden war und die »Public Houses« geöffnet wurden, begaben wir uns nach »Highway«, dem Seemannsvergnügungsort. In einem »Bar Room«, wo eine rothaarige Irländerin uns Stout und Ale vorsetzte, erfrischten wir uns nach den Schlenderstunden und gelangten um neun Uhr wieder an Bord, wo ich auch bald in meine Koje kroch.

Am nächsten Morgen wurde mit dem Beladen des Schiffes fortgefahren. Die Ladung kam meistens aus tiefbeladenen »Lanchas«. Eisen, Zement, Schiefer, Steingut, Farben, Manufakturwaren in Kisten, Säcken und Ballen, auch Klaviere sowie Spielsachen. Alle diese Stückgüter wurden unten im Schiff fest verstaut. Gegen Ende der Woche war das Schiff seeklar. Zuletzt kam das Wasserboot, um unsere Tanks aufzufüllen, und dann wurden noch die Kohlen für die Küche übernommen.

Eines schönen Nachmittags, gegen Ende April, holten wir in den Vorhafen, um am nächsten Morgen seewärts geschleppt zu werden nach Gravesend. Schon früh am anderen Tag kam der Lotse an Bord. Als wir damit beschäftigt waren, die Befestigungstaue einzuholen, erschien auf der Kaimauer in einem komischen Aufzuge der noch fehlende Matrose. Die kleinen Mädchen vom »Highway« hatten ihn sehr ausgeplündert und dann auf die Straße entlassen. Jacke, Hose und die Schuhe fehlten. Das weiße Manschettenhemd hing lang unter der Weste herab, die Strümpfe waren über die Unterhose gezogen, der Schlapphut saß hinten auf dem Kopf. So glich der Mann einem »Scotch Highlander«, er sprang schnell an Deck und verschwand ins Logis.

»He has made a pierheadjump!«, lachten die Umherstehenden »Runner« und »Boardingmaster«. Der Dampfer schleppte uns nun auf den Strom, und langsam ging es seewärts, noch letzte Grüße mit den an Land stehenden Aussaugern der Seeleute wechselnd. Die Stimmung der Besatzung war gedrückt. Das so schöne Landleben hatte jetzt aufgehört, Arbeit und Entbehrungen aller Art stellten sich wieder ein und einige von uns würden Europa überhaupt nicht wiedersehen. Das gelbe Fieber hatte schon viele Opfer gefordert, auch Rio de Janeiro stand nicht im besten Ruf.

Als wir Gravesend passiert hatten, ankerten wir unterhalb der Stadt, um 50 t Pulver einzunehmen, und machten das Schiff seeklar. Der Kapitän, R. Meyer, der mit dem Lotsen an Land gefahren war, kehrte mit demselben am anderen Morgen gegen vier Uhr zurück, zusammen mit dem Dampfer. Wir gingen bald Anker auf, um weiter seewärts geschleppt zu werden. Es war ein schöner, lachender Frühlingsmorgen, der Wind mäßig östlich. In der Ferne hörte man das Schießen der Soldaten auf den Schießständen, in derselben Richtung bemerkte ich dicht am Ufer liegend ein wahres Seeungetüm, einen Raddampfer mit riesigen Radkästen, vielen Schornsteinen und Masten. Es war die GREAT EASTERN, welche dort ihr Alter in Ruhe beschloss. Nach einem letzten Blick über das liebliche Gelände verschwand bald das Land, man sah es nur verschwommen am Horizont. Wir näherten uns jetzt North Foreland, und da der Wind günstig war, setzten wir zunächst die Stagsegel. Bei auffrischender Brise wurde die See bewegter, und manchmal tanzte der Dampfer vor uns herum wie ein Korken auf den Wellen. Bei South Foreland angekommen, setzten wir die Rahsegel. Jetzt verließen uns der Lotse und Schlepper, noch viele »good bye« zu uns herübersendend, und mit vollen Segeln durchschnitt die W. VON FREEDEN die grünen mit Schaum bedeckten Fluten, dem fernen Ziel zustrebend.

Da wir die weißen Kalkfelsen von Dover in Sicht hatten, wurde der Kurs jetzt westlicher, das Schiff schlingerte gewaltig von einer Seite zur anderen. Die Stagsegel waren heruntergeholt, die Rahen waren vierkant gebrasst, wir segelten glatt vor dem Winde. »Acht Glasen!«, rief der Kapitän dem Mann am Ruder zu. Der Rudersmann kündete nun durch eine hell klingende Glocke das Mittag an, das vorn durch die große Glocke beantwortet wurde.

Die Mannschaft begab sich zum Essen, der Kapitän übernahm die Wache und ich begab mich nach dem Heck, wo ich der auflaufenden, sich überschlagenden grünen See zuschaute, die brausend am Schiff vorbeilief, mittschiffs das Deck füllte und hier etwa lose Deckgegenstände von einer Seite zur anderen schleuderte. Durch die gewaltigen Bewegungen, besonders durch das Heben und Senken des Schiffes an den Enden, musste ich bald dem Neptun ein Opfer bringen, das durch die Erbsensuppe mit dem Speck nicht gemildert wurde. Wie der Kapitän nun bemerkte, dass das Schiff noch einen Teil dieses Opfers abbekam, rief er mir zu: »Junge, maak dat du an de Siet kummst und spee dor wieder. Achtern Liener Diek dor is's wohl beter, wat?« – Ich dachte natürlich auch so, aber ich sagte nichts. Mit neun bis zehn Seemeilen Fahrt passierten wir Dover, Dungeness, Beachy Head, Start Point und als letztes Landzeichen winkten uns die Feuer von Lizard und Scilly Islands die letzten Abschiedsgrüße Europas.

Der Kurs wurde jetzt auf SW gesetzt. Da der Wind immer noch östlich, also günstig blieb, setzten wir die Stagsegel. Das Schiff lief jetzt ruhiger, jedoch nahmen Wind und Seegang zu, so dass wir die Bramsegel strichen. Meine Seekrankheit hatte sich etwas gelegt, und in der dunklen Nacht sah ich häufig der brausenden, leuchtenden, sich überschlagenden See zu. Besonders interessant war es, wenn Pottwale unser Schiff begleiteten. Man konnte deutlich ihre Bahn als einen leuchtenden Streifen in der See verfolgen. Mitunter kamen diese Tiere zum Luftholen an die Oberfläche, ein unheimlich schnarchendes Geräusch verursachend. Der Wind heulte in der Takelage, brausend durchschnitt das Schiff unter dem gewaltigen Druck der Segel die leuchtenden Fluten, auf dem Ausguck sang der Matrose nach einer schwermütigen Melodie »Heut Morgen um viere kam der Lotse an Bord, guten Morgen, ihr Matrosen, jetzt müssen wir fort.« usw. – und so bekam ich erst den richtigen Eindruck vom wirklichen Seemannsleben auf großer Fahrt. Stets sind mir gerade diese Eindrücke später als ideale Seefahrt immer wieder vor die Seele getreten, und oft habe ich das moderne Seeleben auf den großen Hoteldampfern mit diesen Segelschiffsidealen verglichen, musste aber doch den außerordentlichen Fortschritt mit Freude anerkennen.

Am Tage sah ich im Wasser allerlei Algen schwimmen, wovon eine Art meine besondere Aufmerksamkeit erregte, nämlich der spanische »Bei dem Winder« oder »Man of War«, eine schöne, rosa und blau gefärbte Schwimmblase mit langen Fäden, die mit der Breitseite immer gegen den Wind lag. Bald erreichten wir wärmere Breiten, und an einem Sonntag wurde es ganz windstill. Die lange Dünung bewegte das Schiff nur mäßig, die Sonne strahlte auf die unendliche blaue Flut, ich erfreute mich wieder an der großartigen Natur.

Nachdem ich meine Seekiste wieder geordnet hatte und die darin gefundenen Apfelsinen-Kuchen verzehrt hatte, war es Mittag geworden, es gab Sackkuchen mit Pflaumen und Salzfleisch, eine Göttermahlzeit für den Seemann.

Der Wind frischte jetzt auf, wir konnten wieder Kurs steuern, und bei guter Fahrt sichteten wir eines Morgens in der Dämmerung Madeira. Bei Sonnenaufgang segelten wir an der Ostküste der Insel vorbei. Die Sonne färbte die Spitzen der Berge purpurrot. Ich war sehr gespannt und neugierig, besah mir durch ein Fernglas die viel genannte schöne Insel in der Nähe. Nach einigen Tagen passierten wir die Insel Palma der Kanarischen Inseln, und damit war die Region des Nordost-Passats erreicht. Die schweren Segel wurden gegen alte, leichtere gewechselt, die Stimmung der Mannschaft hob sich wieder und gemächlich schlängelte die W. VON FREEDEN dem Äquator zu. Das indigoblaue Meer glänzte bei bewegter See im herrlichsten Sonnenschein. Wunderschön gefärbte Fische begleiteten unser Schiff. Hin und wieder flogen Scharen von Fliegenden Fischen über die See und verschwanden wieder nach kurzem Flug in der Silberflut, aufgeschreckt durch unser Schiff oder verfolgt von großen Fischen, wie Bonitos oder Seewolf. An einem Sonntag holten wir unser Fischzeug hervor und versuchten, die großen Fische durch weiße Lappen oder blanke Löffel anzulocken. Ein Mann setzte sich dann auf die Spitze des Klüverbaums, einen blanken Löffel am Bande in der See spielen lassend, während ein anderer mit einer Harpune am Stampfstock stand, bereit, die Fische zu harpunieren, sowie sich einer verlocken ließ nach dem Löffel zu schnappen, der einen Fliegenden Fisch vortäuschen sollte. Eines Tages wurde ein großer Schweinsfisch harpuniert. Wir zogen ihm die Speckhaut ab, brieten aus ihr Tran und verzehrten das Fleisch als schöne Beefsteaks, die uns großartig schmeckten. Bei der Ausweidung dieses großen Fisches aß der Segelmacher plötzlich die Galle, wir merkten sofort, dass er geistesgestört war. Nachher beim Segelnähen stach er sich tief in den Arm, beim Deckwaschen trank er einen halben »Admiral« voll Seewasser aus. Eines Abends saß der Segelmacher bei Öllampenbeleuchtung im Logis, las in der Bibel und betete fortwährend »Eli lama asabthami«, Herr erbarme Dich meiner! Als nun alles ruhig und die Deckwache auf ihrem Posten war, so gegen elf Uhr abends, stand der Kapitän hinten an der Reling, ich auf der anderen Seite. Plötzlich stieg von außenbords über die Reling in der Dunkelheit ein vollständig nackter Mensch, bekleidet nur mit einem ausgefransten Stück Segeltuch um die Hüfte, und packte den Kapitän an. Wir alle waren sehr erschrocken, riefen die schlafende Wache zu Hilfe, und mit großer Mühe gelang es uns, den nackten Mann zunächst in die Segelkoje zu sperren. Mit großer Gewalt tobte der Segelmacher, ein großer starker Mann, gegen das Kajütschott, das die Segelkoje von der Kajüte trennte. Bald gab die Wand nach, Uhr und Spiegel flogen von der Wand, und so wurden wir gezwungen, ihn zu fesseln. Die Hände wurden mittels eiserner Fesseln auf dem Rücken gefesselt, ein Tau vorne über die Luke gespannt und hier dran wurde nun der Mann in der Mitte der Luke am Tau befestigt, so dass er sich nur auf derselben ein wenig bewegen konnte. Da es warm war, ließen wir ihn hier sich austoben. Das Zeug hatte er mit den Zähnen wieder heruntergerissen, sogar hatte er sich den Nagel aus dem großen Zeh ausgerissen und trotz der starken Fesselung einen Schleifstein in seiner Nähe in Stücke zerlegt.

Ich hatte nun als Schiffsjunge die Fütterung vorzunehmen. Braune Bohnen waren sein Leibgericht, und so konnte ich ihm dies eine halbe Stunde lang mit dem Löffel einschaufeln. Er verlangte immer noch mehr, satt wurde er trotzdem nicht. Nach acht Tagen hatte sich der Segelmacher wieder so weit beruhigt, dass er entfesselt werden konnte. Doch die Ruhe dauerte nicht lange. Kurz darauf begab er sich eines Nachts in den Proviantraum vor dem Logis und warf Pökelfleisch und Sauerkohl durch ein Fenster in den Schlafraum der Mannschaft. Als diese nun die Wache ablöste, sah sie das Labskaus vor ihren Kojen, und noch immer kam neue Zufuhr durch das Schiebefenster. Der nackte Anstifter wurde schleunigst wieder gefesselt und angebunden bis zur Ankunft in Rio de Janeiro, wo das Krankenhaus ihn aufnahm.

Wir erreichten nun bald die Kalmen und somit den Äquator, der mir durch ein Fernrohr gezeigt wurde, indem man einen Faden quer vor das Glas spannte. Ich fiel aber auf den Leim nicht herein. Acht Tage trieben wir nun in einer vollständigen Windstille, so dass wir die Segel aufgeiten und einzogen.

Die Wasserspinnen schossen auf der Oberfläche des Wassers hin und her. Auch Haie ließen sich sehen, die stets von kleinen schwarz-gelb gestreiften Fischen, sogenannten Bootsmännchen, begleitet waren. Nach vielen Regenschauern und veränderlichen Winden setzte endlich der Südost-Passat ein, und wir konnten nun den letzten Abschnitt unserer Reise, scharf am Wind bei sechs bis acht Seemeilen Fahrt, ungehindert zurücklegen.

Am 52. Tag unserer Reise sichteten wir nachmittags an Steuerbord das sichere Wahrzeichen von Rio de Janeiro, den Zuckerhut, und kreuzten uns bis zum Abend in die Bucht unter das Fort Santa Cruz, wo es dann wieder windstill wurde. Hilflos trieben wir hier mit mehreren Schiffen umher. Die Lage wurde bald gefährlich, einem deutschen Dreimastschoner stießen wir mit unserem Bugspriet den Besanmast über Bord. Als wir mit großer Mühe davon frei waren, trieb ein großes amerikanisches Vollschiff auf uns zu. »Slip your anchor!«, schrie jemand zu uns herüber. – »We can't slip our anchor!«, schrie unser Kapitän zurück. Sogleich ließ der Amerikaner seinen Anker fallen, doch die Kette riss und der Anker mit ca. 90 Faden Kette ging verloren. Merkwürdigerweise trieben wir nach innen, während der Amerikaner der See zu trieb. Gegen Mitternacht konnten wir auf der Außenreede von Rio de Janeiro ankern, machten die Segel fest und ein Mann übernahm die Wache.

Hier war ich nun in der schönsten Tropenlandschaft der Erde. Schon bei Annäherung zum Land in der Einfahrt war ich von der großartigen Naturschönheit ganz entzückt. Links der Zuckerhut in ziemlicher Entfernung, rechts ein üppiger Tropenwald mit den majestätischen Palmen, dazu ein starker balsamischer, mir fremder Geruch. Die Träume meiner Jugend waren erfüllt, hier sah ich sie verwirklicht. Am liebsten wäre ich gleich an Land gestiegen, doch das hatte noch lange Wege. Auf meiner Wache an Deck betrachtete ich die Umgebung durch das Glas so gut es möglich war. Die unzähligen Lichter, die von der südlichen Seite der dahinter liegenden Berge herüberfunkelten, verrieten eine große Stadt mit Leben und Verkehr. Bei Tagwerden gingen wir wieder Anker auf und segelten nach der Innenreede auf unseren Löschplatz. Viele Apfelsinen trieben bei unserem Schiff im Wasser. Begehrlich betrachtete ich sie, es war mir unerklärlich, dass so wertvolle Früchte, die bei uns damals zwei bis drei Groschen kosteten, hier wertlos herumtrieben. Zur Probe fischte ich einige davon aus dem Wasser. Sie sahen gar nicht übel aus, doch warf ich sie misstrauisch wieder fort. Viele Kanus fuhren vorüber mit zwei braunen Indianern bemannt, gerade so, wie ich es in den Büchern abgebildet gesehen hatte. Es fehlte den Indianern nur der Federschmuck, doch meine Fantasie dachte den hinzu.

Es wurde nun mit der Löschung der Ladung begonnen. Zunächst sollten wir das Pulver in Leichter löschen. Wir bauten an einem Nachmittag, als der Kapitän sich an Land befand, die 50 t Pulver unter der Großluke auf, um sie am nächsten Morgen schnell übergeben zu können. Als es dunkel wurde, schlossen wir die Luke und begaben uns zum Abendessen. Ich hatte die Wache an Deck und ging nach hinten. Plötzlich bemerkte ich aus der Heckluke Rauch aufsteigen und alarmierte sogleich die ganze Mannschaft. Jeder stürzte zur Großluke, die Luke wurde aufgerissen, und wir bemerkten in der Nähe des Pulvers Feuer in einem Haufen Stroh. Da keine Spritze zur Hand war, mussten einige von der Mannschaft, voran der Steuermann, auf Leben und Tod sich in den Höllenschlund begeben und die ihnen gereichten Eimer mit Wasser auf das Feuer gießen. Das Feuer hatte schon einige Pulverkisten erreicht, aber da dieselben noch eine innere Blechhülle hatten, konnte das Pulver nicht zünden. Wir dankten dem Schöpfer, dass wir das Feuer vom Pulver fernhalten konnten. Doch ein Teil der Ladung hatte dennoch gelitten, besonders waren die großen Porzellan-Crates vom Stroh entblößt und die Farbe in den Fässern war vom Wasser beschädigt. Nach dem Löschen des Feuers ließen wir die Luke offen und hielten scharf Wache. Wir saßen an dem Abend noch lange beisammen und besprachen unsere kritische Lage auf dem Pulverfass. Wie sich nachher herausstellte, war der Steuermann De Boer mit offenem Licht im Raum gewesen. Wahrscheinlich war ein Stück vom Docht ins Stroh gefallen, und das hatte Feuer gefangen. Nach Entladung des Pulvers verholten wir in den inneren Hafen, machten am Kai fest, und der Rest der Ladung wurde hier gelandet.

An einem Sonntag ging ich nun an Land. Die Straßen waren eng, die Häuser meistens nicht überdeckt. Auffallend war für mich die Verlesung des Kaffees in den weniger belebten Straßen, die von Negerweibern mit flachen Körben vor den Häusern verrichtet wurde. Die Straßen waren durchweg schmutzig und die Hitze fast unerträglich. Ich wanderte nunmehr in die Umgebung, großartig schön war es da. Doch den Wald konnte ich nicht erreichen und die schönen Palmen im botanischen Garten habe ich nicht gesehen. Müde gelangte ich am Abend wieder an Bord und freute mich, als ich den Abend ruhig verbringen konnte. Es wurde mir hier schon klar, dass die Abenteuerlust durch die furchtbare Hitze ganz außerordentlich gedämpft wurde und die großartigen Eindrücke nicht mit solcher Frische aufgenommen werden konnten wie im gemäßigten Klima. Es lagen von unserer Reederei Stindt noch mehrere Schiffe im Hafen: MINERVA, STEPHANIE und der ADOLF, dessen Kapitän Onkel Schnedes war. Ich besuchte Letzteren, doch war er kaum zu sprechen und ich nahm schnell wieder Abschied.

Da hier keine Fracht für unser Schiff nach Europa zu erhalten war, mussten wir nach St. Thomas, Westindien, segeln, um uns dort Ladung zu suchen. Eines Tages fuhren wir mit vollen Segeln in der herrlichen Bai von Rio de Janeiro spazieren, um weiter einwärts Ballast aufzunehmen. Da der Kapitän an Land war, übernahm der Steuermann die Führung. Hierbei gab es nun viel Lärm und Geschimpfe, natürlich bekamen wir Jungs das meiste davon ab, und das Tauende sauste mitunter empfindlich auf unsere Rücken herab. Weil die Manöver schnell und sicher zu erfolgen hatten, mussten wir laufen und springen wie die Affen.

Anfang Juli lichteten wir den Anker und segelten hinaus aufs Meer. Beim Ausgang der Bai unter Fort Santa Cruz wurde es plötzlich still. Da wir Gefahr liefen, auf die Felsen geworfen zu werden, setzten wir ein Boot aus und bugsierten, die Leine am Ende des Klüverbaums befestigt, die W. VON FREEDEN von den Felsen ab nach der Mitte zu. Endlich kam die Seebrise durch und langsam kreuzten wir in den Atlantik hinein, bis die Küste unseren Augen entschwunden war und wir Kurs auf die Westindischen Inseln steuern konnten. Nach zwanzigtägiger Reise kamen wir in einer schönen Nacht bei mäßiger Brise vor St. Thomas an, legten das Schiff mit backgebrassten kleinen Segeln bei, um den Tag abzuwarten. Beim Tagwerden kam der Lotse uns entgegen, und nun passierten wir mit vollen Segeln und flotter Fahrt die Einfahrt des großartigen Hafens von St. Thomas. In herrlichster Morgensonne lag die prächtig gelegene Stadt Charlotte Amalie vor uns.

Die Stadt lag an drei Bergen angelehnt vor unseren entzückten Blicken. Ich konnte mich nicht satt sehen, und dies ist wohl eine der schönst gelegenen Städte, die ich auf meinen Weltfahrten gesehen habe. Rechts in der Mitte der schönen Bai ankerten wir, machten die Segel fest und verrichteten Malarbeiten außenbords. Es kamen nun viele kleine Boote längsseits, deren Insassen, Neger, uns Muscheln aller Art und weiße Korallen, betupft mit Blau und Rot, zum Kauf anboten. Auch forderten sie uns auf, Geldstücke in das klare Wasser zu werfen, um sie durch Tauchen wieder heraufzuholen, was jedes Mal sicher gelang, obgleich hier viele Haifische waren. Wir hatten hier eigentlich eine schöne, ruhige Zeit. Am Abend, wenn die Seebrise eingeschlafen war, setzten wir uns auf die Back, über uns die Sterne der herrlichen Tropennacht, um uns herum die Berge mit dem spärlichen Wald, aus dem ein unaufhörliches Zirpen ertönte, das erst mit Sonnenuntergang wieder verstummte. Wir erzählten uns dann von der fernen Heimat und wo unsere Reise wohl hingehen würde, nach Deutschland oder wieder nach England und mit was für Ladung. Auch erzählten die älteren Matrosen von ihren kaum zu glaubenden Abenteuern, der Koch von seinen Kriegserlebnissen auf Sumatra. Dabei paffte jeder in vollen Zügen den Tabakrauch in die dunkle Tropennacht hinein.

Nach achttägigem Aufenthalt hatte der Kapitän eine Fracht von Haiti nach Falmouth »for order« mit Blauholz. Der Proviant wurde ergänzt, Tabak für die Mannschaft gekauft. So verließen wir den Hafen von St. Thomas und steuerten an der Nordküste von Puerto Rico und Haiti entlang bis zur Insel Tortuga, der Freibeuterinsel, wo wir dann erst einen Teil des Steinballastes über Bord warfen. Von hier segelten wir mit vollen Segeln nach unserem Bestimmungshafen Port aux Paix der Insel Tortuga gegenüber und warfen Anker.

Der Ort war ein richtiges Negerdorf von etwa tausend Einwohnern. Es bestand meist nur aus Holzbauten und war sehr schmutzig. Das Blauholz kam mittels Mauleseln aus dem Innern, wurde am Strand aufgestapelt und von dort in Leichtern an Bord geschafft. Wir begannen sofort mit dem Laden. Das Arbeiten in dem Holz wurde mir sehr schwer. Durch das häufige Ausgleiten auf den Stämmen waren meine Füße ganz zerschunden, und die Stiche der im Holz befindlichen Skorpione und Tausendfüßler verursachten schmerzhafte Anschwellungen. Das Klima war heiß und ungesund, der Proviant mangelhaft. Wir mussten mehrmals eine Ziege schlachten, um überhaupt frisches Fleisch zu bekommen. Eines Tages hatten die Fischer eine Seekuh gefangen, auf den Strand gezogen, zerteilt und das Fleisch verkauft. Es ist dies das einzige Mal, dass ich von einer Seekuh gehört und gesehen habe. Es ist wohl ein Lamantin aus dem Orinoco gewesen, welcher sich dorthin verirrt hatte, probiert habe ich das Fleisch nicht. Üppigster Tropenwald bedeckte die Gegend. Überall, wohin man sah, und auch weiter fort sah man hohe Gebirge, während die Küste mäßig hügelig, aber bis an die See bewaldet war. Auf etwa sechs Meter Wassertiefe sah man im klaren Wasser eine prachtvolle Meeresflora. Zwischen den schön gefärbten Pflanzen und Korallen schwammen blaue und rot mit gelb gefärbte Schuppenfische. Ich habe manchmal stundenlang den wundervollen Meeresgrund durch das klare Wasser bewundert und auch versucht, einige Gewächse heraufzuziehen, jedoch an der Luft vertrocknete und verblasste alles schnell.

Um unser Trinkwasser zu ergänzen, luden wir ein großes Fass ins Boot und fuhren einen kleinen Fluss ziemlich weit hinauf, um hier das Fass zu füllen und dann wieder an Bord umzufüllen, eine sehr mühsame Arbeit, die reine Robinsonade. Hier sah ich nun ein Stück Urwald, wie ich es später nur wieder in Nikaragua gesehen habe. Seltene Bäume und Sträucher standen an den Ufern, sogar Kokospalmen, Bananen und Apfelsinenbäume. Eine Unmenge blauer und roter Krebse verschwanden in ihren Löchern. An einer Kokospalme, die mit Früchten behangen war, banden wir das Boot an und bestiegen das Land. Herrlicher Wald ringsherum, man konnte kaum durchkommen. Hier musste früher eine Zuckerrohrplantage gewesen sein, denn überall lagen verrostete Zuckerpfannen, von üppigem Tropenwald schon wieder überwuchert. Bäume mit schönen großen Blüten fielen mir besonders auf, und in diesen Blüten schwirrten kleine geflügelte Tiere, die ich erst für Libellen hielt. Beim näheren Betrachten stellte ich aber fest, dass es Kolibris waren, die mit ihren Schnäbeln von unten in die Blüten drangen, um sich hier ihre Nahrung zu holen. Lange sah ich diesem Spiel zu, bis mich einer der Matrosen aufforderte, in die Palme zu klettern, um Nüsse herunterzuholen. Ich kletterte hinauf, eine Teufelsarbeit, und schnitt auch einige Nüsse ab, aber nie wieder habe ich mich dazu verstanden, Kokosnüsse vom Baum zu holen, lieber verzichtete ich auf die herrliche Frucht. Das Heraufklettern lässt man sich noch gefallen, aber sowie man in die Krone kommt, wird man von einem Schwarm Stechfliegen und Mücken empfangen, so dass man schleunigst wieder herunterrutscht, um nicht völlig zerstochen zu werden. Ich freute mich, als ich wieder im Boot saß und die Frucht meiner Mühe verzehren konnte. Nach längerem Umherstreifen im Wald fand ich auch Bananen und Apfelsinenbäume, von Letzteren pflückte ich mir einen großen Zweig voller Früchte. Ich steckte den Zweig später in meine Koje, in der Hoffnung, dass die Apfelsinen gelb und reif werden würden, doch sie blieben grün und sauer, es waren wilde Bäume. Nachdem wir die Eingeborenen beim Fischen mittels Reusen beobachtet hatten, statteten wir noch den faulen Negern in ihrem Dorf einen Besuch ab. Sie lagen vor ihren Hütten und rührten kein Glied. Für Schnaps tauschten wir einige Früchte ein. Mit Wasser voll beladen, kehrten wir am Abend an Bord zurück und wiederholten diese Fahrten, bis wir für die Reise mit Trinkwasser versorgt waren. Unverantwortlich war es von der Schiffsleitung, solch schmutziges, nicht keimfreies Wasser als Trinkwasser zu verwenden. Die Folgen blieben, wie wir leider später erfahren mussten, nicht aus.

Anfang September 1877 war das Schiff beladen. Wir schlossen die Luken und machten alles seeklar. Eines Morgens gegen vier Uhr vor Sonnenaufgang, während die Landbrise noch wehte, lichteten wir den Anker und traten die Heimreise an. Der Kurs ging durch die Bahama-Inseln, durch die Caicos-Passage, an San Salvador vorbei in den Atlantik. Am dritten Tag nach der Abreise wurde die ganze Mannschaft mit Ausnahme des Kapitäns und des Kochs vom Malariafieber ergriffen, der Zimmermann vom Typhus. Die Krankheit erfasste mich so plötzlich, dass ich nicht mehr meine Koje aufsuchen konnte. Man fand mich auf der Vorluke zusammengebrochen und ich musste weggetragen werden. Es war ein Glück für uns, dass gerade in der Caicos-Passage eine mäßige Brise herrschte und wir nicht genötigt waren, Segel zu kürzen. Auf freier See im Atlantik besserte sich unser Gesundheitszustand allmählich, Zimmermann Spanholze aber lag noch immer mit schwerem Typhus danieder. Das Wetter blieb vorläufig noch gut, doch je weiter wir in die hohen Breiten kamen, desto stürmischer wurde es.

Nach ungefähr zehn Tagen starb der Zimmermann. Abergläubisch wie er war, hatte er uns oft erzählt, dass, wenn er nachts ins Kabelgatt gestiegen wäre, jemand immer mit einem Hammer gegen die Bordwand geschlagen hätte, das wäre ein schlechtes Zeichen, es würde jedenfalls etwas Ernstliches passieren. Seine Ahnung erfüllte sich, er wurde selber das Hauptopfer. Wir nähten die Leiche in Segeltücher ein und legten sie, der schnellen Verwesung wegen, an Deck ins große Boot. Infolgedessen war natürlich die Stimmung an Bord sehr gedrückt. Jeder verrichtete seine Arbeit stillschweigend, und die Matrosen weissagten nichts Gutes mehr für die Reise, sie wurden abergläubisch und nachdenklich. Nach zwei Tagen seit dem Tode des Zimmermanns setzten wir die Leiche in einer sehr dunklen Nacht bei stürmischem Wetter und scharfer Fahrt über Bord. Sie wurde an Deck auf eine Leiter gelegt, das Fußende mit einem Sack voll Eisen und Kohle beschwert und auf die Reling fertig zum Abgleiten gelegt. Der Kapitän nahm das Ruder. Zu beiden Seiten der Leiter standen die Mannschaft und der Steuermann De Boer. »Nu Jungs, nehmt de Mützen af und bet dat Vaterunser!«, rief Letzterer mit lauter Stimme und, nach einer Pause, »Schmiet weg!«. Die eingebündelte Leiche klatschte aufs Wasser, und ich konnte noch die Spur verfolgen, als dieselbe durch das phosphoreszierende Wasser versank.

Von diesem Tage an hatten wir kein gutes Wetter mehr. Die Rossbreiten lagen hinter uns, ein Sturm löste den anderen ab, jedoch kam der Wind meist aus westlicher Richtung. Das Schiff lenzte vor schweren Sturmsegeln, die Seen wurden immer höher und ergossen sich brausend übers Deck, alles losreißend oder zerschlagend, was nicht festgezurrt war, so dass wir schließlich gezwungen waren beizudrehen. Wir befanden uns jetzt auf 33° N und 56° W. Am Abend des 20. Oktober 1877 lagen wir noch vor Leeschot des Großuntermarssegels und Sturmstagfock sowie Sturmbriggsegel beigedreht. Der Wind wehte bei starkem Regen und hoher See aus südlicher Richtung. Während der Nacht fiel das schon sehr tief stehende Barometer auf 720 mm und darunter. Gegen sechs Uhr morgens nahm der Wind bedeutend zu, auch war eine hohe See aus NW aufgekommen. Wir nahmen nun noch alle stehenden Segel fort, brassten die Rahen vierkant und setzten die Rudertaljen auf. Der Regen hörte jetzt auf, der Wind flaute ab, sprang aber nach einer Viertelstunde auf NW und steigerte sich bei wolkenlosem Himmel zum Orkan. Das Schiff lag mit den Leenocken der Rahen im Wasser. Das Wasser löschte das Feuer in der Kombüse, Luft und Wasser waren nicht mehr zu unterscheiden. Die hohen Seen stürmten von allen Seiten auf uns ein, und jeden Augenblick konnten die Luken eingeschlagen werden. Wir befanden uns im Zentrum des Orkans.

Man hatte mich in die Kajüte eingesperrt, doch fühlte ich mich dort mehr tot als lebendig. Durch das Heulen des Orkans hörte ich den Kapitän zum Steuermann sagen: »Na, Stüermann, hüt möt wie woll use Himmelfahrt moken!« Ich dachte: »Wenn das Schiff nun untergeht, ist es hier am ersten mit deinem Leben zu Ende, immerhin besser, als in der See herumzuzappeln.« Das Schiff lag so auf der Seite, dass ich beinahe am Schott hochgehen konnte. Durch das Kompassfenster reichte ich der an Deck festgezurrten Mannschaft Tabak und Cognac. Gegen elf Uhr hörte ich ein Schreien der Mannschaft und ein furchtbares Krachen, als wenn das ganze Schiff auseinanderbräche. Der Fockmast bis auf den Untermast mit sämtlichen Rahen sowie Großbramstenge waren gekappt worden, hingen außenbords und rammten mit furchtbarer Gewalt gegen die Bordwand, das Schiff leckschlagend. Das Schiff hatte sich jetzt etwas aufgerichtet und die Mannschaft arbeitete mit großer Anstrengung, um die Takelage vom Schiff freizubekommen, was auch gegen 16 Uhr gelang. Wir versuchten nun die Bilgen zu peilen und fanden sechs Fuß Wasser im Schiff. Gegen 18 Uhr flaute der Sturm etwas ab. Wir pumpten die ganze Nacht durch und konnten erst gegen

Morgen einige Segel setzen, damit das Schiff etwas Stetigkeit in der hohen See erhielt. Das Barometer stieg nun schnell, Wind und See nahmen ab, und wir nutzten die Zeit, um die Schäden so gut wie möglich auszubessern und das Schiff wieder segelfertig zu machen. Der Klüverbaum war uns noch geblieben. Wir brachten auf den Fockmast eine Spier, setzten Stage und Pardunen dran und konnten so auch noch einen Klüver mit der Schot nach oben als Rahsegel führen. Wenn wir so mit allen Segeln fuhren, was selten vorkam, sahen wir wie ein Gespensterschiff aus, und manche vorüberziehende Schiffe haben uns wohl für den »Fliegenden Holländer« gehalten. Das sehr stürmische Wetter verließ uns nicht mehr, wir lagen fast immer beigedreht oder konnten vor dem Winde nur eine kurze Zeit segeln. So näherten wir uns allmählich dem Kanal, das Wasser färbte sich hellgrün, wir warfen das Lot und fanden 75 Faden Wassertiefe und feinen hellen Sand, wir waren also auf »Den Gründen«. Sonnenbeobachtungen zur Feststellung des Schiffsortes waren auch jetzt noch nicht möglich, wir trieben sozusagen in den Kanal hinein, bis wir Lizard in Sicht bekamen und uns ein Dampfer nach Falmouth einschleppte.

Unsere Reise hatte 46 Tage gedauert, und wir freuten uns alle, endlich im sicheren Hafen zu sein und wieder frischen Proviant genießen zu können. Außerbords sah das Schiff sehr mitgenommen aus. Nachdem die Assekuranzbesichtigung stattgefunden hatte, wurden die Reparaturen vorgenommen. Die Mannschaft wurde bis zur Hälfte abgemustert. Die Rigger kamen an Bord und takelten das Schiff wieder auf, bis auf die Bramstengen. Auch erhielten wir vollständig neue Segel und Tauwerk. Hier im Hafen war das Wetter ebenfalls sehr stürmisch.

Eines Tages hatten wir den Kapitän an Land gesetzt, das Schiff lag ziemlich weit vom Land ab und es waren nur drei Matrosen und ich im Boot. Als wir am Abend wieder an Bord wollten, war es so stürmisch, dass wir beinahe gegen die Kaimauer geschlagen wären. Wir versuchten nun gegen Sturm und See anzurudern, doch wurde die Fahrt in der stockfinsteren Nacht gefährlich, und so mussten wir uns entschließen, an Land zu bleiben. Wir wurden in einem Hotel untergebracht und, nachdem wir das Abendbrot, es gab Gulasch mit Weißbrot, verzehrt hatten, setzten wir uns an den offenen Kamin und suchten bald unsere Schlafkammer auf. Ich freute mich, endlich mal wieder in einem ordentlichen Bett schlafen zu können. Gegen zehn Uhr am nächsten Morgen kamen wir wieder an Bord, zur großen Beruhigung des Steuermanns, der uns schon für verloren gehalten hatte.

Nach ca. drei Wochen war die W. VON FREEDEN wieder segelfähig. Es kam eine »crew for the run« an Bord, und wir gingen eines Morgens bei mäßigen westlichen Winden in See, um unseren Löschhafen, Goole am Humberside bei Hull, zu erreichen. Bei guter Fahrt und mäßigen Winden gelangten wir nach siebentägiger Reise vor Grimsby an. Hier fasste uns ein Schleppdampfer an, und wir lagen so am Abend am Kai in Goole vertäut. Beim Verholen im Hafen wurde noch ein Bootsmann, der die Leine befestigen wollte, über Bord gerissen und versank. Wir hatten sofort Rettungsgeräte zur Hand und konnten glücklicherweise den Mann mittels einer Angel am Hosenbein fassen und ihn dann in ein Haus bringen, wo sofort vorgenommene Wiederbelebungsversuche von Erfolg gekrönt waren. Als ich den Mann am Abend besuchte, konnte er schon wieder sprechen, wir freuten uns über die glückliche Rettung.

Mittlerweile war es Weihnachten geworden. Hoher Schnee bedeckte Land und Schiff. Der Steuermann war entlassen, der Kapitän verreist, der Koch und ich waren allein an Bord. Ein solch ödes und trauriges Weihnachten habe ich nie wieder erlebt. Öfen waren nicht vorhanden. Wir saßen in der Kombüse, und am zweiten Feiertag ging ich an Land und ließ mich im Schiffsjungenanzug fotografieren. Leider sind die Bilder dann zu Hause vernichtet worden, sie schienen meiner Mutter zu unsympathisch. Nach Löschung unserer Ladung wurden wir nach Hull geschleppt, um dort im Trockendock zu kupfern und zu reparieren. Alles hatte nun das Schiff verlassen, nur der Kapitän und ich waren noch an Bord, bis nach etwa zwei bis drei Wochen eine neue Besatzung aus der Heimat kam und das Schiff zur neuen Ausreise, die im Februar 1878 bevorstand, seeklar machte.

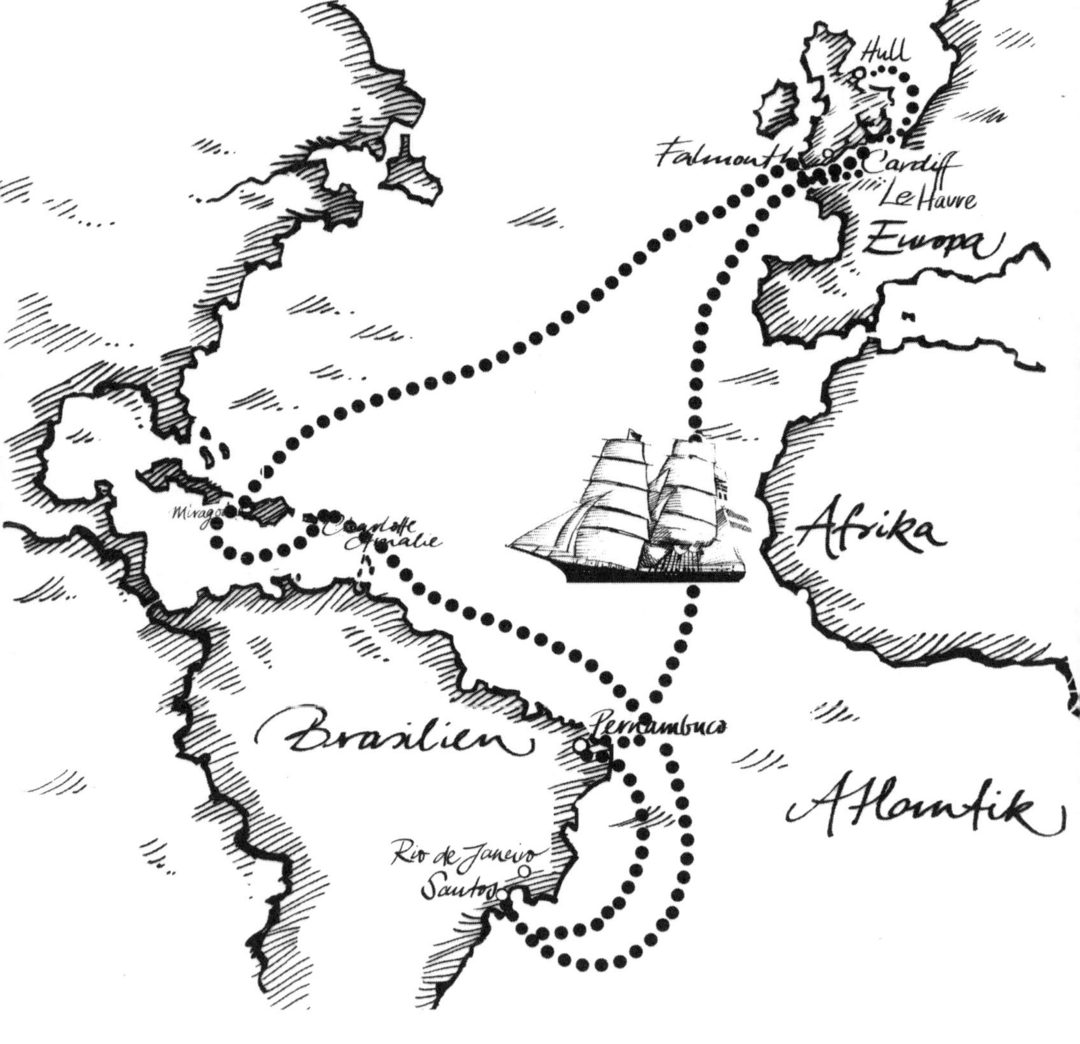
Hull
Falmouth
Cardiff
Le Havre
Europa
Afrika
Charlotte Amalie
Brasilien
Pernambuco
Atlantik
Rio de Janeiro
Santos

Zweite Segelschiffsreise

als Schiffsjunge
auf der Brigg
W. VON FREEDEN

Hull – Cardiff – Pernambuco – Le Havre

Februar 1878 – Januar 1879

Hull mit seinen verräucherten Häusern und unfreundlichen Straßen bot nicht viel Sehenswertes. Die Umgebung ist flach und damals, im Winter, natürlich kahl und öde. Im Hafen wurden viele Fische und merkwürdigerweise auch viel Johannisbrot ausgeladen. Am meisten interessierten mich die grün gestrichenen Schlepp-Raddampfer. Solch hölzerner Dampfer hatte nur zwei Mann Besatzung, den Kapitän und den Maschinisten und Heizer. Der Kapitän steuerte hinten mit der Pinne, der Maschinist stand oben an Deck und bediente dort die Maschine. Dabei waren diese Dampfer gar nicht so klein und schleppten gut. Es war wirklich staunenswert, wie sicher sie im engen Fahrwasser manövrierten.

Anfang Februar 1878 verließen wir Hull und erreichten nach vielem Kreuzen bei stürmischem Wetter gegen Ende Februar Cardiff. Das Schiff wurde sofort durchgeschleust. Bei dem gewaltigen Hub zwischen Ebbe und Flut, der hier acht bis neun Meter betragen kann, reichten unsere Unterrahen eben über die Kaimauer.

Nach der Löschung des Ballastes verholten wir eines Nachts unter die Kohlenschut und begannen den Magen mit schweren schwarzen Diamanten zu füllen. Die Kohlentrimmer hatten im Raum offene Licht aus Hammeltalg, die sie irgendwo ranklebten, um bei dieser

Beleuchtung die Kohlen über den ganzen Raum zu verteilen. Die Kerle sahen wie Neger aus, ich kann mir einen schöneren Beruf denken, doch sie arbeiteten in Akkord und verdienten viel Geld. Ich schlenderte einmal abends durch die Stadt, die Straßen und Häuser ähnelten in der Farbe sehr der Kohle. Viel war nicht zu sehen und ich landete schließlich in einem Zirkus, von wo aus ich nach erlebten lustigen Stunden an Bord zurückkehrte. Wer einmal unter einer Kohlenschut in Cardiff gelegen hatte, sehnt sich nicht wieder dahin zurück. Der Kohlenstaub dringt durch die kleinsten Poren, was man auch anfasst, alles ist voll Kohlenstaub, man schluckt ihn hinunter und verschluckt ihn und spuckt schwarz. Wir dankten unserm Schöpfer, als wir an einem reinen Platz lagen und das Schiff sauber und seeklar machen konnten.

Da das Wetter sehr stürmisch war, wurde die Ausreise bis zum 15. März verschoben. Dann kreuzten wir bei steifer Brise durch den Bristol-Kanal in den Atlantik hinein. Zuerst war ich noch ein wenig seekrank, doch es legte sich schnell, und mit gutem Humor steuerte ich die W. VON FREEDEN mit Kurs auf Madeira. Nach ungefähr zehn Tagen sichteten wir die Insel Palma und hatten damit den Nordost-Passat erreicht.

Die gleichmäßige Brise unter vollen Segeln bei strahlendem Sonnenschein gestaltete auch das Bordleben angenehm und regelmäßig. Mit der Mannschaft harmonierte ich gut, es waren meist Leute aus der Heimat, jung und lebenslustig, und mancher Scherz wurde ausgeheckt.

Der Äquator brachte uns wieder Windstille, Regenschauer und Mallung, doch schon am vierzigsten Tage unserer Reise sichteten wir den Feuerturm von Pernambuco und steuerten sofort darauf zu. Viele kleine Segel huschten über die blaue See, man sah weder Mann noch Schiff. Man konnte sie mit über dem Wasser fliegenden Kohlweißlingen vergleichen. Bei weiterer Annäherung aber gewahrte man ein kleines Floß, auf dem zwei Bänke angebracht waren. In der einen Bank stand der Mast mit dem Segel, auf der anderen saß ein Mann und steuerte das kleine Fahrzeug durch die blauen Fluten, die frisch und fröhlich darüber hinliefen. Diese Fischerflöße primitivster Art segelten weit in den Atlantik hinaus. Jedoch am Abend kehrte die ganze Flotte wieder heim, und der Verkauf der gefangenen Fische begann sofort.

Wir näherten uns jetzt unter vollen Segeln der Küste. Im schönsten Sonnenschein lag Pernambuco hinter dem natürlichen Wellenbrecher, dem Riff. Vor unseren Augen, rechts, war die Stadt Olinda auf einer Anhöhe zu sehen, während Pernambuco im flachen Gelände liegt.

An dem Riff brachen sich die vom Atlantik heranrollenden Seen und schlugen haushoch darüber hinweg, selbst der Feuerturm wurde stark umbrandet und die Einfahrt schien sich recht gefährlich zu gestalten. Doch unter Führung des Lotsen und in voller Fahrt passierten wir den Feuerturm.

Bald strichen wir in ruhigem Wasser die Segel und ankerten in der Nähe unseres Löschplatzes. Es war eine der schönsten Einfahrten, die ich je erlebt habe, und sie ist mir eine unvergessliche, schöne Erinnerung geblieben. Der Passat weht ununterbrochen das ganze Jahr über vom blauen Atlantik über die Stadt hinweg, nur in der Nacht abschwächend. Wir vertäuten das Schiff dicht hinter dem Riff, so dass die Gischt der darüber rollenden Wellen auf unser Deck spritzte, doch wurde das tagsüber nicht als unangenehm empfunden.

Nach einigen Tagen begannen wir mit dem Löschen der Kohlen in Leichter. Unter großen Anstrengungen und Mühen mussten wir selbst die Kohle aus dem Schiff hieven und in die Fahrzeuge schütten. Es war eine Mordsarbeit bei der entsetzlichen Hitze und der ganz ungeeigneten Kost. Es gab nur Hartbrot, Hülsenfrüchte mit amerikanischem Pökelfleisch und Speck ohne Kartoffeln, und es war seitens der Schiffsleitung unverantwortlich, eine solche Arbeit Nordeuropäern zuzumuten. Ganz erschöpft und matt, schwarz wie die Neger, entstiegen wir abends dem Kohlenraum, wuschen uns gegenseitig ab, und einige der Matrosen nahmen dann außenbords noch ein erfrischendes Bad, doch war das wegen der Haie sehr gefährlich.

Im Jahre 1873, im Mai, also genau vor fünf Jahren, hatte mein Vater hier auf derselben Stelle gelegen, war eines Tages am gelben Fieber erkrankt und starb schon nach zwei Tagen im englischen Hospital. Der damalige Steuermann Ladewigs übernahm dann die Führung des Schiffes JOHANN und überbrachte als einziges Andenken seine Uhr und Kette, die ich noch heute trage.

Mein größter Wunsch war nun, die Grabstätte meines Vaters zu besuchen, und da Kapitän Meyer denselben Gedanken hatte, beschlossen wir eines Tages, zum Kirchhof hinauszufahren. Unter schwierigen Umständen erreichten wir mittels Mauleselgespann den weit entfernten Kirchhof. Es hatte stark geregnet, und oft mussten die Esel bis zum Bauch durchs Wasser waten, doch nach vielen Widerwärtigkeiten kamen wir gegen elf Uhr vormittags dort an und fanden auch bald das Grab. Ein schlichtes Holzkreuz, worauf mit gelben Buchstaben »Kapitän Sievers« eingeschnitzt stand, verzierte die eingefallene Grabstätte. Ich pflückte kleine wilde Blumen, die darauf wuchsen, bewahrte sie behutsam auf und habe sie später meiner Mutter überbracht. Die meisten Leichen waren in Zementmauern eingemauert, eine Erscheinung der Bestattung, wie ich sie später nie wieder gesehen habe. Am Abend waren wir wieder an Bord, es freute mich später, dass ich die Gelegenheit damals genutzt hatte, das Grab meines Vaters zu besuchen, denn auf meinen späteren Besuchen von Pernambuco, auf Dampfern, wäre es mir nicht möglich gewesen.

Nach Löschung der Kohlen, was etwa drei Wochen in Anspruch nahm, erhielten wir eine Ladung weißen Zucker und Kokosnüsse, um damit nach Santos zu segeln. Da ich Bootsgast war, kam ich jetzt viel an Land, sah mir Land und Leute an und sah zu, wie der weiße Zucker, lose in großen Haufen im Schuppen liegend, in weiße Säcke geschaufelt wurde. Sehr appetitlich ging es dabei nicht zu. Die Neger standen mit ihren Füßen im Zucker, der Schweiß triefte direkt hinein. Ich bemerkte auch Neger dazwischen, die Wunden an den Beinen hatten. Trotzdem habe ich wohl etwas viel genascht, denn eines Abends bekam ich furchtbare Magenkrämpfe, die sich erst wieder auf See verloren, so dass ich mich wie ein Wurm krümmte.

Am 28. Mai 1878 verließen wir Pernambuco, kreuzten gegen den sehr steifen Passat von der Küste ab, um dann bei stark angebrassten Segeln Kurs auf Santos zu nehmen. Nach ca. drei Wochen schöner Seefahrt, auf der wir uns alle einigermaßen wieder erholt hatten, erreichten wir Santos, das damals größte, verrufenste Gelbfiebernest der Erde. Schon bei der Einfahrt bemerkten wir norwegische Schiffe, halbmast geflaggt, deren Mannschaft vollständig ausgestorben war. Unsere Gesichter wurden sehr bedenklich, und wir waren ernstlich bestrebt, jede Vorsicht zu gebrauchen, um eine Ansteckung mit der Krankheit zu verhindern.

Wir ankerten in der Nähe eines Mangroven-Urwaldes. Ich musste mir den natürlich einmal genauer besehen und kniff während der Mittagszeit mit dem Boot aus. Leider fand ich in dem Urwald kein wildes Getier, ich konnte kaum einen Meter eindringen und das Land überhaupt nicht betreten. Es war nichts als Sumpf, eine Schar wilder Papageien flog über mich hinweg in den Wald. Wie gerne hätte ich einen davon ergriffen, um ihn als Andenken zu Hause zu zeigen. So musste ich nach einer Stunde enttäuscht zurückkehren, von dem Steuermann mit derbem Geschimpfe und »Kosenamen« empfangen.

Zur Löschung der Ladung holten wir dann das Schiff an eine kleine Pier, und nach drei Wochen Aufenthalt nahmen wir Ballast ein, um nach Westindien zu segeln. Von dem tödlichen Fieber blieben wir verschont, obwohl von ca. 40.000 Einwohnern täglich 110 bis 120 daran zu Grunde gingen.

Zur Abwechslung holte ich mir oft frische Brötchen, die ich mit Bananen zusammen verzehrte. An Deck schlief ich nie, sondern immer in meiner Koje, trotz der fast unerträglichen Hitze. Jedenfalls hat diese Lebensweise viel zur Verhinderung eines Fieberanfalles beigetragen.

In der Nähe unseres Schiffes befand sich eine Seemannskneipe, die wir abends mehrmals besuchten. Die sehr hübsche Wirtin, eine Kreolin, trug fortwährend, auch wenn sie uns bediente, eine ca. drei bis vier Meter lange Schlange um ihren schönen Körper, die ihren Kopf mit der ausgestreckten, gespaltenen Zunge an der Backe der schönen Wirtin stets in Bewegung hielt. Ich war sehr überrascht von der Harmlosigkeit dieses Reptils, das ich mir immer als sehr gefährlich vorgestellt hatte. Die Schrecken des Urwaldes schwächten sich in meiner Fantasie immer mehr ab.

An schönen Abenden, wenn wir an Deck in den Hängematten lagen, beobachteten wir häufig eine der vielen Prozessionen, die gerade um diese Zeit stattfanden. Die umliegenden Berge waren dann von Feuerwerk aller Art beleuchtet. Raketen, Blaufeuer etc. rings um uns herum, stundenlang konnten wir dann unter dem tropischen Sternenhimmel dem Schauspiel zusehen und eine Zeit lang die grauenhaften Verheerungen des gelben Fiebers vergessen. Eines Tages, nach einem Gewittersturm, besuchte uns eine Schar schön gefiederter Papageien, die sich in unsere Takelage setzten. Wie ein Affe enterte ich in den Mast, doch greifen konnte ich keinen von den bunten Vögeln, sie schrien wie bei uns die Krähen, nur in höherer Tonart.

Da unsere Ladung Zucker gelöscht und Ballast wieder aufgenommen war, segelten wir bei günstigem Wind aus der Bucht von Santos nach St. Thomas, um dort für Europa Fracht zu suchen. Die Fahrt durch den Atlantik verlief durch den Passat begünstigt sehr regelmäßig, und nach etwa 24 Tagen erreichten wir Charlotte Amalie und bekamen dort Fracht von Haiti mit Blauholz nach Falmouth »for order«. Wir segelten nun durch die Westindischen Inseln nach Miragoâne auf Haiti, in der Nähe von Port-au-Prince, wo wir die W. VON FREEDEN nahe an Land vertäuten.

Miragoâne ist ein kleines Negerdorf. Am Fuße eines Berges liegend, hat es einen guten Hafen, so dass wir mittels eines Steges Verbindung mit Land hatten, über den das Blauholz getragen wurde. Mit dem Holz bekamen wir viel widriges Getier an Bord. Eidechsen bis zu 30 cm lang, Skorpione, Tausendfüßer, große Vogelspinnen von Kartoffelgröße etc. krochen überall herum, ja sogar in meinem Handtuch fand ich einen großen Skorpion, als ich gerade im Begriff war, mein Gesicht abzutrocknen. Ich spießte das Biest mit einer Nadel auf Deck fest, wo sich der Skorpion dann selbst durch seinen Stachel tötete. In meinem ganzen Leben habe ich nie mehr so viel sägen müssen wie bei dieser Holzladung. Jeder krumme Knüppel musste zersägt werden, damit im Schiff nicht so viel Platz verloren ging, denn das Schiff konnte auf »dead weight« (gewichtsmäßig, nicht raummäßig) nicht beladen werden. Nach 14-tägiger Sägerei und Stauerei war die W. VON FREEDEN voll gepfropft, es wurden sogar noch verschiedene Stücke an Deck verstaut, was alles seeklar verzurrt werden musste.

Als wir eines Abends mit unseren aufgefüllten Wasserfässern an Bord zurückkehrten, war der Koch eines englischen Schiffes beim Baden von einem Hai gepackt und vor den Augen der Besatzung auf den Grund gezogen worden. Wir fischten die Unglücksstelle ab, konnten den Mann aber nicht mehr finden, bis ein gut tauchender Neger ihn entdeckte und er mittels einer Leine an die Oberfläche gezogen werden konnte. Der Hai hatte dem Mann einen Arm ausgedreht und den Leib aufgerissen. Ob der Koch nun durch Herzschlag gestorben, ertrunken oder durch den Hai getötet worden war, konnte nicht mehr festgestellt werden. Solange sich das Opfer bewegt, greift der Hai es nicht an. Da der Hai das Maul an der Unterseite hat, muss er sich erst drehen, ehe er zufassen kann. Trotz der Anwesenheit der Haie tauchen die Neger, und ich habe auch nie gehört, dass ein Neger dabei verunglückt wäre.

Zum Ausklarieren setzte ich Kapitän Meyer an Land. In der Nähe der Landungsstelle hatte eine junge Negermutter ihr Kindchen in den warmen Sand gelegt, so dass es vom Meer bespült wurde. Wir betrachteten das niedliche Bild und Kapitän Meyer sagte zu mir: »Was meinst du, Adolf, wenn wir deiner Mutter das kleine Negerkindchen mitnähmen?« Ich überlegte eine Weile, lief zum kleinen Negerlein und hob es auf, da raste die Mutter heran und nahm mir den kleinen Neger wieder ab. Ich stand nun mit leeren Händen da. Kapitän Meyer lachte herzlich und beruhigte die Mutter wieder, das Kind aber ließ sie nicht wieder aus den Händen.

Langsam, mit flauer Brise nahmen wir nun Kurs auf die Bahamainseln und erreichten bald den Atlantik. Bald darauf setzten die westlichen Winde ein, die Azoren wurden passiert, Land's End kam in Sicht und nach vierzigtägiger Reise lagen wir in Falmouth vor Anker.

Schon bald setzten wir die Weiterreise nach unserem Bestimmungshafen Le Havre fort. Leider hatten wir noch einen Unglücksfall, indem wir hier einen Anker mit 25 Faden Kette verloren. In einer stürmischen, dunklen Nacht kamen wir vor Le Havre an. Es war gewiss ein großartiges Schauspiel, als wir unter Sturmsegel zwischen den Molenköpfen hindurch, über die die Seen haushoch brandeten, durch die Schleusen fuhren, um dann im ruhigen Hafen zu ankern, wo das Schiff an einem Kai vertäut wurde. Solche Manöver stellen an den

Lotsen, die Führung und Besatzung große Anforderungen, die Kommandos müssen schnell und sicher durchgeführt werden. Ein Schoner, der nach uns einlief, zerschellte an den Molen, die Besatzung konnte nur mit großer Mühe, unter großer Gefahr gerettet werden. Es erscheint unglaublich, dass Segelschiffe bei Sturm und Nacht ohne Schlepperhilfe in einen solchen Hafen einsegeln können.

Als wir am nächsten Tage das Schiff zum Löschen fertig gemacht hatten und der Steuermann und ich abends in unserer Kammer saßen, sagte er zu mir: »Adolf, du kannst mal to dem gegenöber liegenden Bäcker loopen un ›pan de pain‹ holen!« – »Jawoll«, sagte ich und kam bald mit den berühmten »pan de pain« zurück, die uns nach den langen Entbehrungen vorzüglich schmeckten.

Die Ladung Blauholz war in ca. zehn Tagen an Land geworfen und die W. VON FREEDEN nahm wieder Ballast auf, um nach England zu segeln. Hier kam ein anderer Kapitän an Bord, nämlich von Freeden, und Kapitän Meyer sollte das Kommando der in Hamburg liegenden Bark DEUTSCHLAND übernehmen. Natürlich entsprach es sehr meinem Wunsch, als Kapitän Meyer sagte, ich könne mit ihm nach Hause fahren und bei ihm als Leichtmatrose auf der DEUTSCHLAND anmustern.

Mit etwas traurigem Herzen nahmen wir von der W. VON FREEDEN Abschied, von dem Schiff, das uns so sicher über die Meere geführt hatte und auf welchem wir so unglaubliche Abenteuer erlebten.

Der französische Dampfer SUZANNE ET MARIE nahm uns für die Reise nach Hamburg an Bord, Kapitän Meyer erste Kajüte, ich zweite Kajüte. Als ich an Bord kam, stellten wir fest, dass der Dampfer gar keine zweite Kajüte hatte, das war recht fatal. Da ich nun bei den Matrosen die Mahlzeiten einnehmen sollte, weigerte ich mich, denn das war zu unappetitlich und auch die Kost entsprach nicht meinem Geschmack. Ich legte mich deshalb aufs »Besorgen«. Aus den an Deck verstauten Kisten entnahm ich den »fromage de brie«, aus der ersten Kajüte das Brot. Nachts schlief ich in einer Koje der ersten Kajüte und hab mir gleich am ersten Morgen, ehe die Passagiere in den Salon kamen, das erste Frühstück besorgt. So kamen wir nach zwei Tagen Reise wohlbehalten in Hamburg an. Da der Dampfer ganz in der Nähe der DEUTSCHLAND anlegte und wir noch einige Tage an Bord bleiben wollten, brachten wir unser Gepäck gleich nach dort hinüber. An Bord traf ich meinen besten Jugendfreund Gerhard Stindt bei seinen Eltern, der Vater war bis jetzt Kapitän von dem Schiff gewesen.

Alte Erinnerungen wurden aufgefrischt, und wir hatten viel Spaß mit den Affen, die wir als Strafe für die Aschenbrödelei am Ofen in den an Deck liegenden Schnee warfen, für die Tiere recht ungewohnt.

Nach herrlich verlebten kalten Tagen reisten Kapitän Meyer und ich über Bremen in die Heimat. Unerwartet kam ich am späten Abend zu Hause an, nach fast zweijähriger Abwesenheit, nach abenteuerlichen Reisen, und begrüßte meine Mutter und zum Teil noch kleinen Geschwister. Dann feierte ich noch einmal und zum letzten Male in der Kinderstube bescheiden das Weihnachtsfest.

Mein verdientes Geld hatte ich fast verreist und nur mit großer Mühe konnte ich notdürftig für eine Reise von zweieinhalb Jahren ausgerüstet werden. Bei strenger Kälte nahm ich am

29. Januar 1879 von meiner Mutter und meinen Geschwistern wieder Abschied, auf Gott weiß wie lange Zeit, hinaus in die weite Welt, auf abenteuerliche Fahrt, um in Hamburg nun auf der DEUTSCHLAND anzumustern.

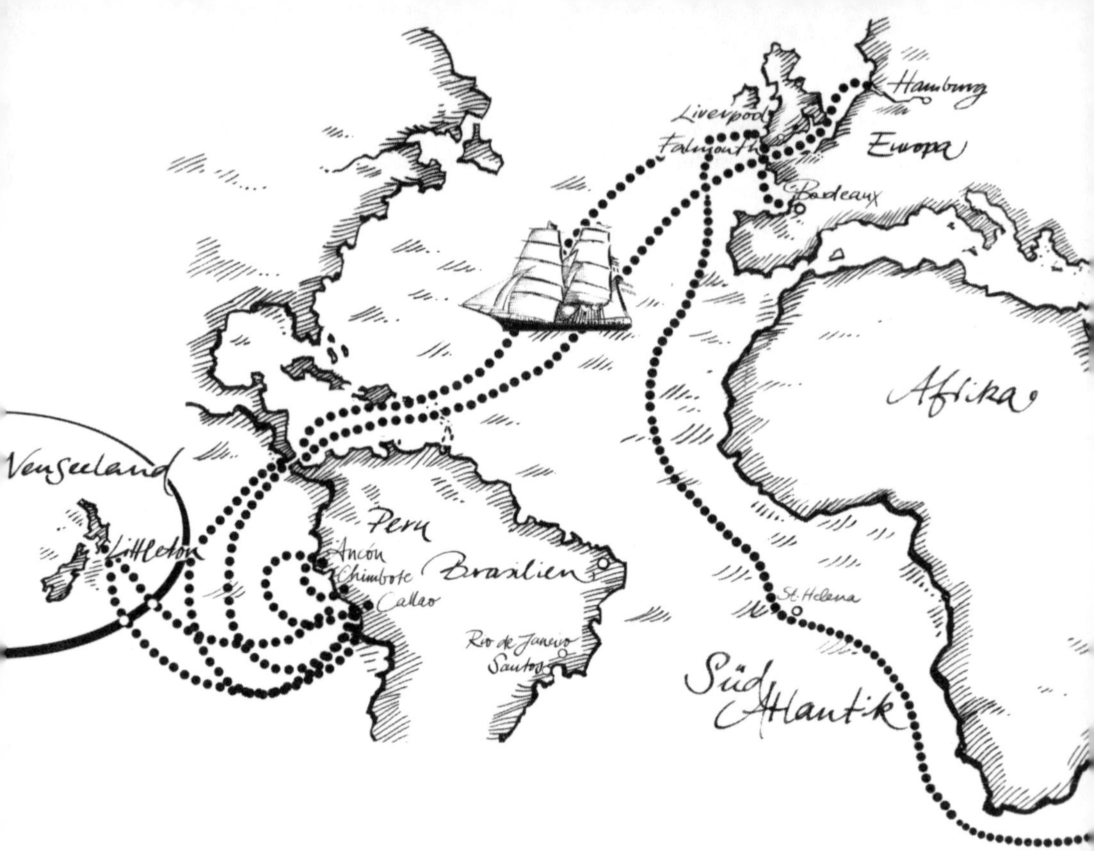
Hamburg
Liverpool
Falmouth
Europa
Bordeaux
Afrika
Littleton
Peru
Ancón
Chimbote
Callao
Brasilien
St. Helena
Rio de Janeiro
Santos
Süd Atlantik

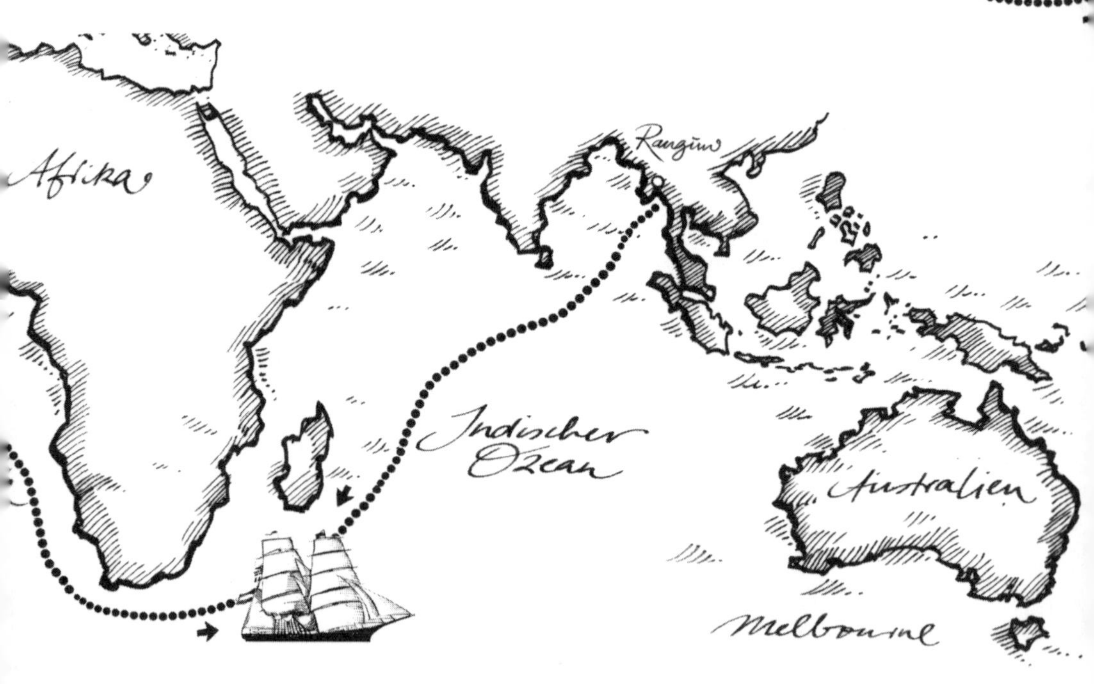
Afrika
Rangun
Indischer Ozean
Australien
Melbourne

Dritte Segelschiffsreise

als Leichtmatrose
auf der Bark DEUTSCHLAND

Hamburg – Callao – Neuseeland – Callao – Liverpool – Rangun – Bordeaux

Januar 1879 – April 1881

DEUTSCHLAND hieß die schmucke Bark, auf der ich mich jetzt verpflichtet hatte, und sie machte ihrem Namen alle Ehre. Am Heck war Deutschland bildlich durch die Germania dargestellt, in vergoldeter Oberbekleidung mit Schild und Schwert, unter einem grünenden Eichbaum sitzend. Ein schönes Sinnbild, das im Ausland Bewunderung erregte, und wir von der Besatzung waren stolz, Deutschland im Ausland so würdig vertreten zu können. Unsere Besatzung bestand aus 14 Mann, dem Kapitän Meyer, zwei Steuerleuten, einem Koch, einem Zimmermann, einem Segelmacher, fünf Matrosen, einem Leichtmatrosen und zwei Jungen. Alles tüchtige, kräftige deutsche Männer, die von dem Hamburger Heuerbaas Jan Kolar teilweise angeheuert waren. Der Zweite Steuermann, von Herten, war mein Vetter, der Erste Steuermann, Schwarting, wohnte bei uns zu Hause. So war ich denn mit mehreren Bekannten zusammen und meinte, gut untergebracht zu sein.

Als ich Ende Januar ankam, lag das Schiff, vom Eis fest umschlossen, am Baumwall an den Pfählen und lud Stückgüter aus Schuten. Mit viel Mühe gelang es dem Jollenführer, mich durch das Eis hindurch mit meiner Kiste und meinem Sack an Bord abzusetzen. Ich packte zuerst im Logis meine Koje zurecht und dann begann bei strenger Kälte sofort die schwere Schiffsarbeit, das Segelanschlagen und die Übernahme des Proviants. Nach etwa zehn Tagen war das Schiff beladen. Alles wurde seeklar gemacht, und wir warteten nur auf Tauwetter, um aus dem Eis herauszukommen. Während dieser Zeit besahen wir uns ein bisschen Hamburg bei Nacht.

Am frühen Morgen des 19. Februar 1879, nachdem Tauwetter eingetreten war und das Eis in Bewegung kam, nahm uns ein Schlepper in Tau, um uns in See zu schleppen. Das Wetter war trübe und unsichtig. In Hamburg und Altona brannten noch die Laternen, und hier und da sah man erleuchtete, traute Wohnhäuser, deren Bewohner noch gemütlich beim Kaffee saßen und sich zur Arbeit rüsteten. Wir beneideten diese Menschen, konnten sie doch nach vollbrachter Tagesarbeit ihre sichere Ruhestätte aufsuchen, während wir hinauszogen auf die hohe See, in die weite Welt, um vielleicht die Heimat nie wieder zu sehen, was auch wirklich bei einigen von uns der Fall war. So war die Stimmung an Bord auch nicht sehr gehoben und die Fahrt ging sehr langsam und schwerfällig durch das Treibeis vorwärts. Da das Beiboot nicht aufgenommen werden konnte, mussten wir es hinterherschleppen. Ich wurde in dasselbe kommandiert, um es zu steuern, damit es immer im Kielwasser blieb und vom Eis nicht beschädigt wurde. Nach einigen Stunden wurde ich durch meinen Leidensgefährten abgelöst, damit ich mich bei Frühstück und heißem Kaffee wieder aufwärmen konnte.

Bei Brunshausen wurde das Eis etwas lockerer, und weiter abwärts war die Elbe ziemlich eisfrei, so dass wir gegen neun Uhr abends im freien Wasser auf Cuxhaven-Reede ankern konnten. Der westliche Wind sprang in der Nacht auf NO um, die Luft wurde sichtiger und um vier Uhr morgens gingen wir bei ziemlicher Kälte Anker auf. Der Schlepper brachte uns noch bis zum FEUERSCHIFF ELBE I, wo wir dann mit vollen Segeln die letzten Grüße mit dem Lotsen und Schlepper austauschten und hinaus in die bewegte See fuhren mit Kurs auf FEUERSCHIFF BORKUMRIFF. Die Brise nahm bei gänzlich aufklarendem Wetter tagsüber zu, die See wurde gröber. Das schwer beladene Schiff schlingerte mächtig und an beiden Seiten kam Wasser über Deck.

In den ersten Abendstunden stellten sich Schneeböen ein und die bis dahin geführten Royal mussten festgemacht werden. Das war für uns Jungs eine schwere Arbeit, dort oben bei stockfinsterer Nacht, bei Kälte und Schneegestöber das sich heftig blähende Segel zu bergen. Meine Finger brannten, als wenn sie in kochendem Wasser steckten, und die Nägel waren bald zerrissen. Wehe, wenn man bei solchem Wetter und dem schlingernden Schiff die Fußpferde verliert oder einen Fehlgriff macht, spurlos verschwindet man in dem aufgeregten Element, ohne dass eine Hilfe oder Rettung möglich wäre. Langsam, langsam bändigte ich das Segel, von der Nock beginnend, bis auch der Bauch eingepackt war und ich wieder fest, vor Kälte und Schnee erstarrt, an Deck stand. Hier wurde ich gleich von einer überkommenden See empfangen und musste nun im durchnässten Zeug erst noch das Deck aufklaren, bis ich meine Kleidung wechseln konnte. Jedoch freuten wir uns über den günstigen Wind und die schnelle Fahrt, die uns aus der rauen Nordsee herausbrachte in ein milderes Klima. So zog die DEUTSCHLAND mit zehn Seemeilen Fahrt an der deutschen Küste entlang, und am nächsten Abend grüßten uns schon die hellen, starken, weit sichtbaren Feuer von South Foreland und das grüne Feuer von EAST-GOODWIN-FEUERSCHIFF und steuerten uns so mit guter Fahrt in den Kanal hinein. Bei SOUTH-SANDHEAD-FEUERSCHIFF sprang der uns bis hierher so günstige SO-Wind auf SW um. Die Bram- und das Großsegel wurden festgemacht, und nun begann bei Nacht das Kreuzen, gerade an der engsten Stelle des Kanals, zwischen Varne und SOUTH-SANDHEAD-FEUERSCHIFF. Beide Wachen waren an Deck und mit großer Mühe und gespanntester Aufmerksamkeit kreuzten wir während der Nacht bis Dungeness hinauf. Hier hatten wir NW-Wind und konnten nun größere Schläge machen und etwas Ruhe genießen. Die Luft war milde, 6 bis 7 °C, was wir schon als angenehm empfanden nach der Kälte und dem Schnee. Mit stark angeholten Backbord-Brassen konnten wir eben Kurs liegen und, da der Wind mäßig blieb, auch noch die Bramsegel führen.

Am 24. Februar 1879 grüßte uns das Feuer von Lizard, als letztes Wahrzeichen von Europa, und mit vollen Segeln und bei guter Fahrt steuerten wir jetzt in den blauen Atlantik hinaus, wärmeren, sonnigen Breiten entgegen. Nach Durchsegeln der sogenannten Rossbreiten verkündeten uns schon die Fliegenden Fische, Delfine und Bonitos, dass wir nicht mehr lange auf den Nordost-Passat zu warten brauchten, und langsam, nun mit vierkanten Rahsegeln, glitten wir in ihn hinein, um mit dem 22. Reisetag den Äquator zu passieren. Die Mannschaft war bisher mit dem Segelwechseln und Farbeabbrennen beschäftigt. Abends waren wir dann alle auf dem Vordeck versammelt, der Zimmermann spielte seine Drehorgel und Matrosen und Jungs tanzten danach. Es waren schöne »Seemannsstunden«. Langsam, von einer Seite zur anderen schlingernd, fuhr die DEUTSCHLAND dem südlichen Kreuz entgegen. In dienstfreien Stunden, auf der Nachtwache, lag ich manchmal auf der Reservespier an der Reling, zugedeckt mit dem Mantel, und bewunderte den Sternenhimmel. Langsam und unregelmäßig bewegten sich die Mastspitzen von einem Stern zum anderen, so als ob sie Geheimnisse übermitteln wollten. Dann dachte ich an die Heimat, wo die Angehörigen vielleicht jetzt dieselben Sterne beobachteten, und damit war die Gedankenverbindung hergestellt. Aus dieser schönen Gedankenwelt wurde ich durch den Ruf »Adolf, putz Water!« zur Messung der Wassertemperatur in die irdische Gedankenwelt zurückversetzt. Bald darauf schlug es »ein Glas« und mit »Reise, Reise ist mein Verlangen, wer von ju möt't Ror verfangen?, der Utkieksmann will ok nich länger stohn, reise ausquartier in Gottes Nom«, weckte ich die ablösende Wache, um mit »acht Glas« dann in meine heiß geliebte Koje zu kriechen.

Nach zwei Tagen Mallung mit viel Regen und Gewitterböen, bei denen wir die Wasserfässer wieder gefüllt bekamen, setzte allmählich der Südost-Passat ein und weiter ging es mit scharf angebrassten Rahen dem Süden zu. Neun Meilen lief die DEUTSCHLAND. Die Royals mussten bald geborgen werden, zu viel Obersegel drücken das Schiff zu tief in die See und dadurch kommt es nicht recht vorwärts. Es hebt sich leichter über die anrollenden Kämme, wenn der Druck der kleinen Obersegel fehlt. Spritzwasser sprüht über das Deck und durchnässt die Halsen der Untersegel. Hinter den Reservespieren und unter der Back war kaum noch ein trockener Fleck zu finden, alles feucht und glitschig. Mit dem Träumen auf den Spieren war es vorbei. Fliegende Fische schwebten daher, wurden vom Winde verschlagen und fielen zappelnd aufs Deck. Ihr Fang ist mühelos und liefert leckere, fette Braten, wenn die Katze nicht schon vorher die Fische vereinnahmt hat. Der Südost-Passat ging zu Ende, wir kamen in die Rossbreiten und in schönes Wetter bei mäßigen Winden aus nordwestlicher Richtung. Doch je mehr wir uns den Falklandinseln näherten, desto kühler wurde es. Bald verfinsterte sich der Himmel, Regen und Nebel setzten ein und bei südlichen Winden kreuzten wir zwischen den Falklandinseln und dem Festland hin und her, beinahe eine Woche lang dauerte das. Die leichten Segel wurden wieder gegen die schweren ausgewechselt, die Lachings fester angezogen und verstärkt. Wir näherten uns nun dem berüchtigten Kap Hoorn, der furchtbaren Sturmregion mit den gewaltigen Wasserbergen.

Kaptauben, Seehunde, Wale und Albatrosse begleiteten uns jetzt. Bei mäßigem Wind und Seegang versuchten wir, Tauben und Albatrosse mit Angeln zu fangen, an denen an einer langen Leine ein Stück Speck befestigt war. Gierig stürzt sich der gefräßige Vogel auf den Bissen und hakt mit dem Schnabel in der Angel fest. Nun wird an der Leine gezogen, je mehr der Albatros sich dagegen sträubt, desto fester hakt die Angel. Langsam wird die

Leine eingeholt, immer lahmer werden die Flügelschläge, und das Gegenstemmen mit den Schwimmfüßen im Wasser nützt auch nicht mehr viel. Jetzt hängt er unterm Heck, ein Ruck noch und er liegt an Deck. Kaum fühlt der Albatros festen Boden unter den Füßen, wird er sofort seekrank und erbricht ohne Anstrengungen eine tranige, gelbe Masse. Auffliegen kann er nicht, denn seine langen Flügel schleifen an Deck, und Platz zum Anlaufen ist nicht vorhanden. Auf dieselbe Art fingen wir auch Kaptauben. Diese netten, schwarzweiß gefiederten Tierchen setzten wir in große Wassertubs, versahen ihre Beine mit Ringen, auf denen der Name des Schiffes und das Datum vermerkt wurden, und übergaben sie wieder der Freiheit. Den Albatrossen ergeht es nicht immer so. Manche werden getötet, das Mark aus den Knochen liefert sehr feines Öl, die Flügelknochen werden zu Zigarrenspitzen verarbeitet und die Haut gegerbt. Auf dieser Reise jedoch versahen wir auch die Albatrosse mit Ringen und übergaben sie wieder ihrem Element, doch gewöhnlich bissen sie dann abermals an der Leine an.

»Morgen kriegt wi Land in Sicht, Staten Islands un Kap San Diego, wi willt dör de Strat Le Maire«, sagte mein Vetter, der Erste Steuermann, zu mir. Am nächsten, dem 62. Reisetag sichteten wir die Staten Islands und das Feuerland mit Kap San Diego und segelten bei frischen nördlichen Winden, mit gesetzten Bramsegeln, in die Straße Le Maire ein. Gegen drei Uhr nachmittags befanden wir uns in der Straße und, da ich von drei bis fünf Uhr das Schiff zu steuern hatte, bot sich mir genügend Gelegenheit, alles zu beobachten. Vom Kapitän und Steuermann hörte ich manches Interessante über diese gefährlichste aller Schifffahrtsstraßen. Dieser Meeresarm, der die Staten Islands in 30 km Breite von dem Feuerland trennt, ist wegen seiner starken Strömung für die Schifffahrt sehr gefährlich. Bei frischen Südwestwinden und abnehmender Flut bilden sich starke und reißende Gezeitenströmungen, und es sind diese Stromkappelungen auf große Entfernungen hin zu sehen. Am meisten sind die Segelschiffe den verderblichen Strömungen ausgesetzt, besonders, wenn sie mit Nordwinden aus dem Atlantik kommen und plötzlich durch Windstille überrascht werden. Sie werden dann unweigerlich von der Strömung erfasst und gegen die schroffen Felsen der umbrandeten Staten Islands geworfen, die mit Recht den Namen »Schiffsfriedhof« führen.

Die DEUTSCHLAND lief nun ca. sechs bis sieben Seemeilen durchs Wasser. An Backbord drohten in Lee die im ewigen Dunst liegenden schwarzen Klippen der Staten Islands, deren höchster Berg etwa neunhundert Meter mit Schnee bedeckt war, an Steuerbord aber färbte die untergehende Sonne die Wolken über dem Feuerland blutrot und ließ deutlich den gebirgigen Charakter desselben erkennen. Weiter nach Westen verlor sich das Land in der Ferne nach Kap Hoorn zu. Als ich in der Dämmerung auf Ausguck stand und den friedlichen Abendhimmel beobachtete, konnte ich kaum glauben, dass diese Gegend von so fürchterlichen Stürmen heimgesucht wird und hier so viele Menschen auf dem Meeresgrund, in den Felsen und an den Gestaden der Küste ruhen. Doch nur zu bald sollten auch wir die Tücken dieser Gegend kennenlernen. Da es Sonnabend war und der Koch seine Kochkunst bei der ruhigen Fahrt nicht allzu sehr auf die Probe zu stellen brauchte, gab es zum Abendbrot dicke Graupen und Pfannkuchen mit Sirup. Lustig und fröhlich ob der flotten Durchfahrt und des schönen Mahles wurden um acht Uhr die Wachen gewechselt, und ich schlüpfte in meine mollige Koje, von Magalhäes und dem Feuerland träumend.

»Reise, reise, ausquartier, Marsseils fast!« schrie ein Wachhabender ins Logis. Was war los? Jeder steckte den Kopf aus der Koje und einer rief: »Utscheeter.« – Durch das fürchterliche Heulen des Sturmes in der Takelage und das Klatschen der Segel hindurch hörte man das Aussingen der Wache. In die Kleider und Ölzeug hinein, an Deck gesprungen, das war nur ein Augenblick. Die Marssegel waren schon gefiert, jetzt Großsegel und Fock aufgeien, und dann ging es nach oben, um die aufgegeiten Segel zu bändigen, die sich mit furchtbarer Gewalt blähten und bald in Fetzen von den Rahen fliegen würden, wenn es uns nicht gelang, die Zeisings rumzuschlagen und sie festzumachen. Der Wind war nach SW umgesprungen, der Himmel war ganz klar und der Mond beleuchtete die aufgeregte See. Nach zweistündiger schwerer Arbeit waren die Segel bis auf die Untermarssegel und Stagfock geborgen und vom Achterdeck erscholl der angenehme Ruf: »Besanschot an!«, das gab wieder Mut. Mittlerweile war es zwölf Uhr geworden, der Sturm steigerte sich bis zum Orkan. Haushoch liefen die Seen aus SW, jetzt eine Höhe von etwa zwölf bis fünfzehn Meter erreichend, wobei das Wellental etwa dreihundert bis fünfhundert Meter maß. Die DEUTSCHLAND wehrte sich gut gegen diese furchtbaren Seen. Wenn auch manche über uns hereinbrach, ernstlichen Schaden haben wir nicht erlitten, und das Schiff blieb auch dabei so ziemlich dicht. Der schöne Vorsprung, den wir wegen des kürzeren Weges durch die Straße Le Maire errungen hatten, ging nun wieder verloren. Vor dem Wind segelten wir wieder aus der Straße heraus, unter zeitweiligem Halsen und mit viel Mühe. Wir konnten über Backbordbug so eben von den Staten Islands freitreiben und mussten geduldig warten und in dieser furchtbaren See aushalten, bis das Wetter besser wurde, anders war eben nichts zu machen.

Über zehn Tage hielt dieser orkanartige Sturm an. Manchmal wechselte er die Richtung und blies aus WNW etwas schwächer, um dann wieder aus SW mit noch größerer Stärke einzusetzen. Bei den Pumpen standen wir zuletzt ohne Seestiefel, denn die liefen doch immer von oben voll, und man empfand es in dem eiskalten Wasser dann noch angenehmer, barfuß zu stehen. In unserem Besitz gab es kein trockenes Kleidungsstück mehr. Um dieselben etwas zu trocknen, habe ich versucht, sie in der Saling aufzuhängen, doch der Gischt flog auch bis da hinauf.

Der Koch war oft nicht im Stande zu kochen, dann waren Brot und kaltes Fleisch unsere einzige Nahrung. Von der andauernden salzigen Nässe bekamen unsere Hände und Finger tiefe Risse, die wir dann mit Talg und Wolle verbanden. Mit einem Wort, es wurde unerträglich. Der noch immer stürmische Wind wehte jetzt aus SSW. Wir halsten und das Schiff wurde nun gegen die hohe See gepresst, um Westweg zu machen. Unter voller Fock, vollem Großsegel und gerefften Marssegeln wurde manchmal der Bug des Schiffes in den gegen uns heranrollenden Wasserbergen fast vollkommen vergraben, und ein Zittern und Beben ging durchs Schiff. Natürlich mussten wir jetzt noch häufiger pumpen, doch wir waren froh, dass es uns gelang, das berüchtigte Kap Hoorn zu umsegeln, um nach Norden abhalten zu können und mildere, ruhigere Breiten zu erreichen.

Entlang an der Küste von Chile nordwärts kamen wir bald in ruhigeres Wasser und somit in die Passatwinde. Jetzt begleitete uns schönes, beständiges Wetter auf unserem letzten Reiseabschnitt, bis wir an einem Sonntag, nach 101-tägiger Fahrt, die Insel Lorenzo vor Callao sichteten und am anderen Tage auf der Reede von Callao, ziemlich weit von der Stadt ab, ankerten. In gehobener Stimmung, unter dem Eindruck des gänzlich Neuen, enterten wir in die Masten und machten nun für längere Zeit die Segel fest, die den schweren, abwechselnd den schwersten Stürmen dreieinhalb Monate widerstanden hatten.

Gegen Mittag kam das Boot der Hafenbehörde längsseits, mit demselben auch ein Schiffs-clerk, der uns die lang ersehnte Post aus der Heimat brachte. Zugleich wurde uns mitgeteilt, dass zwischen Peru und Chile Kriegszustand herrsche und wir deshalb mit unserer wertvollen Ladung so bald wie möglich in den inneren Hafen verholen sollten, denn jeden Augenblick könne der Feind hereinbrechen und die Ladung kapern. Das Schiff wurde nun im Innenhafen an der Kaimauer sehr fest vertäut, weil häufige Erd- und Seebeben dies erforderten, und dann begann sofort die Löschung der Ladung direkt in Eisenbahnwaggons nach Lima. »Me gustan todos, me gustan todos, Pero mi negro, Pero mi negro (Chicos) Me gusta mas.«

Wiederholt hatten mein Leidensgefährte Erich Schulte aus Berlin, seines Ranges Leichtmatrose, und ich schon darüber gesprochen, Callao und Lima sowie die Umgebung kennen zu lernen. Schon am nächsten Sonntag, einem schönen Tag, erhielten wir Urlaub und ließen uns vom Kapitän jeder zwei Soles geben, also etwa acht Mark. Vergnügt und mit großer Wanderlust mullten wir durch die sandigen, staubigen Straßen, den Cordillera entgegen. Es war nicht heiß, obwohl der Himmel klar war und die Sonne die Sandmassen und Steine stark bestrahlte. Überall begegneten uns Soldaten, manchmal kriegsbereite Kompanien. Die Uniformen waren nach französischem Muster, blaue Käppis und Jacken und rote Hosen, ihre Haltung war tropengemäß schlapp. Die Straßen waren meist ungepflastert, jedoch breit; die Häuser wegen der vielen Erdbeben niedrig mit flachen Dächern, gelb und blau angestrichen, mit vergitterten Balkons, Türen und Fenstern. Zur Straße hin waren sie offen, gleichfalls nach hinten, dem »Patio«, also ganz spanisch. Kein Baum, Strauch oder eine Blume zierte die Straßen, nichts als Sand und Steine. Es gab in der Stadt einige künstlich bewässerte, eingegitterte Gartenanlagen, dort sah man Palmen und Blumen, und hier konnte man auf Bänken den schönen Tropenabend festlich beleuchtet genießen, im Kreise der hübschen Kreolinnen und der sie umschwärmenden Männerwelt. Wir wanderten weiter in die nächste Umgebung, aber auch hier waren nur öde Sandflächen und Felsen zu erblicken. Die Hitze wurde allmählich unangenehm, und um das Gebirge zu erreichen, hätten wir den ganzen Mittag wandern müssen. Deshalb beschlossen wir, nun erst sofort wieder an Bord zum Mittagessen zu gehen und dann um zwei Uhr nachmittags mit der Eisenbahn »Ferrocarril de Lima« nach Lima zu fahren.

»Verdammt kleiner Bahnhof«, sagte Erich Schulte zu mir, als wir denselben zum Lösen einer Fahrkarte betraten. »Det is in Berlin for uns een Wärterhaus«, sagte er, aber für den Verkehr am Sonntag hier genügte es. Die Wagen waren sehr schmutzig und heiß, deshalb stellten wir uns auf die Plattform. Langsam fuhren wir nun durch die Straßen von Callao, so langsam, dass wir die Waren in den Schaufenstern besehen konnten. Bald kam der Zug ins freie Gelände, öde Felder, Sand und Steine auch hier. Manchmal konnte man den Sand mit »potatoes«, Süßkartoffeln, bepflanzt sehen, die trotz Regenmangel doch noch gediehen. Immer höher stieg die Bahn, man konnte schon die ganze Bai von Callao mit ihren Schiffen übersehen, und wie ein unendlicher Spiegel erschien der Stille Ozean. Nach einer halben Stunde befanden wir uns in Lima auf dem ebenfalls nur kleinen Bahnhof. Wir schlenderten zunächst durch die Hauptstraße auf die berühmte Kathedrale von Lima zu. Wir setzten uns auf eine Bank in dem künstlich bewässerten schönen Garten vor der Kathedrale und unterhielten uns über die Geschichte der Entdeckung durch die Spanier und was für Grausamkeiten und Aufruhr sich wohl an dieser Stelle abgespielt hatten seit der Gründung von Pizarro 1535. Hier auf dem Platz der Kathedrale wurde auch der grausame, habgierige Pizarro ermordet. Die Glocken läuteten gerade zur Messe. In hellen Haufen strömte das Volk hinein. Wir hatten große Lust, der Andacht mit beizuwohnen, doch die Zeit war zu kurz, wenn wir Lima noch näher ansehen wollten. Unsere Wanderung durch die Hauptstraße in der glühenden Hitze erschien uns ziemlich langweilig. Die Hauptgeschäfte waren geschlossen und der Verkehr um diese Tageszeit nur mäßig. Die Straßen waren von niedrigen Häusern flankiert, an denen die Fenster vergittert und verschlossen waren. Auf den teils gepflasterten, teils ungepflasterten Straßen gelangten wir zu der großen, alten Steinbrücke über den Rio Rimac, der Lima durchfließt, das heißt, wenn er Wasser führt. Zu unserer Zeit war er vollständig ausgetrocknet, so dass die Maulesel ihre Lasten darin trugen und allerlei Unrat darin abgelagert wurde. Hier machte die Gegend einen dürren, trostlosen Eindruck, doch mag das ja anders sein, wenn das Wasser bei der Schneeschmelze von der Cordillera stürzt und alles bewässert. Von dieser uralten Brücke aus der Spanierzeit bewunderten wir die Anden in ihrer ganzen Erhabenheit. Schöner blauer Himmel überwölbte alles und im Hintergrund strebten die hohen Berge bis zur Region des Schnees an und leuchteten im Glanz der Sonne. Wir wanderten wieder zurück in eine Bodega hinein, um bei einer Flasche Exportbier die Ereignisse des Tages zu besprechen. Gegen sieben Uhr fuhr unser Zug nach Callao zurück, und bei Sonnenuntergang durchfuhren wir wieder die staubigen Straßen der Hafenstadt, um an Bord zu gehen, unsere zwei Soles hatten wir gut verwandt.

Währenddessen tobte der Krieg weiter. Die ganze Stadt war überfüllt mit fremdem Militär. Besonders war die Marine aller großen Nationen stark vertreten, Engländer, Franzosen, Italiener, Spanier und Japaner. Zuletzt war auch Deutschland mit vier Kriegsfahrzeugen und ca. tausend Mann vertreten. Als die Kriegslage auch für Deutschland verwickelter wurde, kam auch noch der einzige Panzer HANSA von Kiel. Derselbe hatte eine schwierige Überfahrt gehabt und konnte erst hier die großen Geschütze »24 cm« wieder aufmontieren. In der Stadt entstanden nun viele Vergnügungsstätten aller Art, besonders Tanzsalons, die von Marinesoldaten aller Nationen abends überfüllt waren. Die braunen Mädchen von Peru haben wohl nie vorher das Tanzbein so geschwungen wie in den Kriegsjahren 1879/80. Auf Schlachtfeldern Elend und Totschlag, hier ausschweifendes Leben und Freude.

Das peruanische Papiergeld wurde nun schnell entwertet. Man hatte die Taschen voller schmutziger Scheine, die kaum mehr den Wert erkennen ließen. Konnte der Verkäufer das zu viel bezahlte Geld nicht wechseln, riss er den Schein durch und man bekam die andere Hälfte wieder zurück, die Leute wussten sich zu helfen. Das englische Pfund, der amerikanische Dollar, das Zwei-Franc-Stück und Zwanzig-Mark-Stück in Gold waren sehr begehrt und man erhielt eine Tasche voll Papier dafür. Wir konnten jetzt billig kaufen und nutzten die Entwertung tüchtig aus.

An einem Sonntag war der peruanische Panzer HUÁSCAR mit genauer Not aus dem Gefecht mit einem chilenischen Panzer seinem Untergange entronnen und auf der Reede angekommen. Dies wurde nun an Land gefeiert, obgleich der Panzer den Kommandanten verloren und zweihundert Tote und Verwundete zu beklagen hatte. Dazu war er fast vollständig zerschossen, es war also kein rechter Grund zum Feiern. Trotzdem herrschte in der Stadt viel Freude und viel Leben. Kleine bedruckte Zettel wurden verteilt, worauf der ruhmvolle HUÁSCAR und dessen Besatzung gerühmt wurden. Ich erhielt auch einen solchen Zettel und habe ihn lange aufbewahrt. Ein Zufall wollte es, dass ich den Kommandanten, der damals den chilenischen Panzer führte und dem ruhmvollen HUÁSCAR so zusetzte, hier im Stadttheater in einer Galavorstellung von »Tannhäuser«, die zu Ehren der chilenischen Besatzung des Panzer BLANCO ESCALADA gegeben wurde, nach 30 Jahren wiedertraf. Mit Musik durchzogen ganze Kompanien die Straßen in Callao hin zur Festung. Mein Freund und ich hatten uns dies Treiben schon eine Weile mit angesehen, als wieder eine Abteilung Soldaten mit Musik und voller Kriegsausrüstung in französischen Uniformen vorüberzogen. »Du, Erich«, sagte ich zu meinem Schiffskollegen, »wir gehen mal mit.«, und ehe wir uns versahen, waren wir mittendrin im Gedränge der Soldaten und wurden mit ihnen durch das große Tor in die Festung hineingeschoben. Drinnen in einem großen Hof, von Gefängnissen mit stark vergitterten Fenstern rings umgeben, standen die Soldaten mit ihren Offizieren, die ihre Mützen abgenommen hatten, um ein Hoch auf den ruhmvollen HUÁSCAR und die Republik Peru auszubringen. Wir Unglücklichen standen arglos in der Nähe der Offiziere mit den Mützen auf dem Kopf. Dadurch wurde die Aufmerksamkeit der Offiziere auf uns gelenkt und es wurde uns bedeutet, dass wir unsere Mützen sofort abzunehmen hätten, während das Hoch auf die Republik Peru ausgebracht wurde. Während dieser Ovation betrachteten wir uns die Gefängnisse. Vor den Gittern erschienen die Gefangenen und ließen an einem Band eine Flasche herunter, die mit Cachaça aus großen Tonkrügen gefüllt wurde, um dann wieder hochgeholt und von den Gefangenen auf das Wohl der Republik Peru geleert zu werden. Als wir beide uns über diese wunderbare Einrichtung noch unterhielten und einen sehnsüchtigen Blick nach den großen Tonkrügen warfen, trat ein Offizier auf uns zu und befahl uns, in die Mitte des Offizierskreises zu treten. Mit entblößtem Haupt wurden wir sofort in ein Verhör genommen. Ein englisch sprechender Offizier trat an uns heran. Da Erich Schulz kein Englisch verstand, musste ich Rede und Antwort stehen. »Welche Nation?«, fragte der Offizier. – »Deutsch.« – »Beruf?« – »Seeleute.« »Von welchem Schiff?« – »DEUTSCHLAND.« – »What ship?« – »DEUTSCHLAND.« Dann, wie wir hereingekommen wären und ob wir nicht wüssten, dass Kriegszustand und Belagerungszustand wäre. Nachdem ich nun alles glaubhaft erklärt hatte und wir auch noch so jung aussahen, ließ man uns vorläufig stehen und der Verdacht der Spionage war wohl nicht gegeben. Auch fühlte man wohl schon unsere Kriegsmacht, so dass uns schließlich bedeutet wurde, dass wir frei wären, zunächst jedoch noch ein Hoch mit ausbringen sollten auf den »Glorioso HUÁSCAR«. Wie klärten sich unsere Gesichter auf, uns wurde ein Wasserglas voll Cachaça gereicht und mit den Offizieren prosteten wir auf das Wohl der schönen Republik Peru, unserem Schöpfer für so viel Gnade dankend. Von Soldaten wurden wir dann durch die Postenkette und durch das große Tor auf die Straße befördert. »Na«, sagte Erich zu mir, »das hätte bald ein schöner Klumpatsch werden können. Du hattest die Schuld.« »Na, Erich, es war aber interessant und wir haben was gesehen und erlebt.«

Nachdem unsere Ladung nun gelöscht war, wurden wir wieder auf die Reede geschleppt und ca. zwei Seemeilen von Land dort verankert. Hier lagen wir nun zwei Monate, Frachten waren nicht zu erhalten, die ganzen Verhältnisse waren verworren und unsicher. Mein

Kamerad vom gleichen Range, Erich Schulz, und ich fungierten während dieser Zeit als Bootsgäste und hatten fast weiter nichts zu tun, als den Kapitän um zehn Uhr an Land zu setzen, dort zu warten, um dann gegen sechs Uhr abends wieder an Bord zurückzukehren. Während dieser langen Wartezeit an Land konnten wir das Hafenleben im Kriegszustand betrachten. Da lag am Eingang zum Innenhafen ein altes Kriegsschiff aus Nelsons Zeiten. Hier sollten Kadetten ihre erste Ausbildung erhalten, in der Hauptsache aber waren es Trommler und Musiker, die hier von morgens fünf Uhr bis in die Nacht hinein einen Höllenlärm machten. Erich und ich schwenkten immer die Mützen, wenn wir diesen Meergreis passierten, worauf uns die Kadetten immer freundlich zurückwinkten. An den Landungsstellen der Kaimauern war ein ewiges Anlegen und Abfahren der Boote der vielen Kriegsschiffe, alle Nationen waren vertreten. Besonders erfreute uns immer der Anblick, wenn unsere deutsche Marine mit ihren Booten der sauberen und schmucken Mannschaft und Offiziere anlegten. Da lag doch ein ganz eigenartiger Schneid drin, da wurden die Riemen beim Anlegen nicht hoch aufrecht gehalten, wie bei den anderen Nationen, sondern mit einem Schwung nach vorn lagen sämtliche zwölf Riemen geordnet im Boot, und die Offiziere und der Kommandant sprangen an Land. Und dann waren auch immer schöne Frauen und Mädchen zur Stelle, die auch wir uns gern anschauten, besonders die Mädchen. »Ja«, sagte ich zu Erich, »das mit dem Schwung der Riemen hast du noch nicht heraus, das geht viel zu langsam und auch deinen Haken handhabst du zu langsam beim Anlegen.« – »Das kommt davon«, sagte Erich, »weil du achtern sitzt beim Kapitän, ferner bist du von der Wasserkante und ich von Berlin!«

Wenn ich dieses Liebesspiel der schneidigen Offiziere mit den schönen Kreolinnen und der Creme der Gesellschaft so stundenlang beobachtete unter dem sonnigen, blauen Himmel Perus und besah mich armen Schiffsjungen mit der blauen Hose und dem gestreiften Hemd, mit Vaters altem Panamahut, mit Lederriemen und Scheidemesser am Gurt, mit bloßer Brust, barfuß dazu, dann erkannte ich so recht den großen Abstand zwischen mir und der Gesellschaft und meinem fernen Ziel. Beim ferneren Betrachten dachte ich dann auch wohl, was sind das nur für fein geputzte Menschen und welchen Beruf haben wohl die Väter dieser schönen Töchter? Da stellte ich mir vor, es müssten reiche Plantagenbesitzer sein oder Kaufleute, die von ihren schönen Landhäusern in behaglicher Ruhe ihre blühenden Plantagen überblickten, mit Hunderten von Sklaven, die für sie wirkten und schafften unter einem ewig sonnigen Himmel. Recht armselig kam ich mir dann vor. Dass ich selber auch noch einmal Großkaufmann werden würde, erschien mir damals zauberhaft und als ein Luftschloss.

So vergingen die Tage, ohne dass wir den Krieg besonders merkten. Unsere übrige Mannschaft war mit der Instandsetzung der DEUTSCHLAND beschäftigt. Die Takelage wurde überholt, Masten und Rahen geschrappt und geölt, der Laderaum fein gesäubert und gemalt. Alles konnte mit außerordentlicher Gemütlichkeit und Ruhe gemacht werden, dazu das herrliche Klima, morgens Nebel, nachmittags strahlend blauer Himmel bei leichter Seebrise. In unseren freien Stunden fingen wir prachtvolle Fische, die in großen Mengen vorhanden waren, das Meer wimmelte förmlich davon. Da gab es eine Art Sprotte, die in solchen Schwärmen an der Oberfläche war, dass man Dutzende mit Eimern oder Catchern fangen konnte. Weiter herrliche Seeforellen, blaue und große Schuppenfische und sogar Heringe.

Und wo so viele Fische vorhanden sind, fehlt es auch nicht an Seehunden, Seelöwen und schwerfälligen Pelikanen.

Eines Nachts auf meiner Wache, als ich mich gerade auf meiner Seekiste ausstrecken wollte, rasselte plötzlich die Ankerkette, das Wasser phosphoreszierte sehr stark, jedoch die See war ruhig und glatt. Bald jedoch hörte man von Land her starkes Getöse, Menschen schrien, Esel jaulten, Katzen miauten und Hunde bellten. Das Schiff fing jetzt an zu zittern, die Ankerkette rasselte nun stärker und musste geschlippt werden, die See wurde bewegt und wir vermuteten ein Erdbeben, das es auch gewesen war, wie uns am anderen Tag gemeldet wurde. Schaden war nicht verursacht worden, das Ganze hatte nur etwa acht bis zehn Minuten gedauert. Die Erdbeben sind hier häufig, man gewöhnt sich bald daran. Häuser stürzen nicht ein, weil dieselben niedrig und fest aus Stein gebaut sind.

Als wir an einem schönen Nachmittag von Land zurückkehrten, sollte das Boot gehisst werden. Erich und ich standen an den Enden des Bootes und hatten die Taljen eingehakt. Nun begann das Aufziehen des Bootes durch die ausgelassene Mannschaft durch Laufen längsdeck. Ob nun das Zeichen »Stopp« nicht rechtzeitig gegeben worden oder von der Mannschaft überhört worden war, ließ sich nachher nicht mehr feststellen, genug, das Boot wurde mit voller Kraft zu Blocks gehisst, der Spiegel des Bootes brach zusammen und Erich und ich stürzten aus etwa zwölf Meter Höhe ins Meer, das Boot hinterher. Wir konnten beide schwimmen, doch schwammen viele Seelöwen zwischen uns herum, dadurch wurde der Aufenthalt im Wasser recht unangenehm. Man warf uns vom Schiff aus Taue und Rettungsringe zu, von anderen Schiffen kamen Rettungsboote, die uns auffischen wollten. Ich erreichte bald ein Tau, an dem ich dann am Fallreep heraufkletterte, Erich wurde durch ein Boot gerettet. Wir hatten großes Glück, dass wir das Boot nicht auf den Kopf bekommen hatten, sonst wären wir wohl verloren gewesen. Wir gratulierten uns gegenseitig nachher und waren während des Abends die Helden des Tages.

Noch verhängnisvoller wurde uns eine Bootsfahrt, als Erich und ich eines Morgens den Kapitän bei Nebel an Land setzten. Nachdem wir etwa eine halbe Stunde vom Schiff fort waren, fingen plötzlich die 15-cm-Batterien von Land an zu feuern. Links und rechts von uns schlugen die schweren Geschosse auf das Wasser, wenn auch nicht platzend, so doch eine hohe Wassersäule verursachend, bis sie dann nach immer kürzer werdenden Aufschlägen ins Meer versanken. Was sollten wir nun tun? Einen Kompass hatten wir nicht. Wir entschieden uns, nach links zu rudern, weil dort die Geschosse weniger häufig aufschlugen, und so gelang es uns, bald aus der Feuerlinie herauszukommen. Nach einer Stunde fanden wir auch glücklich den Hafen, während die Batterien noch immer weiterfeuerten, weil sich vielleicht im Nebel der Chilene heranarbeitete und den Hafen beschießen konnte.

Mittlerweile hatten sich viele Schiffe hier versammelt, teils, weil sie keine Fracht bekommen konnten, teils, weil sie Konterbande führten und aufgebracht waren. Unter Letzteren befand sich der Hamburger Kosmos-Dampfer LUXOR. Die Reederei protestierte, aber ohne Erfolg, bis die deutsche Regierung unter Bismarck ein Ultimatum stellte. Die auf der Reede liegenden Schiffe mussten jetzt aus dem Schussfeld genommen werden. Unsere deutsche Flotte bestand damals aus vier Korvetten und dem Panzer HANSA mit etwa zehn 21-cm-Geschützen. Eines Morgens wurde vom Kommandanten der deutschen Flotte das Ultimatum gestellt, dass die deutschen Schiffe um acht Uhr freigegeben werden sollten, andernfalls sollte die Beschießung von Callao beginnen. Doch es kam nicht dazu. Um acht Uhr ging auf dem Fort die Parlamentärflagge hoch und die deutschen Schiffe waren frei unter der Bedingung, dass der Dampfer LUXOR noch ca. zweihundert Verwundete vom Schlachtfelde bei Iquique holen sollte. Es war immerhin ein kleiner Erfolg, den unsere Flotte im Ausland erzielte und stolz blickten wir auf unsere aufstrebende Marine, wir von der DEUTSCHLAND.

»Turn to!«, »Seils anschlagen!« rief eines Morgens der alte Schmarting, unser Erster Steuermann, indem er seinen niedergerutschten Hosenboden wieder hochzog und seinen unvergänglichen Korkhut in den Nacken schob. Wir horchten auf. Ich fragte meinen Vetter von Harten, wohin wir denn nun segeln würden? Zunächst nach Ancón, dem Badeort in der Nähe, dort einen Teil Zucker laden, dann in Chimbote, etwas nördlicher, den Zucker auffüllen und von dort nach Littleton auf Neuseeland, um für die peruanische Regierung Mehl und Hafer zu holen. Also eine Zwischenreise und dann zurück nach Callao. Ein peruanischer Regierungsbeamter und ein englischer Supercargo, Mr. Douglas, sollten uns begleiten. Das versprach ja eine herrliche Fahrt zu werden, bei schönem Wetter, von 10° Süden nach Westen, gerade wie Magalhães durch die Südsee, vorbei an den Fidschi-Inseln, Samoa nach Neuseeland, den schönsten Ländern der Erde. Wir hatten sogar den 180. Längengrad zu passieren. Welche neuen Eindrücke offenbarten sich uns und was für Menschen bekamen wir zu sehen, die aussterbende Rasse der Maoris von Neuseeland.

Am 2. August 1879 an einem Nachmittage lichteten wir den Anker und unter vollen Segeln, den passierenden Schiffen ein »Hipphipphurra« zurufend, segelten wir gen Norden. Die DEUTSCHLAND war nach zwei Monaten Liegezeit wieder in Fahrt. Bei schönstem Wetter und mäßiger Brise segelten wir an der Küste entlang, bis wir um sieben Uhr abends auf der Reede von Ancón ankerten. Schnell waren die Segel festgemacht und nach dem Abendessen saßen wir auf der Reling und betrachteten den kleinen Ort mit kritischen Blicken. Ancón ist ein kleiner Ort mit etwa zweitausend Einwohnern und ist von Lima aus mit der Bahn leicht zu erreichen. Mitten in einer Sandwüste liegend, ohne jegliche Vegetation, sind die Häuser aus Holz erbaut, die Straßen ungepflastert, und in der Nacht ist es für schwankende Personen ein Kunststück, ihre Häuser auf dem ungefähr ein Meter erhöhten Holztrottoir zu erreichen.

Erich und ich waren hier wieder Bootsgäste, und da wir durch unsere Passagiere viel Besuch bekamen, erhielten wir auch manchen Sol, allerdings nur in Papier, der damals nur noch acht Pence wert war, immerhin war es doch etwas.

Nachdem nun der Ballast gelöscht worden war, nahmen wir ca. 500 t Zucker über und segelten nach einem Aufenthalt von etwa zehn Tagen an der Küste weiter nördlich, in Sicht der Cordillera, nach einem sehr schönen Naturhafen Chimbote auf 9° S. Am Nachmittag des zweiten Segeltages liefen wir mit vollen Segeln und bei strammer Brise zwischen den hohen Felsen der Einfahrt in den Hafen ein und ankerten in der Mitte der schönen großen Bucht. Schon beim Eingang empfing uns ein fürchterliches Gebrüll von Seelöwen, die auf den Klippen herumlagen und sich durch uns in ihrer Ruhe gestört sahen. Der »Supercargo« ging gleich an Land, und bald konnte mit der Übernahme des Zuckers begonnen werden, der von Chinesen verstaut wurde. Leider brachten uns diese Leute viele Flöhe mit an Bord, so dass man sich vor den Viechern kaum retten konnte. Ich habe einmal aus meinem Gurt 37 Stück herausgesammelt, und beim Deckwaschen sprangen diese Plagegeister einem an die nackten Beine und man konnte sie so leicht erwischen. Zur Abwehr mussten wir unseren Körper mit Petroleum einschmieren, das half einigermaßen. Dieser Zucker, den wir hier luden, war halbraffinierter, grober Kristallzucker in Säcken von je 100 kg und sollte in Neuseeland für Hafer und Mehl eingetauscht werden.

Chimbote ist ein elendes kleines Dorf, liegt in einer Sandwüste, ohne jegliche Vegetation, und ist durch eine Bahn mit Huaraz verbunden. Das Gebirge erreicht hier eine Höhe von 3.000 bis 5.700 m. Der Zucker kommt aus den Tälern und wird aus Rohr gewonnen. An einem morschen Landungssteg wird der Zucker in »Lanchas« verladen. Da fast immer eine ziemlich hohe See im Hafen steht, muss man mit dem Boot an der Pier immer frei liegen.

Während der Wartezeit an Land beschäftigten Erich und ich uns mit Fischen, und mancher schöne Fisch zierte abends unseren Abendtisch. Wie überhaupt die ganze Westküste Südamerikas reich an Fischen ist, war diese Bucht ganz besonders damit gesegnet. Wir hatten bald herausgefunden, dass größere Fische, eine Art Seelachs von etwa zwanzig bis dreißig Pfund Gewicht, leicht mit einer Angel, mit einem weißen Lappen hinter dem Boot hergezogen, zu fangen waren. Der Angelsport wurde schließlich derart interessant, dass der Kapitän, Steuerleute und Matrosen jeden Tag zum Fischen fuhren und immer drei bis vier von diesen schönen Schuppenfischen heimbrachten. Leider konnten wir nicht dagegen anessen und das Aufbewahren war wegen der Hitze nicht möglich. Wenn Erich und ich den Supercargo an Land setzten, passierten wir immer einen alten Leichter, auf dessen oberem Rand Pelikane dicht beieinander saßen, so dass die Tiere sich kaum bewegen konnten, jedoch mit dem Kopf nach außen, mit dem Schwanz nach innen. Wir scheuchten die schwerfälligen Vögel dann manchmal auf und freuten uns über unseren Erfolg. Einmal sagte ich zu Erich: »Du, Erich, wir wollen mal an dem Leichter anlegen, der liegt so tief im Wasser, wollen mal sehen, was die Pelikane dort machen!« Aber wie erstaunten wir, als wir sahen, dass der halbe Leichter voll Guano war. Nun konnten wir uns auch erklären, wie der Dungstoff abgelagert wird und dass die Vögel gar nicht so lange Zeit brauchten, einen Leichter zu beladen, und wie bequem das für die Guanoverschiffer ist.

Unsere Liegezeit in dieser einsamen, aber interessanten Bucht von Chimbote ging nun zu Ende. Das Schiff war nur zu drei Viertel beladen, und nachdem der Supercargo an Bord gekommen war und die Chinesen an Land gesetzt worden waren, gingen wir Anker auf. Unter vollen Segeln, bei herrlichstem Sonnenschein steuerten wir zwischen den hohen Felsen hindurch in den blauen Stillen Ozean auf 10° S mit Kurs auf die Islas Marquesas und Samoa, dem Wunderland, entgegen. Als die letzten hohen Berge der Cordillera am Horizont verschwanden, schwenkten Erich und ich unsere Mützen und riefen: »Auf Wiedersehen, in sechs Monaten!«

Bei flotter Brise aus SO, Stärke fünf bis sechs lief DEUTSCHLAND mit den Royals und Leesegeln im Topp seinem fernen Ziele entgegen, sogar die Stagsegel standen voll und die Schlingerleisten brauchten nicht aufgelegt zu werden, die Suppe lief uns nicht aus den Tellern. Wenn ich je eine angenehme Reise gemacht habe, war es diese durch die Südsee. Der »Stille« Ozean hat seinem Namen alle Ehre gemacht. Am Tage blauer Himmel und Sonnenschein, des Nachts beleuchtete der Mond die unendliche Wasserfläche goldig, so segelten wir dahin, traumhaft schön! Selbstverständlich war die Stimmung der Besatzung und der

Passagiere ausgelassen. Mit Gesang und Tanz vergingen die kühlen Abende. Selbst der peruanische Kaufmann stimmte ein spanisches Lied an, obgleich sein Vaterland in großer Not war. Unser Erster Steuermann Schwarting war jetzt ganz in »Weiß« gekleidet, manchmal hatte er sogar seinen Korkhut nachts aufgesetzt, vielleicht des Mondscheines halber. »Adolf, putz Water!«, sang er dann am Ende der Wache aus, um die Temperatur des Seewassers zu messen, die einzige nächtliche Arbeit auf dieser Fahrt. Da in diesen Gewässern der Verkehr sehr gering und Land in weiter, weiter Ferne war, brauchte man auf den Kurs auch nicht so genau zu achten. Die Wachen wurden hingeträumt, bis die Sonne erwachte und das Deckwaschen begann.

Wir hatten auch ein schönes Schwein, »Kurt« genannt, an Bord. Beim Herumlaufen auf dem Vordeck im Trabe verlor es manchmal etwas, was Erich und ich dann wieder entfernen mussten. Hierfür hatte der Zimmermann zwei kleine Holzschaufeln angefertigt, die mit einem Bändsel verbunden waren, damit sie nicht verloren gehen konnten. Dieses Zwillingspaar hing immer am »Schweinskoben«. Wurde das Deck durch Kurt nun verunreinigt und unser »Erster« sah das, dann rief er mit lauter Stimme: »Jungs, nehmt mal die Höhe!« – Erich und ich stürzten uns dann auf die Zwillingsschaufeln am Schweinekoben und versenkten den fein geformten Unrat mittels der kleinen Schaufel ins Meer.

Am Tage verrichtete die Mannschaft leichte Schiffsarbeiten und am Abend wurde nach dem »Leierkasten«, der unserm »Blau« gehörte, getanzt. Dann und wann wurde auch ein Hammel geschlachtet, doch hatte das Schlachten große Schwierigkeiten. Dem Koch und Zimmermann gelang das Schlachten ziemlich gut zuletzt, so dass wir wenigstens eine frische Suppe erhielten, das Fleisch blieb aber zäh und war kaum zu verwenden, Lamafleisch wäre vielleicht geeigneter gewesen.

Wir näherten uns jetzt den Marquesas-Inseln, ließen die Paumotou und Gesellschaftsinseln an Backbord, segelten zwischen Palmerston und den Cookinseln hindurch, um dann mit SW-Kurs auf Neuseeland zuzusteuern. Bei den Cookinseln verließ uns der Passatwind, der Himmel verfinsterte sich jetzt und Gewitter mit Regen traten nun häufiger auf. Je mehr wir uns Neuseeland näherten, desto kühler wurde es. Wind und Seegang nahmen zu, Nebel und diesige Luft erschwerten die Sicht, und obgleich südlicher Frühling herrschte, merkte man doch sehr den kälteren, raueren Südpol. Mit NW-Wind konnten wir eben unseren Kurs halten. Am vierzigsten Tag sichteten wir aus dem Dunst heraus die Berge von Neuseeland, der südlichsten Insel. Nach astronomischen Berechnungen befanden wir uns bei der Cook-Straße und segelten noch einen Tag an der SO-Küste entlang, bis das Feuer von Port Littleton in Sicht kam und der englische Lotse die DEUTSCHLAND in den schützenden Hafen, in die Nähe des inneren Molenhafens, zu Anker brachte.

Nach 42-tägiger Reise befanden wir uns nun im Lande der früheren »Menschenfresser«, der Maoris. Das war also das schöne Neuseeland, das angeblich herrlichste Land der Welt. Ein Land, wo fast immer Frühling herrschte und im Jahr zweimal geerntet wird, wo Gold gegraben wird, Wolle und Fleisch billig sind und sich jeder Mensch schnell emporarbeiten und auch selbstständig werden kann. Ein Land, wo schon 1879 der achtstündige Arbeitstag eingeführt worden war mit einem Verdienst von einem Schilling. Als die Sonne durchbrach und dies schöne Land beleuchtete, da kam einem der Gedanke hoch, hier müsstest du dein neues Heim gründen, hier wollen wir bleiben. Und so war es auch! Nur wenige von uns kamen in ihre Heimat zurück, die meisten Matrosen liefen vom Schiff fort, und alle sind in kurzer Zeit wohlhabende Farmer geworden, wie ich später erfahren habe. Entzückend war der Anblick von der Reede aus. Gegen Süden erstreckte sich welliges Hügelland mit grünen Matten, gegen Norden strebte höheres Gebirge steil auf bis zu tausend Meter, wo sich die Stadt Littleton hinaufzog. Grüne, blumige Gärten und hohe schattige Bäume waren überall zu sehen, doch war alles erst im Entstehen, denn die Kolonie war erst vor 18 Jahren gegründet worden.

Nachdem wir am nächsten Tag den Klüverbaum hochgenommen hatten und löschbereit waren, kam ein kleiner Schlepper mit dem Hafenlotsen an Bord, um uns durch die Molen an den Pier zu bringen. »What date do you write today here, pilot?«, fragte Kapitän Meyer. »Thursday, Sir!« war die Antwort. »Na, Stüermann, denn möt wi woll eenen Dag överschlagen un von Dienstag auf Donnerstag gahn!« – Ja, so musste es sein, denn wir hatten von Westlänge auf Ostlänge den hundertachtzigsten Grad überschritten. Ich sagte zu Erich: »Fein, dann sind wir um einen Tag dem Sonntag näher und können uns das Maori-Land mal ansehen!« Als wir uns dem Pier näherten und wir die ersten Leinen hinüberwerfen konnten, bemächtigte sich unser eine gehobene Stimmung. Braune, bunt tätowierte Maoris machten die Leinen fest, und langsam, unter deutschem Gesang, die Flagge »Schwarz-Weiß-Rot« im Topp, zogen wir unser Schiff, unsere schmucke DEUTSCHLAND, die GERMANY, an den Pier, sehr zum Erstaunen der großen englischen Klipper-Auswandererschiffe, von denen eines, die LADY TOSLEYN, nach 94-tägiger Reise von London 460 Passagiere nun an Land setzte.

Uns offenbarte sich jetzt eine ganz andere Welt. Unsere Antipoden hatten es verstanden, das ganze Wirtschaftsleben hier fortschrittlicher zu gestalten, und als es Mittag war, zierte ein festlicher Hammelbraten unsere Tafel, denn Hammelfleisch kostete per Pfund nur zwei Pence und der Kohl war auch nicht teuer. Das war für uns eine Göttermahlzeit, denn wir hatten dergleichen seit einem ganzen Jahr nicht mehr gehabt. Als um fünf Uhr Feierabend war, sagte Schwarting zu mir: »Adolf, hol dat End mal over, dat dor over Bord hangt!« Als ich das Tau überholte, hingen zwei kleine Seepferdchen daran. In meiner Überraschung zeigte ich sie Erich, der meinte, es wäre Granat und wollte noch mehr fangen, jedoch ohne Erfolg. Diese kleinen niedlichen Tierchen hatten einen Pferdekopf mit dranhängendem Schwanz und waren nur so groß wie unsere Garnelen. Ruhe herrschte jetzt auf dem Schiff, jeder rauchte seine Pfeife, der Koch kam auch ins Logis und führte das große Wort. Natürlich, das Thema war das Wunderland Neuseeland. Obgleich noch keiner was Bestes zu berichten wusste, wurden doch schon darüber Pläne gemacht, ob hier eventuell die christliche Seefahrt an den Nagel gehängt werden könnte.

Am nächsten Morgen begannen wir mit der Löschung des Zuckers in Eisenbahnwaggons. Das musste von unserer Mannschaft verrichtet werden, denn die Arbeiter waren zu teuer, sie verlangten pro Stunde ein Dollar, während die Matrosen nur 35 Pfennig verdienten. Das Wetter war sehr windig und kühl. Regenschauer hinderten die Arbeit häufig, so dass das Löschen nur langsam vorwärts ging, doch wir hatten ja auch keine Eile, denn Ladung war für uns noch nicht vorhanden.

Am selben Abend gingen die Matrosen an Land und der Kapitän und Steuermann gingen mit uns Jungs in die Bar, um ein Glas Bier zu trinken, das sechs Pence kostete. Die Straßen waren nur erst teilweise bebaut, und man musste mitunter stark klettern, um zum »Bar-Room« zu gelangen, denn teils gingen die Wege bergauf.

An einem regnerischen Sonntag saß ich nach dem Mittagessen allein im Logis und sah in meine Seekiste. Die Matrosen waren an Land gegangen, um sich die Gegend mal näher anzusehen. Während ich noch so in Gedanken in meiner Kiste herumkramte, kamen ein Mann und eine Frau vor die Tür und fragten mich, ob ich Deutscher wäre. Als ich das bejahte, baten sie mich um etwas Schwarzbrot. Ich lief schnell zum Koch und holte nicht nur Roggenbrot, sondern auch noch Suppe und Fleisch, das sich die beiden Deutschen gut schmecken ließen und mir währenddessen ihre Einwanderung nach hier erzählten. Er, Höft, war vor 18 Jahren von der hannoverschen Garde, wo er gerade diente, desertiert. In London, wohin er sich zunächst gewandt hätte, wäre er mit seiner jetzigen Frau zusammengetroffen und beide hätten sich verabredet, nach Australien auszuwandern, da damals noch die freie Auswanderung nach dort möglich war. Mit einem englischen Auswandererschiff kamen sie zunächst nach Melbourne, wo es ihnen aber sehr schlecht ergangen wäre, sie hätten dort kaum das trockene Brot gehabt. Von dort siedelten sie nach Neuseeland über, wo sie nach harter Arbeit und vielen Entbehrungen auf den Goldfeldern und in der »country« in Addington Station bei Christchurch eine Farm gründeten und jetzt aus dem Gröbsten heraus wären. Sie hätten vier Kinder, eine Tochter und drei Jungs, und sie dächten nicht daran, wieder nach Deutschland zurückzugehen. Sie hätten zuerst auf dem Lande mit einem deutschen Arzt zusammengewohnt in einem Zelt, sich vorwiegend von Kartoffeln und Fleisch ernährt und mit Baumfällen täglich ca. 80 Mark verdient. Dieser gute Verdienst wäre aber zur Hälfte wieder für sonstige Lebensbedürfnisse draufgegangen. Jeden Tag wurden nur 48 Mark zurückgelegt und dafür dann Land gekauft und ein Blockhaus errichtet. Der Arzt konnte dieses harte Leben nicht länger aushalten und hatte sich nach sechs Wochen in die Großstadt zurückgezogen.

Die Matrosen kamen gegen Abend wieder von Land und, da die Farmersleute noch immer auf dem Schiff waren, forderten diese die Mannschaft auf, mit ihnen an Land zu gehen und ein Glas Bier zu trinken. So zogen wir denn alle mit den Kolonisten an Land in eine Bar und der Farmer spendierte, wobei wir den Farmer hochleben ließen sowie DEUTSCHLAND – das Schiff und unsere Heimat. Beim Abschiednehmen am Bahnhof sagten die Farmer zu mir, ich möchte sie am nächsten Sonntag doch besuchen, sie würden mich schon am Sonnabend mit dem Wagen in Christchurch erwarten, und ich müsste dann bis Montag bei ihnen bleiben. Ich willigte ein und sagte zu. Unter Hurrarufen und Tücherschwenken fuhren sie nun wieder nach Christchurch ab. Wir sahen ihnen nach, bis der Zug im Tunnel verschwunden war, dem Tunnel, der Christchurch mit Littleton verbindet.

Die Löschung unserer Littleton-Ladung ging weiter nur langsam vonstatten. Ungeduldig und gespannt erwartete ich den Sonnabend, da ich fahren wollte, um die guten Farmersleute zu besuchen. Doch zuvor hatte ich noch mit unserem Kapitän Meyer einen Kampf zu bestehen. Am Freitag ging ich zu ihm und bat um Urlaub und Geld. Als er hörte, dass ich von Sonnabend bis Montag fortbleiben wollte, machte er ein bedenkliches Gesicht, wohl deshalb, weil er eine gewisse Verantwortung meiner Mutter gegenüber hatte, mich wieder in Deutschland abzuliefern, denn er sagte sofort: »Du wullt wol weglopen, watt?« – »Nee«, sagte ich, »ick bin von'n dütschen Farmer, de hier wär, inladen und de holt mi von'n Bohnhof aff!« – »Na, ick gew di ½ Pfund und dat du mi ober wedder kummst!« – Ich versprach denn auch gewiss wiederzukommen und erzählte das meinem Vetter und dem Ersten Steuermann Schwarting. »Na«, sagte Schwarting, »denn bring man een lüttjet Kalf mit!«

Mitte November 1879 fuhr ich am Sonnabendmittag dritter Klasse nach Christchurch. Der Zug durchfuhr zunächst einen ca. sechs Kilometer langen Tunnel, danach lag im herrlichsten Sonnenschein die Canterbury-Ebene vor mir, und bald fuhr der Zug in den kleinen Bahnhof von Christchurch ein. Damals war es noch ein großes Dorf. Die Straßen chaussiert, gerade und breit und teilweise eben erst gebaut, der Ort machte den Eindruck einer im Werden begriffenen Stadt. Ich musste hier umsteigen, um nach Addington Station zu fahren, wo der Farmer und sein zwölfjähriger Sohn mich mit einem Gespann abholen wollten. Als ich in Addington auf dem kleinen Holzbahnhof ausstieg, erwartete mich schon der Wagen. Ich freundete mich gleich mit Georg Höft an, der Farmer nahm die Zügel der beiden mutigen Pferde und im vollen Galopp flogen wir durch die Canterbury-Ebene, durch Wald und Feld der Farm zu, die von hier ungefähr eine Stunde entfernt war. Vor uns sahen wir in der Ferne die mit Schnee bedeckten Neuseeländischen Alpen, wo der Mount Cook 3.700 m Höhe erreicht. Nach dreiviertelstündiger Fahrt auf ausgefahrenen Landwegen wandte der Farmer sich mir zu: »Dit Stück hier hev ick mit Haber beseit und dor wieter hen steiht Weeten.« – Ich dachte, der muss es aber bereits als Kolonist weit gebracht haben, wenn hier schon seine Ländereien beginnen. Durch Sand und Geröll knirschten die Räder in langsamer Fahrt durch Wiesen und Gebüsch immer weiter. Mitunter sah man schönes Vieh auf den üppigen Wiesen, Lerchen stiegen singend in die klare Luft und über allem lag blendender Sonnenschein. Das Farmerhaus kam jetzt in Sicht, die Hunde schlugen an, der Wagen hielt, die Tore öffneten sich und Frau und Kinder begrüßten mich mit großer Freude. Besonders interessierte mich Lizzy, die damals elf Jahre alt war, ich war ja schon sechzehn. Sie überreichte mir einen Blumenstrauß, gab mir die Hand und sagte zu mir: »Welcome in our home!« – Die Pferde wurden ausgespannt und sogleich ging es zu Tisch. Bei meat pie und coffee musste ich nun von Deutschland erzählen, ich musste aber englisch sprechen, denn Georg und Lizzy verstanden leider kein Deutsch. Es ging mit der Unterhaltung aber dennoch ganz gut, deutsch und englisch durcheinander. Als wir aufgestanden waren, sagte Lizzy zu mir: »Come Adolf, I will play on the piano and Georg is playing Horn, we will try a play.« So gingen wir ins beste Zimmer und ich hörte mit kindlicher Andacht den beiden Geschwistern zu. Es klang nach meinem damaligen Musikverständnis sehr gut, und ich freute mich, in so angenehmer Gesellschaft zu sein. Danach gingen wir ins Freie, den Eltern entgegen, die mit dem Knecht vom Melken kamen. Die Milch musste noch am Abend zur Bahnstation gebracht werden.

Frau Höft war klein und dick, aufgeschürzt und mit dem Schifferhut glich sie einer Sennerin. Er war groß, knochig, sehnig, mit scharfen, gutmütigen Gesichtszügen und blauen Augen. Die harte Arbeit hatte ihn mitgenommen. Als wir abends alle wieder beim Abendbrot saßen, es gab »meat pie«, Fleischpastete, Käse, Butter, Weißbrot und Tee, erzählte er mir auf deutsch, dass er hauptsächlich Milchwirtschaft betreibe und ca. 15.000 Mark auf der Bank hätte, dazu viele Ländereien. Dann holte er einen Zigarrenkasten, der voll mit kleinen Goldklümpchen war, die noch aus seiner Goldgräberzeit stammten. Die Kiste war gestrichen voll. So viele Goldklumpen hatte ich noch nie gesehen, und als ich alles so bewunderte, erzählte er, wie er das Gold gefunden hätte und mit welchen Schwierigkeiten. Dann schenkte er mir einen kleinen Klumpen, den ich treulich mit nach Hause nahm, den meine Mutter aber leider später an einen Goldschmied in Elsfleth verkaufte. Frau Höft hatte sich aus solchen kleinen Goldklümpchen eine lange Halskette machen lassen, die sehr apart wirkte und einen großen Wert besaß. Wahrlich ein schönes Andenken an eine harte, entbehrungsreiche Zeit. Langsam senkte sich nun der Abend herab, und nachdem ich mit Georg zusammen ein Schlafzimmer angewiesen bekommen und allen »Gute Nacht« gesagt hatte, besonders meinem kleinen »Sweetheart«, schlief ich bald ein, die erste Nacht in einem Hause auf Neuseeland, fern, fern der Heimat, und träumte von den Maoris, den früheren Menschenfressern, huh, wie gruselig!

Die goldene Frühlingssonne schien schon hell in mein Zimmer, als ich erwachte, und die Milcheimer klirrten, denn das Vieh war schon gemolken. Um acht Uhr versammelten wir uns alle wieder im Esszimmer. Der »meat pie« stand wieder dampfend auf der Tafel, dazu gab es Butter, Käse, Brot, Milch und Kaffee. Alle diese Dinge waren für mich ein Leckerbissen, denn an Bord gab es selbst sonntags nichts als Hartbrot und Zichorienwasser, das Hartbrot war mittlerweile auch schon ein Jahr alt geworden. Nach lebhafter Unterhaltung sagte Lizzy zu mir: »Come on. Let us go into the garden, I'll show you our flowers, gooseberrys, strawberrys and cherrys and than we will go into the meadows, there I can show you a little lark-nest!« Und so gingen wir in den Garten, besahen uns die schönen Blumen, Stachelbeeren, Johannisbeeren und die Kirschbäume, naschten hier und dort. Unter fortwährendem Schwatzen musste ich erzählen, wie alle diese Blumen und Früchte in Germany hießen. Lizzy riss sogar eine Wurzel aus und fragte: »What do you call this?« – »We call it here carrots.« »Wir Wurzeln«, sagte ich und wir bissen beide hinein. Als wir nun um das roh zusammengezimmerte Blockhaus herumgelaufen waren, wurden die Wiesen mit dem Vieh besichtigt. Die Lerchen stiegen singend in die Luft und der blendende Sonnenschein hob auch unsere Stimmung zum Singen: »High bonny Lizzy« etc. Weiter wanderten wir bis zum Lerchennest, wo zu meiner großen Freude Lizzy mir die kleinen Vögel zeigte. »Come let's go, the little birds are afraid!« sagte ich und wir wanderten weiter bis ans Ende der Besitzung durch Busch und Wiese, von wo wir dann zurückkehrten. Ich freute mich, auf Lizzys Fragen immer englisch antworten zu können, und sie war so neugierig auf Deutschland. Auch besprachen wir das Land, und zu Hause wollten wir uns auf dem Atlas auch Neuseeland einmal etwas näher ansehen. Das Haus war bald erreicht und wir studierten eifrigst den Atlas. Dann setzten sich die beiden Geschwister wieder zum Spielen ans Klavier, während ich mich mit Geografie beschäftigte. Zum Mittagessen zierte ein stattlicher Hammelbraten den Tisch, dazu gab es Pastete und Früchte. »Hüt Namiddag goht wi mol alle ut, denn kannst du de Umgegend mol sehn un mien Veh«, sagte Höft nach Tisch, und gleichzeitig holte er aus einem Gefäß ein Glas Bier. »Magst woll Beer?«, sagte er zu mir, »dat mokt wi hier selwst.« Das Bier sah ganz klar aus und schmeckte auch gut, doch trieben die Hopfenblätter noch drin.

Am Nachmittag wanderten wir in der Umgegend umher. Die Kinder hatten Sonntagskleider angelegt und die Alten hatten auch einen besseren Rock übergezogen. Sehr praktisch war die Wasserversorgung für das Vieh. Ein etwa zehn Meter langes Rohr wurde in die Erde getrieben, ein Hahn draufgesetzt und sofort floss das klare Wasser in einen Behälter zum Tränken des Viehs. Als die Sonne unterging, waren wir alle wieder zu Hause. Sofort begann wieder das Melken. Viel Ruhe gab es nicht hier im Farmerbetrieb, das wurde mir sofort klar, auch, dass das Geld den Menschen hier ebenso wenig leicht in die Tasche fließt wie anderswo. Am nächsten Morgen brachte mich Höft wieder zur Bahn. Ich war gut versorgt worden. Von Lizzy hatte ich einen Blumenstrauß, von Frau Höft Käse und vom Alten Suppenkraut, Kohl, Stachelbeeren und Kirschen erhalten. Da ich in Christchurch umsteigen musste, hatte ich schwer zu schleppen an meinem Sack. Es sah etwas sonderbar aus; auf dem Rücken den großen Sack, in der einen Hand die schönen Blumen, doch daraus machte ich mir nicht viel. Wohlgemut und freudig kam ich in Littleton an. Der Farmer hatte mir gesagt, dass sie mich am nächsten Sonntag wieder von Christchurch abholen wollten. Darüber war ich natürlich sehr froh.

»Help mol dem Jungen mit sien Gepäck ower«, sagte Schwarting, als er mich sah, zu einem Matrosen, »he kann't jo gornich mer drägen!« Als der Sack an Deck ausgeschüttet wurde, fiel der Koch gleich über das Suppenkraut und den Kohl her, den Käse aber teilte ich mit meinen Kameraden, die dann alle riefen: »Junge, Junge, dor kannst noch mal hingohn!« Und so verging die Woche schnell.

Am Sonnabend reiste ich wieder nach Christchurch. Höft holte mich selber wieder ab, und in rasender Fahrt kamen wir nach zweistündiger Fahrt auf der Farm an. Die Hunde schlugen an, die Tore öffneten sich und als erste begrüßte mich Lizzy, in der einen Hand einen Blumenstrauß, in der anderen einen großen neuen Atlas, worin die Widmung stand: »Presented to Adolf Sievers by Lizzy Höft, Canterbury, Addington Station, New Zealand, November 1879.« Ich habe diesen Atlas lange mit mir herumgetragen, er hat im Jahre 1882 und 1885 beinahe Neuseeland wieder erreicht, als ich in Melbourne war. Als ich dann aber nach der Schulzeit zur Dampfschifffahrt überging, ist der Atlas, die schöne Erinnerung an Lizzy, verloren gegangen, wahrscheinlich beim Umzug meiner Mutter. Wir gingen nun alle ins Haus. Die Sonne war schon untergegangen, da es aber noch warm war, setzten wir uns nach dem Abendbrot ins Freie. Vorher musste ich mir aber mit Lizzy den Atlas besehen, in dem Neuseeland besonders groß gezeichnet war. Ich dankte ihr sehr dafür und hätte sie am liebsten geküsst, doch dafür war ich noch zu schüchtern. Der Atlas musste auch sehr teuer gewesen sein, da in demselben ein vollständiges Namensverzeichnis vorhanden war und, wie ich bemerkte, er in Gotha hergestellt war.

Am nächsten Tag, am Sonntagmorgen, fuhren Georg, Lizzy und ich nach Christchurch, um das neu eröffnete Museum zu besichtigen, das unter der Leitung eines Deutschen eingerichtet worden war. Besonders stachen das Gerippe eines »Diphtosauriers« hervor und die zweizehige Moa, ein jetzt in Neuseeland ausgestorbener Riesenvogel. Die Vögel waren hauptsächlich im oberen Saal stark vertreten. Das Ganze machte einen unfertigen Eindruck, war aber für Christchurch immerhin eine Sehenswürdigkeit. Wir schlenderten dann noch durch die Stadt und, weil nach englischer Sitte sonntags alle Lokale geschlossen sein müssen, kamen mit ziemlich leerem Magen gegen Mittag wieder auf der Farm an. Der Nachmittag verlief schnell, und am Abend wurde ich wieder zur Bahn gebracht, um nach Littleton zu fahren.

Auf diese Art vergingen sieben schöne Sonntage wie im Fluge, an denen ich immer Gast der lieben Farmersleute war, und die schwere Abschiedsstunde kam heran. An einem Sonntag kam die halbe Mannschaft mit zur Farm, der Zimmermann, der Koch und fünf Matrosen.

Das war nun eine große Mittagstafel und jeder sprach dem Hammelbraten ordentlich zu. Am Nachmittag kam noch ein deutsches Ehepaar zu Besuch, das wieder nach Deutschland wollte. Nachdem die ganze Gesellschaft in der Umgebung herumspaziert war und die Matrosen sich ganz besonders über alles eingehend erkundigt hatten, fuhren wir mit zwei Gespannen am Abend wieder zur Bahn, mit Blumen reich beladen. Viele von ihnen hatten sich schon in Gedanken eine solche Farm als ihr Eigentum ausgedacht, und tatsächlich liefen sie vom Schiff fort, kurz vor der Abfahrt, ich habe sie nie wieder gesehen.

Wir lagen nun schon beinahe sieben Wochen hier und hatten unser Schiff zu drei Viertel mit Mehl und Hafer beladen. Das war das, was der Beamte von Peru für seinen Zucker eingetauscht hatte. Er selbst und der Supercargo fuhren mit einem Dampfer wieder zurück. Als ich eines Morgens aus meiner Koje stieg, war es so still im Logis. Alle Kojen waren leer, nur der Zimmermann, Erich und ich sowie der dicke bequeme Matrose Gustav waren noch geblieben. Verschwunden war die Hauptbesatzung. »Turn to!« schrie der Erste Steuermann, Schwarting, von achtern laut, doch es erschienen nur wir vier. »Wo sind de annern?« – »Wegloopen!« sagte der Zimmermann. »Verdammt!« – Schwarting revidierte nun die Kojen und Kisten der Verschwundenen. Einige hatten ihre Seekiste stehen lassen, jedoch auf Deck festgenagelt, so dass der Steuermann, als er die Kisten aufzuheben versuchte, sagte: »O, de sind noch full!« Doch als der Deckel gehoben wurde, war die Kiste leer. Das war für den Kapitän nun eine unangenehme Sache. Woher sollte man hier in kurzer Zeit Ersatz beschaffen? Nach einer Woche gelang es dem Kapitän, einige neuseelandmüde Seeleute, die Gold gegraben, aber nur wenig gefunden hatten, anzumustern. Doch um diese Seeleute, die von der Polizei gesucht wurden, vor Ergreifen zu schützen, mussten im Laderaum unter den Hafersäcken Höhlen gebaut werden, worin diese Leute rasch verschwanden, sobald Gefahr seitens der Polizei bemerkt wurde. Aber auf lange Zeit ließ sich solch ein Zustand nicht durchsetzen, und es war erklärlich, dass die Rückreise nach Callao sobald als möglich angetreten werden musste.

Um nun von den mir so lieb gewordenen Farmersleuten Abschied zu nehmen, reiste ich am letzten Sonnabend vor unserer Abreise nach Addington Station, von wo der alte Höft mich wieder abholte. Lizzy erwartete mich wieder mit einem Blumenstrauß und ich verlebte wieder bis Sonntagabend vergnügte, fröhliche Stunden. Am Sonntag war man damit beschäftigt, drei große Säcke Gemüse für mich einzupacken, von Frau Höft erhielt ich einen Beutel mit sechs Käsen, von Lizzy einen Beutel mit Kirschen, Stachelbeeren etc. und einen wundervollen Blumenstrauß. Zu meinem größten Erstaunen sollte ich auch noch ein Bullenkalb mitnehmen, aber da ich nicht wusste, wie ich es transportieren sollte, unterblieb es. Die Gemüsesäcke wurden als Fracht verladen. Nur zu schnell nahte die Abschiedsstunde. Schweren Herzens musste ich mich nun trennen, am liebsten wäre ich hier geblieben. Auch Lizzys Eltern hätten es gern gesehen, doch ich hatte mir ein anderes Ziel gesteckt und konnte leider nicht bleiben. Ich nahm nun von Frau Höft, Georg und Lizzy herzlichen Abschied auf Nimmerwiedersehen.

Der Alte brachte mich bis Christchurch zum Bahnhof. Unterwegs fing es an zu regnen und dadurch wurde die Fahrt in dem offenen Wagen nicht angenehm. Da wir schon um sechs Uhr abends am Bahnhof waren, der Zug aber nach Höfts Meinung erst um sieben Uhr ging, fuhr derselbe gleich wieder zurück, nachdem ich mich auch von ihm herzlich verabschiedet hatte. Als ich mich nun nach der Abfahrtszeit erkundigte, wurde mir zu meinem größten Schrecken bedeutet, dass heute kein Zug mehr nach Littleton führe. Was nun? Da mich nur ein Tunnel durch ein 1.000 m hohes Gebirge vom Hafen trennte, wäre es dahin gar nicht so weit gewesen, wenn ich diesen Tunnel hätte benutzen dürfen, doch es war nicht erlaubt, dort hindurchzugehen. So riet man mir, den Weg zu Fuß über das Gebirge zu machen, obgleich ich die Nacht vor mir hatte. Da ich kein Geld zum Übernachten hatte, entschloss ich mich für den Weg über das Gebirge. Ich schwang meinen Käsebeutel und die Früchte über die Schulter, den Blumenstrauß von Lizzy nahm ich in die Hand und wanderte los, den Blick sehnsüchtig auf den Gipfel gerichtet. Bald kam mir eine Frau entgegen, die mir erklärte, dass der Weg ziemlich steil wäre und bis zum Gipfel wohl zwei Stunden erforderte. Na, dann man weiter, dachte ich, und marschierte, dass mir der Schweiß nur so vom Gesicht herunterlief. Meine Last wurde sehr hinderlich und mit der Zeit fast unerträglich. Ich setzte mich hin und überlegte, welche süße Last ich wohl zurücklassen sollte. Es war auch mittlerweile dunkel geworden und sicher war der Pass auch nicht. Ich öffnete den Beutel mit den Früchten, aß einige Kirschen und setzte dann den Beutel an den Weg, damit er sich ausruhte. – Weitersteigend musste ich nach einer Stunde wieder ausruhen. Der Käsebeutel war mir jetzt die schwerste Last. Da er gerade ausreißen wollte, den Berg hinunter, ergriff ich ihn beim Hals, nahm einen schönen Käse heraus und verspeiste ihn. Plötzlich nahte ein schwarzes Ungetüm. Ich erhob mich schnell und stellte den erhobenen Käsebeutel auf die Erde; den Blumenstrauß in die Hand nehmend, starrte ich das fremde Wesen in der Dunkelheit an. Wer mich so gesehen hätte, neben dem Käsebeutel, mit Blumenstrauß von Lizzy in der Hand, so vor dem Ochsen, denn ein anderes Tier konnte es doch nicht sein, der hätte sich wohl noch manchmal lachend meiner erinnert. Schleunigst nahm ich von meinem Käsebeutel Abschied und kletterte höher zum Gipfel, den ich wirklich in einigen Stunden erreichte. Nun konnte ich die Lichter von Littleton schon sehen, erleichtert, mehr rutschend als gehend, kam ich so gegen zwei Uhr nachts an Bord, stellte die durstigen Blumen ins Wasser und schlüpfte übermüdet in meine Koje. Am Morgen stellten sich auch meine Gemüsesäcke mit der Bahn ein. Koch und Mannschaft fielen sofort darüber her, und Kapitän Meyer freute sich, dass ich glücklich wieder da war.

Das Schiff war nun zu drei Viertel beladen, im Boden lag Weizenmehl, darauf Hafer in Säcken. Mehr war für den Zucker nicht einzutauschen gewesen. Das Schiff hatte nun fast eine neue Besatzung erhalten. Engländer, Iren, Schotten, alles fortgelaufene Matrosen, die wieder in die Heimat wollten. Deshalb wurden sie von der Polizei gesucht und mussten sich, wenn Gefahr drohte, unter die Hafersäcke begeben, bis die Luft wieder rein war, wahrlich kein schönes Versteckspiel. Wir verlegten nun sofort auf die Reede, um alles seeklar zu machen. Mit dem Reisen nach Christchurch war es für mich jetzt vorbei. Voll Sehnsucht dachte ich immer wieder an das Farmerhaus in Addington. Erich und ich waren wieder Bootsgäste und hatten so noch mehrere Male Verbindung mit Land. An einem Urlaubstag war mein Vetter, der Dritte Steuermann, eine Nacht ausgeblieben. Kapitän Meyer schickte mich an Land, weil ich glaubte, dass er wohl bei seiner niedlichen Braut in einem Hotel hoch am Berge sei. Als ich dort ankam, fand ich meinen Vetter auch, verliebt bis über beide Ohren, bei seinem lieben Mädel, schon ganz zur Familie gehörend. Auf meine Vorstellung, doch sofort an Bord zu kommen, bekam ich die Antwort, Kapitän Meyer zu sagen, dass er hier bleiben wolle. Ich machte ihn darauf aufmerksam, dass er sich straffällig machen würde und doch in Deutschland noch einmal die Schule besuchen müsste, um das Patent für »Schiffer auf großer Fahrt« zu bekommen und dergleichen mehr. Nach vielem Hin- und Herreden und langer Überlegung nahm er endlich rührenden Abschied von seiner Geliebten, um dann schnell ins Boot zu gehen, wo Kapitän Meyer uns schon erwartete. Später hat mein Verwandter mir häufig für meine Überredungskünste gedankt, sonst wäre er dort hängen geblieben.

Zwei kleine niedliche Maori-Mädchen hatten sich zu Erich ins Boot gesetzt. Ihr pechschwarzes Haar wurde durch rote Bänder zusammengehalten und sie hatten saubere, weiße Kleider an. Da sie so niedlich waren, sagte Kapitän Meyer: »Adolf, de könnt wi man mitnehm, denn hart wi to Hus gliek Familie!« Na, so einfach war das Mitnehmen doch nicht. Wir hoben die kleinen Mädchen sanft ans Land, machten winke, winke und ruderten an Bord. Der nächste Tag war ein ausgesprochener Regentag. Ein deutscher Farmer mit seinen beiden Töchtern besuchte uns noch. Die lieben Landsleute blieben den ganzen Tag und freuten sich sehr, mal wieder deutschen Boden unter den Füßen haben zu können. Der Abschied wurde ihnen schwer und die Töchter wären nur zu gerne mit uns nach Deutschland gefahren.

Das Schiff war am darauf folgenden Tag seefertig. Am Morgen brachte uns der Lotse bei strammer, schauriger Brise in See, wo DEUTSCHLAND dann unter der Küste von Banks-Halbinsel mit SO-Kurs und gerefften Segeln Südamerika zustrebte. In Ölzeug gehüllt und den Südwester auf dem Kopf warf ich unter Tränen noch einen letzten Blick auf das schöne Neuseeland, nach Lizzys lieber Heimat, nach Canterbury, Addington Station, dem Farmerhaus, auf Nimmerwiedersehen. Bald war die Küste im Dunst verschwunden, das raue Seemannsleben, eine kalte, stürmische Region begann.

Je mehr wir uns den südlichen Breiten näherten, desto rauer wurde es. Ein Sturm jagte den anderen, aber da er aus westlicher Richtung kam flogen wir vor dem Winde mit zehn bis elf Seemeilen Fahrt dahin. Wir näherten uns nun rasch dem hundertachtzigsten Längengrad, gingen wieder von Ost- auf Westlänge über und, da es gerade Sonntag war, hätten wir denselben zweimal feiern müssen, aber Kapitän Meyer dachte, den Montag dazu zu verwenden, damit, wie er sich ausdrückte, »Janmaat nich soveel Langewiel hat!«.

Das schöne Weihnachtsfest feierten wir diesmal auf 45° S. Die Mannschaft erhielt je eine Flasche Wein, aber die rechte Stimmung wollte nicht aufkommen, denn die englischen Seeleute verstanden das Fest nicht so wie wir Deutschen, sie freuten sich nur über den Feiertag und den Sackkuchen.

Nachdem wir den hundertsten Längengrad West erreicht hatten, wurde der Kurs wieder nördlicher gesetzt. An der Robinson-Insel Juan Fernandez und der »San Ambrosio«-Insel vorbei, erreichten wir nach 36-tägiger Reise, die durch die leichte Beladung und die günstigen Winde möglich geworden war, die Außenreede von Callao.

Wie sah es hier aus! Der Krieg tobte weiter. Der ganze Hafen lag voll fremder Kriegsschiffe. Auch fünf deutsche Kriegsschiffe, meist Korvetten, waren dazwischen. Dadurch war aber doch die deutsche Seemacht vertreten. Peru hatte seine Flotte verloren bis auf den alten MEERGREIS, unseren Freund, das Kadetten-Schulschiff, das noch immer auf derselben Stelle im Innenhafen lag. Den Peruanern war bisher kein Sieg beschieden gewesen. In Lima wütete der Bürgerkrieg, fünfhundert Tote hatte er schon gekostet, und von den

Schlachtfeldern trafen viele Verwundete mit Schiff und Bahn hier ein. Nach dem Verlust einer großen Küstenstrecke mussten die Peruaner schließlich Frieden schließen. Die fremden Kriegsschiffe zogen langsam wieder ab. Aber das Land war arm geworden und der Handel lahm gelegt. Das Hartgeld war aus dem Verkehr verschwunden, der Sol, früher etwa vier Mark, hatte heute nur noch den Wert von einem Pence. So konnten wir für unser Geld große Mengen Waren kaufen. Zum Einkaufen hatte man die Tasche voll schmutziger Papierlappen. Konnte ein Schein nicht gewechselt werden aus Mangel an Kleingeld, so riss man die 20-Cents-Scheine durch und bekam dadurch zehn Cents zurück, ein einfaches und schnelles Verfahren.

Infolge unserer sehr begehrten Ladung wurde unser Schiff sofort in den Innenhafen zur Löschung gebracht, und bald danach erhielt Kapitän Meyer eine Ladung Zucker nach Liverpool zum Frachtsatz von 52 Schilling per Tonne. Mit geringem Ballast versegelten wir nach unserem südlicher gelegenen Ladeplatz Cerro Azul, warfen dort den Ballast über Bord und begannen auf offener Seereede, ziemlich weit von Land ab, mit der Übernahme des Zuckers aus Seeleichtern. Da Ladungsarbeiter nicht zu bekommen waren, mussten wir die Ladung selber übernehmen und verstauen, eine langwierige, schwere Arbeit, und mehr als eine »Lancha«, ca. fünfhundert Sack, konnten wir pro Tag nicht übernehmen. Doch die Mannschaft erhielt gute Verpflegung und viel Freizeit, da wurde dann flott gearbeitet.

Der übergroße Reichtum an Fischen verlockte uns in unseren freien Stunden wieder zum Fischen mit der Angel. Schöne Schuppenfische, Makrelen und sogar Heringe bereicherten gekocht oder gebraten unseren Speisezettel. Leider fehlten uns Gemüse und Früchte sehr, es waren nur große Kürbisse zu haben. Die mussten des Skorbuts wegen eben genossen werden, in aller möglichen Form, wenn auch der Geschmack fade und unangenehm war.

Kurz vor Beendigung der Beladung hatten wir zuletzt auch noch die Leiche eines englischen Kaufmanns an Bord genommen. Die Leiche war in einen Zinksarg eingelötet und wurde auf Deck unter dem Rettungsboot auf dem Mannschafts-Logis untergebracht. Wir lieferten diese merkwürdige Ladung in Liverpool wohlbehalten ab, sie brachte eine gute Fracht.

Nach dreiwöchiger Beladung war DEUTSCHLAND für die Reise um Kap Hoorn, mit 1.000 t Zucker beladen, fertig. Wir klarierten das Schiff aus und verließen als erstes von den drei Schiffen des Hafens, die alle nach England segelten, unter vielen Hurras und dreimaligem Dippen der Flagge und mit vollen Segeln bei strammer Brise den Hafen von Cerro Azul, südlichen Breiten entgegensteuernd.

Nach etwa acht Tagen wurde unser sehr guter Koch krank und arbeitsunfähig. »Na, Adolf«, sagte unser Erster Steuermann Schwarting, »dann kannst du man in de Kombüse gahn, so veel hest woll von dien Modder lernt!« Erbsen- und Bohnensuppe konnte ich schon kochen, aber den verdammten Sackkuchen zu machen, das war schon schwieriger, weil mir die Hefe fehlte. Dafür musste ich Hopfen kochen, das Gebräu auf Flaschen füllen, gut verkorken und nach ca. vier Tagen konnte ich aus Mehl und dem Hopfenbräu das Brot ansäuern zum Aufgehen. Der Sackkuchen gelang mir immerhin so, dass selbst die Engländer sagten: »Look here boy, your dough is very good!« Am besten konnte ich Pfannkuchen backen. Wenn der Sonnabend kam, musste ich am Abend 37 Stück davon fertig haben, und Erich bekam noch einen extra. Bei dem furchtbaren Arbeiten des Schiffes musste ich mich sehr breitbeinig vor dem Herd aufstellen, um mit der Pfanne den Pfannkuchen in die Luft und so auf die andere

Seite zu werfen. Es gelang mir fast immer, nur selten klackste der halbgare Brei daneben auf Deck. »Wi hevt hier noch so'n Oldenburger Peerföt, Hartbrot aus Roggenschrot, hart wie ein Stein, dor kannst mal Brot von backen, mit Weetenmehl vermischt«, sagte Kapitän Meyer eines Tages zu mir. Ich ließ mir vom Koch das Rezept geben, weichte die »Peerföt« auf, vermischte es mit Weizenmehl und ließ die Brote ungefähr zwei bis drei Stunden backen. Ein schöneres Brot ist für die Kajüte nie gebacken worden, ich hatte dadurch Oberwasser. Unzufrieden waren die Matrosen nur mit meiner Sonntagssuppe. Dazu nahm ich Dosenfleisch, ließ dieses mit Reis und Wasser kochen. Aber das Fleisch löste sich zu einzelnen Fasern auf und dann nannte Janmaat das Kabelgransuppe. Leider konnte diese Suppe nicht anders zubereitet werden. Doch der Sackkuchen riss alles wieder heraus.

Am Freitagnachmittag mussten Erich und ich Stockfische mürbe schlagen, um sie für den nächsten Tag kochklar zu machen. Wir taten das auf der Back auf dem großen Anker. Bewaffnet mit einem Vorschlaghammer und mit aufgekrempelten Ärmeln schlug Erich auf die Stockfische, die hart wie ein Brett waren, los, ich drehte dieselben wie ein Eisen beim Schmied, bis die Dinger windelweich waren, Schwanz und Flossen flogen in Stücken davon. Dann wurde diese Nahrung während der Nacht in Wasser aufgeweicht. Sie schmeckten gekocht mit gebratenem Speck und Zwiebeln gut, nur die Herren Engländer wiesen dies Essen zurück, doch das war mir gleichgültig.

Unter gewaltigem Segeldruck näherten wir uns jetzt schnell dem berüchtigten Kap Hoorn. Die Stürme setzten ein, begleitet von Hagel und Schnee. Aus Ölzeug und Seestiefeln kam man nun nicht mehr heraus, aber die Seestiefel waren in den Tropen ausgetrocknet und leckten. Da der Koch inzwischen gesund war, arbeitete ich wieder an Deck und empfand die raue Witterung besonders unangenehm. Mit gerefften Segeln und brausender Fahrt umsegelten wir die Hermite-Inseln in Sicht von Hoorn-Inseln. Gewaltige Wasserberge schoben sich hinter uns her, überschlugen sich und überfluteten das Deck von beiden Seiten. Aber unsere wackere DEUTSCHLAND schüttelte rasch das Wasser wieder ab, floh vor den hohen Seen weiter, bis auch Staten Island hinter uns lag und nun der Kurs gen Norden in sonnige, wärmere Breiten führte. Je nördlicher wir kamen, desto mehr holte der Wind nach Süd. Wir versuchten, das Großbramsegel zu setzen, doch bald zeigte sich ein Riss darin. Hätten wir es wieder aufgegeit, so wäre es in Fetzen davongeflogen. »Nimm di mol en Pott mit Teer un pinsel dat Seil um das Liek herum an!« sagte Schwarting, der Erste Steuermann, zu mir. Ich habe diese gefährliche Arbeit unter großer Anstrengung ausgeführt, das Loch riss nicht weiter und das Segel blieb stehen, obgleich starke Böen mit Hagel und Schnee dagegen fegten, aber meine Fingerspitzen brannten, als wenn sie im Feuer steckten.

Allmählich wurde es wärmer. Farbe und Pinsel wurden hervorgeholt, um das Schiff fein in Stand zu setzen. Die Decks wurden gescheuert und geölt, sogar unsere Seekisten erhielten einen neuen Anstrich, denn wir befanden uns auf der Heimreise.

DEUTSCHLAND lief immer bei flotter Fahrt weiter, zum Umgucken hatte sie keine Zeit, denn ihr Kapitän wollte sich eine Frau holen und auch dies zog mächtig zu der Heimat. Mit neun Meilen Fahrt passierten wir nach 52 Reisetagen den Äquator. Sonst sah man sich hier mal um, aber wir hatten diesmal keine Zeit. Eine mit uns segelnde Bark hatten wir bald überholt. Die signalisierten: »Woher kommen Sie?« – »Von Callao.« – »Wieviel Tage Reise?« – »52 Tage.« – »Nicht möglich!« – »Hol de grooten Rahes back, he kann nich mehr mit!«, rief Kapitän Meyer. Nachdem wir nun auch erfahren hatten, woher unser Mitsegler kam und wohin er ging, bat er uns noch, ihn bei unserer Ankunft zu melden. »Alles wohl an Bord!« – »Brass full achtern!« und mit dreimaligem Flaggengruß verloren wir unseren Mitsegler bald aus der Sicht.

Es war Mitte Mai geworden, stramme westliche Winde mit Stärke sieben bis neun begleiteten uns und zwangen uns, nochmals die Bramsegel fortzunehmen, die Schoten standen zum Brechen. Der Wind holte in stärkeren Böen nach NW, doch die Bramsegel mussten stehen bleiben. Das Schiff stampfte schwer in der kurzen See, und manchmal tauchte der Bug so weit weg, dass das Wasser bis weit übers Logis flog, die Heimat zog mächtig. Da, gegen Abend in einer schweren Böe, brach die Vorbramrahe, das Segel zerriss. Bei dem schweren Arbeiten des Schiffes und der sehr dunklen Nacht konnten wir das Segel nur mit großer Mühe von der Rah befreien und die zerbrochenen Stümpfe an Deck nehmen.

Am Nachmittag des 75. Reisetages kam Tuskar Rock, die SO-Spitze von Irland, in Sicht. Stramme Brise während der ganzen Nacht begleitete uns durch den St.-Georgs-Kanal. Um vier Uhr morgens, auf der Höhe von Holyhead, rief uns ein Schlepper an: »Where are you bound for, captain?« – »For Liverpool.«, schrie Kapitän Meyer zurück. – »Do you want a tug?« – »How much?« – »40 Pounds«, – »No!« – »Well, the wind is slacking up und fog might may come up!« – »Never mind!« Weiter segelten wir dem Mersey River entgegen. Tatsächlich flaute der Wind bald ab, DEUTSCHLAND hatte keine Lust zum Laufen mehr, sie ruhte sich ein wenig aus und hatte die Absicht, sich einmal umzusehen. Wir kratzten an den Masten, flehten um Wind, aber es nützte nichts, stattdessen setzte Regen ein. Der Schlepper hatte uns immer noch begleitet, doch waren wir unserem Ziel beträchtlich näher gekommen. Der Schlepper kam jetzt wieder näher und fragte, wie viel wir geben wollten. »12 Pounds to Liverpool Docks!« – »Alright, give us your tug-line!« – Das war es, was wir hören mochten. Wie die Affen sprangen wir, um dem Schlepper die schwere Schlepptrosse zu geben, der alsdann anzuziehen begann. Die Segel wurden nun alle festgemacht, sie hatten uns bis hierher gebracht und gezogen, die Reise war beendet.

76 Tage lagen hinter uns, es war eine Rekordreise, wie sie ein gewöhnlicher Frachter kaum hätte machen können. Da bei unserer Ankunft gegen Mittag für das Dock noch keine Dockzeit war, ankerten wir vor dem Dock. Um fünf Uhr holte unser »Steamer« uns in die Schleuse und eine Stunde später lag DEUTSCHLAND fest vertäut am Kai. Runner und Boardingmaster waren die ersten, die uns am Kai begrüßten, dann erst kamen die Stevedores und Shiphandlers. Tim, der australische Goldgräber, war der Erste, der an Land verschwand: »To see if the chimney of my mother is smoking yet!«, wie er sagte. Am Abend war Feststimmung im Logis. Seit der Abfahrt von Australien gab es mal wieder frisches Fleisch mit Kartoffeln.

Am nächsten Tag wurde mit der Löschung des Zuckers begonnen. Als erstes Kollo wurde die Leiche des englischen Kaufmanns, in einen Zinksarg eingelötet, an Land gesetzt. Wir hatten diese sonderbare Fracht in Callao an Bord genommen und an Deck unter dem Großboot verstaut, sie brachte eine schöne Fracht.

Die Teile der fremden Mannschaft, Engländer, Iren und Norweger, wurden sofort abgemustert. Wir anderen schlugen die Segel ab und verstauten sie in der Segelkoje. Während dieser Liegezeit wurde die DEUTSCHLAND von vielen Neugierigen besichtigt. Oft hörte man die Worte: »Boy, ho, she is a fast-sailing vessel, look at the broken yard on the deck there!« – Die hiesigen Zeitungen hatten über unsere Rekordreise lange Berichte gebracht, auch deutsche Zeitungen äußerten sich anerkennend und lobend darüber. Unser Reeder Stindt war von Elsfleth hierher gekommen, um Kapitän Meyer abzulösen, der heiraten wollte.

Außer dem Matrosen Gustav und mir verließen alle das Schiff. Der Erste Steuermann Schwarting reiste nach Hause, Vetter von Harten wollte die Schule besuchen, Zimmermann Feldhusen ging zum Bremer Vulkan nach Lemwerder, wo ich ihn nach 25 Jahren wiedertraf, um von ihm gleich um 300 Mark angepumpt zu werden. Der Koch reiste nach Rostock und wurde in Bremerhaven Gastwirt, und mein lieber Kamerad Erich verschwand nach Berlin, er hatte genug von der christlichen Seefahrt. So war unsere stolze Besatzung von Hamburg wieder in alle Winde verstreut. Die meisten waren in Neuseeland wohlhabende Farmer geworden, wie ich später hörte.

Während der Abwesenheit Kapitän Meyers und des Kochs übernahm ich die Küche. Es gab wenig Abwechslung in der Speisefolge. Meist Braten, Kohl und Blumenkohl, vorher die ewige Suppe, waren das Menü, aber Herr Stindt war damit sehr zufrieden.

Von zu Hause bekam ich nun endlich auch mal wieder einen Brief. Ich war sehr gespannt, wie es dort aussah, denn nur einmal während der ganzen Reise war es möglich gewesen, Nachricht von dort zu bekommen. Über die Freude, dass dort alles wohlauf und munter war, ging ich am Abend an Land und trank Stout und Ale.

Liverpool ist eine ausgesprochene Hafenstadt. Große Hafenanlagen, Docks mit dunklen Lagerhäusern und mit darumgezogenen hohen Mauern ziehen sich am Mersey River entlang. Der Verkehr ist ganz enorm und vorherrschend durch Segelschiffe. Die Hauptstraße der inneren Stadt ist die Lime Street, hier liegt auch der Bahnhof Lime Street Station. Luxuriöse Läden reihen sich aneinander. Die Straßenbahnen und Busse durchziehen die Stadt nach allen Richtungen. Eine andere Hauptstraße ist die Parklane, die sich aufwärts des Mersey River hinzieht, und es gibt in dieser Straße eine Menge Bars und Seemannskneipen der verrufensten Sorte. So mancher Seemann lässt hier sein so schwer verdientes Geld und wird vollständig ausgezogen. Dies Treiben ist besonders am Samstagabend doll, die »Dancing Halls« und »Public Houses« sind überfüllt und die Wachmänner haben mit den vielen betrunkenen Weibern ihre schwere Arbeit. Sonntags herrscht Ruhe, dann sind Bars und »Public Houses« nur abends von sechs bis sieben Uhr geöffnet und werden schon lange vorher von Alkoholbedürftigen belagert, voran die Frauen, die mit einem Krug in der Hand und aufgekrempelten Ärmeln sich »one pint of beer« holen.

Während unseres sechswöchigen Aufenthaltes in Liverpool ging ich werktags meistens um sechs Uhr dreißig an Land. Um sechs Uhr machte ich das Abendbrot für den Reeder Stindt, deckte nachher in der Kajüte fix ab und verschwand dann. Eines Abends schlenderte ich durch die Lime Street, kam an dem Alexander Opera House vorbei, las: »Carmen, the gipsy girl«, »opera of Bizet, for twelve nights only.« Ich entschloss mich, mir das Stück anzusehen, und schob mit dem größten Haufen der Theaterbesucher an der Shilling-Kasse vorbei zu einem guten Platz, unserem Sperrsitz gleich. Ich fand es sehr hübsch, obwohl ich mit meinen englischen Kenntnissen kaum folgen konnte. Mein Interesse steigerte sich von Akt zu Akt. Die voll besetzten »dresscircles« und »private boxes« mit den eleganten Damen und Herren zogen meine Blicke fortwährend dorthin. Von sieben bis zehn Uhr brachte ich die Zeit in großer Spannung zu. Es war das erste Mal, dass ich eine Oper hörte, und ich pfiff die prickelnden Melodien aus Carmen beim Anbordgehen immer wieder nach. Das war ein schöner Sommerabend in England. Von dieser Zeit an wurde ich sehr musikalisch. Ich konnte die Programmwechslung gar nicht abwarten und freute mich, wenn die Anzeige »only for six nights« brachte. Nach acht Tagen kaufte ich mir eine Geige. Spielen konnte ich sie nicht, hatte aber schon bei meinem Freund zu Hause häufig auf dem Instrument herumgefiedelt, so dass mir die Tonlage bekannt war, es musste eben ohne Noten gehen. Ich habe diese Geige auf allen späteren Reisen mit mir geführt und mir und den anderen unendlich viel Vergnügen damit bereitet, bis ich 1895 in Bremen von meinen Brüdern eine wertvollere geschenkt erhielt. Später kaufte ich mir auch eine große Handharmonika, die ich aber auf der Reise wieder verkaufte. Die Musik aus einem solchen Instrument war mir zu grob.

An schönen Sonntagen fuhren Matrose Gustav und ich über den Mersey nach Birkenhead. Hier waren schöne große Parkanlagen mit Teichen, worauf kleine Segelschiffe um die Wette segelten und woran sich die vielen Spaziergänger mit großem Interesse beteiligten. Hätten wir in Deutschland doch auch so etwas Ähnliches! Kommt man hier einmal mit solchen Ideen und lässt auf einem von den Teichen ein Schiffchen segeln, sofort wird man mit barschem Hallo abgewiesen, es könnte wohl ein Grashälmchen weniger am Rande wachsen. Gegen sechs Uhr dreißig waren wir dann wieder in Liverpool, wo dann bis sieben Uhr die »Public Houses« geöffnet waren. Natürlich spazierten wir auch nicht dran vorbei, damit uns der englische Sonntag nicht allzu langweilig war.

Anfang Juli 1880 kam Kapitän Meyer mit seiner jungen Frau, um ihre Hochzeitsreise anzutreten. Sie war eine geborene Frühstück aus Oldenburg, eine niedliche Frau mit braunen Augen, dunklem Haar, von mittlerer Größe und erst 22 Jahre alt. Mit ihr kam auch mein Leidensgefährte als Schiffsjunge, Hermann Gerdes aus Oldenburg, an Bord. Ich konnte mich kaum mit ihm verständigen, denn er stotterte, besonders wenn ich ihn ansah. Doch daran gewöhnte man sich. Die noch fehlenden Matrosen wurden hier angemustert, Ostseeleute und Norweger.

Es begannen nun die Vorbereitungen für die lange ostindische Reise. Als Fracht erhielten wir eine Ladung Salz nach Rangun, Hinterindien. Ich war erstaunt, als das Salz lose in Fahrzeugen längsseits kam und es von den Stauern wie Ballast bearbeitet wurde. Sie standen mit ihren Stiefeln im Salz und schaufelten es von Stelling zu Stelling über Deck in den reinen Schiffsraum, ohne jegliches Garnier.

Aus der Heimat waren auch die Steuerleute, der Zimmermann und der Koch gekommen. Ich war nun als Suppenschmied erledigt und begann wieder meine Decksarbeiten als »1 Thäler unters Geld« mit 36 Mark im Monat. Auch kamen neue Segel von »Onkel Christel« aus Lienen sowie Proviant. Gustav und ich hatten die Führung, denn nur wir wussten an Bord Bescheid, und jeder folgte uns willig. Die Segel wurden angeschlagen, der Proviant verstaut, Kohlen und Wasser ergänzt. Das Schiff war bis zur Seelademarke weggeladen, obgleich der Schiffsraum noch bedeutend mehr Ladung hätte aufnehmen können. Das Gesetz gebot jetzt »Halt«.

Ich nahm an den letzten Abenden von meinen lieben Theatern rührenden Abschied und trug dem Reeder Stindt herzliche Grüße an Mutter und Geschwister auf.

An einem trüben Nachmittag nahm DEUTSCHLAND von Liverpool Abschied und Kurs durch den St.-Georgs-Kanal in den Atlantischen Ozean. Ich hatte am ersten Abend auf der Back den Ausguck und durchlebte mit wehmütigem Herzen noch einmal die schönen Stunden im Theater: Alexander Opera House, Liverpool, »Carmen the gipsy girl«, und summte für mich die schönen Melodien. So verging die Wache schnell mit dem Gedanken, dass auch einmal wieder die Heimat nicht fern sein würde.

Sommerzeit, kurze Nächte, ruhige Dünung. Wie prächtig fährt es sich dann zur See. Da könnten wohl sogar Frauen navigieren. DEUTSCHLAND führte ja jetzt auch eine Frau mit sich, »Mimi« hieß sie. Es wurde nicht mehr so viel geschimpft und geflucht. Die Mannschaft kleidete sich sauberer und besser, besonders der Rudersmann hatte immer sein bestes Hemd angezogen, die beste Mütze aufgesetzt, überhaupt waren die Matrosen in ihren Ausdrücken und ihrem Benehmen etwas manierlicher. Auch polterten sie mit ihren Seestiefeln nicht so auf dem Achterdeck herum und beim »Ober-de-Boog-gahn« war es auch am Tage dadurch schwieriger. So gab die Frau an Bord dem Schiff das Gepräge. Um möglichst frischen Proviant zu haben, waren Hühner und Schweine mitgenommen worden. Ein kleines Ferkel wurde beim Auslaufen aus der Schleuse wild und sprang durch die Klüse über Bord, wir konnten es nicht retten. So blieb uns nur noch ein sauberes, niedliches Schwein, das wir Karl getauft hatten und das der Liebling der ganzen Besatzung wurde. Nur Hermann, der Schiffsjunge, verwünschte es, denn viele Male musste er »die Höhe nehmen«.

Die Mannschaft war und blieb mir fremd. Es waren meist Ostseeleute, die noch nie den Äquator passiert hatten und sich sehr vorlaut und wichtig benahmen. Der Zimmermann aus Hude, ein alter Mann, war ein Klungel. Der Zweite Steuermann, Bake, stammte aus Hammelwarden, er hatte ein hölzernes Gesicht wie Kaspers Feldhusar und war sehr diensteifrig. Der Erste Steuermann war ein Augendiener. So blieben Hermann, der Schiffsjunge, und ich auf uns selbst angewiesen und schlossen Freundschaft, wenn wir uns auch manchmal prügelten, besonders in einem Falle, als Hermann mit einem Teller voll 28 Frikadellen auf dem stark geölten Deck ausglitt und die knusprigen Fleischbälle drei bis vier Meter auf dem Öl weitersegelten. Ich half ihm, die Frikadellen wieder einzufangen, leidvoll und freudvoll. Doch Hermann verstand die Sache falsch, es entstand zwischen uns eine Prügelei, bei der wir uns wegen der starken Bewegung des Schiffes auf dem öligen Deck bald an Backbord, bald an Steuerbord wiederfanden. Natürlich sahen die wieder eingesammelten Frikadellen auch nicht ratlos zu, sondern verschwanden wieder vom Teller, nur um Hermann zu ärgern. Na, da wir natürlich keine anderen Frikadellen bekamen, verzehrten wir sie nachher friedlich. Leinöl war ja schließlich kein Gift.

Der Mannschaft jedenfalls fehlten die Ideale und auch jeglicher Humor für »große« Fahrt, jeder murkste für sich herum. Doch es war ja eine Hochzeitsreise und wurde schon dadurch sehr interessant, weil wir viele Inseln ansteuerten, die man sonst nie zu sehen bekam. Das Wetter blieb bis zum Äquator immer sonnig. Mit Royal und Leesegel passierten wir ihn auf 22° W. Hier wurde Hermann nun widerstrebend in die Balje gesteckt, mit Fett und Ruß tüchtig beschmiert, darauf rasiert und musste dann die Linie vom Mast freiwerfen, damit das Schiff ungehindert nach Süden weitersegeln konnte. Auch Mimi bekam ihren Teil ab. Ahnungslos saß sie unter dem Großmast auf einer Bank, als sich plötzlich ein Kübel Wasser über sie ergoss. Auf der Flucht bespritzte sie ihr Mann noch mit der großen C-Spritze, so dass sie klitschnass in der Kajüte landete, mit einem lachenden und einem weinenden Auge. Es wurde viel gefischt, jeder wollte der jungen Frau einen Fisch zum Frühstück fangen. Besonders die Steuerleute gaben sich große Mühe, die während der Nacht auf Deck geflogenen Fliegenden Fische für die Morgentafel zu sammeln. Katze und Mensch teilten sich den Fang, sogar unser liebes Schweinchen verschmähte diese Kost nicht. Bei dieser Fischfangerei hatten Hermann und ich uns einen Ulk ausgedacht, der uns beinahe eine ordentliche Tracht Prügel eingebracht hätte. Die Fliegenden Fische, wenn sie während der Nacht durch das Licht der Seitenlaternen geblendet auf Deck niedersausten, zappelten mit Flossen und Schwanz ziemlich lange auf den nassen Planken umher, so dass der »Erste«, durch das Geräusch aufmerksam gemacht, sich sofort auf den Beuteort stürzte, um den Fisch zu suchen. Wir machten dies Geräusch des Zappelns auf Deck nach, indem wir mit den Händen aufs nasse flache Deck klatschten und verschwanden dann schnell um die Ecke des Deckhauses, um an der anderen Seite des Decks dieses Klatschen auf Deck fortzusetzen. Der Steuermann suchte immer hinterher, bis wir vor Lachen nicht mehr konnten und verschwinden mussten. Die Beute für den »Ersten« blieb so immer aus, schon deshalb, weil wir die wirklichen Fische für uns selbst behielten. Nach einiger Zeit kam man in der Kajüte doch dahinter, aber wir bestritten alles und kamen so vor den uns zugedachten Ohrfeigen mit knapper Not davon.

Ascension, eine englische Insel im Südatlantik auf ca. 8° S, kam bald an Backbord in Sicht. Über sich den blauen Himmel im glitzernden Sonnenschein, liegt diese ferne, einsame Insel in der blauen Flut wie ein vor Anker liegendes Kriegsschiff. Sie ist 88 m² groß und erhebt sich bis zu 800 m. Die Bevölkerung, die hauptsächlich im Hauptort Georgetown wohnt, betrug damals ungefähr 130 Einwohner, es gibt dort eine Kohlenstation. Verwilderte Ziegen und Schildkröten dienen der Ernährung. Diese Insel wurde 1502 von den Portugiesen entdeckt. Wir passierten sie in ca. vier Seemeilen Abstand und konnten Häuser und Fahrzeuge erkennen. Die Küste schien ganz kahl zu sein, im Innern aber war Vegetation. Das Klima ist dort ziemlich heiß. Der Südost-Passat war rau und viele Fischer umgaben uns. Es war ein herrlicher Tag und so ruhig, dass Schlingerleisten beim Essen nicht nötig waren.

DEUTSCHLAND segelte ruhig weiter dem Kap der Guten Hoffnung entgegen. Nach etwa acht Tagen sichteten wir die Insel Trinidad an der brasilianischen Küste auf ca. 20° 30' Süd und 28° West. Die Insel ist felsiger Natur mit guten Landeplätzen und wird durch eine kleine Besatzung geschützt. Mark Twain erzählt von seinem Aufenthalt auf dieser Insel, dass ihm während des Schlafens die Stiefel von den Krabben abgefressen worden seien. Der Südost-Passat wehte hier sehr schral, nahm zu und steigerte sich bis auf Stärke elf, als wir auf der Höhe von Santos waren. Weil der Wind noch südlicher ging, drehten wir bei. Dieser ungewöhnliche Sturm auf dieser Breite wurde von ununterbrochenem Regen begleitet. Sind schon Stürme in kälteren Regionen nicht angenehm, so sind sie in dieser Hitze fast unerträglich. Alles musste verschlossen sein, aber unter Deck war es nicht auszuhalten. Nach den Mahlzeiten flohen wir sofort wieder an Deck. An Schlaf war nicht zu denken, aber die See war auch nicht sehr hoch. Am anderen Tag klarte es auf, der Wind flaute ab und holte nördlich, so dass wir wieder mit vollen Segeln unseren Kurs aufnehmen konnten.

Der Passatwind hatte uns jetzt verlassen. Weil wir uns nun wieder den stürmischen Regionen näherten, wurden die Segel gewechselt, wir überholten das Schiff, um für eine vierwöchige, stürmische, kalte Fahrt gerüstet zu sein. Um das Kap der Guten Hoffnung zu umsegeln, muss man mit einem Segelschiff bis auf 45° S heruntergehen, um die hier wehenden, meist starken westlichen Winde auszunutzen, womit man dann auf Ostkurs bis zur Insel St. Paul-Rock bis auf ca. 78° O segelt, um mit nördlichem Kurs Ostindien zu erreichen. Es ist dies der Seeweg, wie ihn Vasco da Gama nach Ostindien ausfindig machte.

Seit acht Tagen hatten wir das schönste Wetter, doch als wir die Insel Tristan da Cunha sichteten, wurde es trübe und stürmisch. 3.000 sm von Montevideo und 2.000 sm von Kapstadt entfernt ragen drei vulkanische Kegel als Inseln aus den Fluten, von denen nur eine bewohnt ist. Der schwarze Lavafelsen von Tristan da Cunha erhebt sich zu über 200 m Höhe und ist von einem breiten, weißen Brandungsgürtel umgeben, während sein Gipfel mit Schnee und Eis bedeckt ist. Die etwa hundert Einwohner können sich von dem Ertrag des Landes nur ganz kümmerlich ernähren. Oft vergeht ein ganzes Jahr, ehe ein Schiff in die Nähe dieser einsamen Insel kommt. Die Entdeckung im Jahre 1506 war ein Zufall, da der portugiesische Admiral Tristan da Cunha auf dem Wege um das Kap der Guten Hoffnung hierher verschlagen wurde. Soweit bekannt, entstand die erste Siedlung um 1790, als Kapitän Patten vom amerikanischen Schiff INDUSTRY dort einige Monate vor Anker lag. Ein englischer Kapitän fand dann 1811 noch drei Amerikaner vor, die erklärten, noch einige Jahre aushalten zu wollen. Einer der drei, Lambert, sagte, dass er sich 1811 durch ein merkwürdiges Edikt als Eigentümer der Insel erklärt habe. Die Engländer legten 1816 einen militärischen Beobachtungsposten auf die Insel, um Napoleons Entweichen von der Insel St. Helena zu verhindern. Nach dem Tode des Kaisers blieb die Insel englisch, die Besatzung wurde aber zurückgezogen mit Ausnahme des Korporals Glass und zwei Seeleuten, die gebeten hatten, zurückbleiben zu dürfen. Diese sind mit ihren Frauen die eigentlichen Gründer der jetzigen Kolonie, die mit der Zeit durch Schiffbrüchige und Meuterer Zuwachs erhielt. Als Glass 1853 starb, hinterließ er acht Söhne, acht Töchter und neunzehn Enkel, von denen die meisten auf Tristan blieben. Die Pioniere bauten den einzigen Ort Edinburgh auf. Das Klima ist sehr mild und gleichmäßig, aber leider ist die Insel ein Rattenparadies. Gesetzlich sind die Einwohner sich selbst überlassen, weil England keinerlei Hoheitsrecht ausübt.

Von dieser einsamen, düsteren Insel aus, die wir am Nachmittag an der Westseite in ungefähr fünf Seemeilen Abstand passierten, änderte sich der Kurs auf SO. Das Wetter wurde immer veränderlicher. Auf 45° S setzten stürmische Westwinde ein mit einer Stärke von neun bis elf, die Temperatur ging auf 2° C herunter und es musste scharf auf Eisberge ausgesehen werden. Das Wasser wurde nachts alle zwei Stunden gemessen, denn bei Annäherung an einen Eisberg fällt die Wassertemperatur um mehrere Grade. Schnee hatten wir nicht, doch hatten wir bei südlichen Winden häufig Hagelböen. DEUTSCHLAND flog unter starkem Segeldruck mit elf bis zwölf Seemeilen Geschwindigkeit dem Fernen Osten entgegen. Mimi hatte sich wegen der scharfen Luft doppelte Schleier vors Gesicht gebunden, auch sonst war sie derart eingepackt, dass sie sich an Deck kaum bewegen konnte. In dieser Gegend ist es nichts mehr mit der christlichen Seefahrt für Frauen.

An einem Morgen bei schönem Wetter und mäßiger westlicher Brise kam die Insel St. Paul in Sicht, wir hielten drauf zu, um eventuell mit einem Boot in Verbindung zu kommen und frisches Fleisch und Gemüse einzutauschen. St. Paul liegt fern von jeglichem Weltverkehr auf 38° Süd und 77° 33' Ost, es ist eine Kraterruine. Sie wurde am 17. Juli 1633 von Tasman entdeckt. Ende 1857 landete hier ein wissenschaftlicher Stab der Fregatte NOVARA. St. Paul wird oft als der Typ eines zerstörten, vom Meer überfluteten Inselvulkans dargestellt. An drei Seiten steigt sie zu etwa 240 m Höhe auf, der Höhe des alten Kraterrandes, im Nordwesten ist der Durchbruch des Kraterrandes. Lavaströme sind an verschiedenen Stellen nachweisbar. Die Wände des Kraters sind mit buschigen Gräsern wie mit einer Decke überzogen, das Becken macht den Eindruck eines Amphitheaters. Die Insel ist der Brutplatz zahlloser Seevögel und beherbergte früher an den freien Küsten auch Robben in großen Mengen. Deshalb war sie ein beliebter Stationsplatz für die Robbenfänger und Walfänger und ist infolgedessen häufig, wenn auch nicht ständig bewohnt. Ihre Größe beträgt nur sieben Quadratkilometer, doch gewährt sie kleinen Schiffen einen Ankerplatz. Tatsächlich kam bald ein Boot in Sicht, doch es schien nur ein Fischerfahrzeug zu sein, denn es kam nicht näher heran. Der Kurs wurde nun wieder nördlicher und bald hatten wir den Passat erreicht, der uns mit schneller Fahrt in die Nähe der Inselgruppe Nikobaren brachte. Hier setzte der Monsun ein. Durch Mallung und Regen verzögerte sich das Ende der Reise.

Der Rangun-Fluss machte sich mit seinem schmutzigen Wasser schon lange vorher bemerkbar, ehe wir seine Mündung erreichten. Das klare Seewasser wurde streifenweise gelb und trübe und endlich schwammen wir in dicken Schlammmassen und erreichten dann die Lotsenstation. Bei Elephant-Point kamen zwei chinesische Flusslotsen an Bord, und nun begann eine Schinderei, wie ich sie nie wieder erlebt habe. Die Brassen standen überhaupt nie still, Anker nieder, Anker auf, wir hatten kaum Zeit zum Essen. Unsere Mahlzeit konnten wir erst einnehmen, als der chinesische Lotse auf dem Klüverbaum saß und sein Mittagbrot verzehrte. Dieser Chinese durfte an Bord mit uns nicht essen, dadurch wäre seine wie auch unsere Mahlzeit entweiht worden. Deshalb saß er wie ein Affe auf dem Bugspriet im flatternden weißen Gewande. Für uns einfach unverständlich, für Mimi staunenerregend.

Bei Sonnenuntergang schlief der Wind ein, die großen Untersegel wurden aufgegeit, die Stagsegel niedergeholt und dann rasselte der Anker wieder auf den Grund. Endlich hatten wir nun einige Ruhestunden, doch der unzähligen Moskitos wegen konnten wir an Schlaf kaum denken. Hermann, der zum Schlafen an Deck niedergesunken war, war am nächsten Morgen nicht wiederzuerkennen. Sein Gesicht war von den Moskitos derart zerstochen und geschwollen, dass die Augen geschlossen waren. Bis gegen Mittag musste er blind herumlaufen, erst dann gelang es durch Wasserkühlungen, die Geschwulst zurückzudrängen. Als es wieder zu dämmern begann, fing die Schinderei wieder an. Um zehn Uhr kam mit der Flut die Seebrise kräftiger durch und mit dieser erreichten wir gegen zwei Uhr nachmittags die Reede von Rangun nach einer Reise von 110 Tagen, eine mittlere Durchschnittsreise. Aus üppigen Büschen und Bäumen glitzerten im strahlenden Sonnenschein die vergoldeten Türme und Spitzen der berühmten Pagode von Rangun hervor, wohl die größte Pagode Indiens. Davor lag am Ufer eine große Teakholzwerft. Große Elefanten zogen schwere Balken aus dem Wasser und stapelten sie mittels ihres Rüssels hoch auf. Wenn jedoch zum Mittag die Pfeife ertönte, ließen diese klugen Tiere ihre Last liegen und tappten ruhig in den Schatten zum Futterplatz.

Auf unserem Schiff herrschte an Deck jetzt ein lebhaftes Treiben. Über hundert nackte Kulis, nur mit einem Lendenschurz bekleidet, bereiteten das Löschen der Ladung vor. Die vielen nackten Menschen, und noch dazu Männer, verletzten das Schamgefühl Mimis. »Ja«, sagte Kapitän Meyer, »daran musst du dich gewöhnen, in zwei bis drei Tagen fällt dir das nicht mehr auf!« Das lose Kochsalz wurde von den Kulis in Körben von etwa zehn Kilogramm auf den Köpfen getragen, aus dem Raum geschafft und in die längsseits liegenden kleinen Segelfahrzeuge geschüttet, die dann damit weiter flussaufwärts fuhren. Um beim Löschen ein laufendes Band zu schaffen, wurde im Raum aus Salz eine Säule geschaffen, die mit zweiseitigen Stufen versehen war. Die vollen Körbe kamen auf der einen Seite herauf und der Kuli mit dem leeren Korb stieg an der anderen Seite wieder hinunter. Dadurch wurde erreicht, dass im Löschen keine Unterbrechung eintrat. Dann und wann musste der portugiesische Treiber seine lederne Peitsche auf die nackten Leiber sausen lassen, wenn sich eine Müdigkeit bemerkbar machte. Die Stufen im Salz hielten gut und waren mit der Zeit ganz hart ausgetreten. Die Sache war gewiss sehr praktisch, wenn man aber bedenkt, dass das schmutzig gewordene Salz mit dem reinen schließlich vermischt wurde, na, dann guten Appetit!

Um sechs Uhr war Feierabend, dann verließen die Kulis das Schiff. Sobald diese verschwunden waren, erschienen indische Händler, die ihre verlockende Ware über das ganze Deck ausbreiteten. Es waren wunderschöne Sachen, die sie anboten. Seidenzeug, Elfenbeinschnitzereien, Schirme und vieles mehr. Ich hatte mir auch einen Schirm gekauft, mit dem meine Brüder in einem Sommer vergnügt in Bassum herumzogen. Moskitos und Krähen waren unsere ständigen Gäste, Erstere nachts, Letztere tags. So viel Krähen hatte ich in meinem Leben noch nie gesehen. Dicht an dicht saßen die Krähen auf den Rahen und wir wurden mit dem »Glück von oben« förmlich überschüttet. Manchmal waren diese Krähen recht frech. Ich hatte mich an einem Mittag mit meinem Teller mit Fleisch und Kohl an Deck gesetzt. Als ich einmal aufstand, um Wasser zu trinken und dann wieder zurückkam, flog ein schwarzer Vogel mit meinem Stück Fleisch fort. Den Kohl hatte er liegen lassen, darüber fielen seine Kameraden dann her.

»Sampan! Sampan!« schrien wir an einem Sonntag einen Fährmann an. Der Mann kam mit seinem Fahrzeug herangerückt, und Hermann und ich fuhren mit ihm an Land. Wir stiegen an einer sehr hohen Holztreppe aus. »So«, sagte ich zu Hermann, »jetzt sind wir in Hinterindien!« »Jo, dat kann man marken!«, stotterte er. »Kiek mol die groten swarten Odlers, de dort up de Straten sitzen.« Das sind hier die Straßenreiniger, diese hässlichen schwarzen Vögel mit dem nackten Hals. Es sind Aasgeier und sie fressen jeden Unrat, denn die Menschen reinigen die Straßen nicht. Die große gelbe Pagode leuchtete uns schon von weitem entgegen, wir mussten durch die ungepflasterten Straßen drauf zugehen. Schmutzige Menschen lagen dort überall herum, opferten und beteten. Wir fanden das unbegreiflich und recht uninteressant und wanderten weiter zum schönen, sauberen Tiergarten. Hier war herrliche reine Luft, sauber angezogene Menschen lustwandelten unter den üppigen Tropenbäumen und leuchtende Blumen erfreuten das Auge. Der Tierpark war noch neu, er enthielt prachtvolle Tiger und Schlangen, wie ich sie nie wieder gesehen habe. Am Nachmittag besuchten wir die großen chinesischen Seidenhäuser. Man bekam große Lust zum Einkaufen, aber ein Blick in unsere Geldbörse ermahnte zur Mäßigkeit. Trotzdem kaufte ich mir ein buntes Umschlagetuch, Taschentücher, Elfenbeinbroschen und einen großen lackierten chinesischen Sonnenschirm nebst einer merkwürdigen, dicken, 20 cm langen Zigarre, die nicht mit Tabak gefüllt war, sondern mit allerlei Kräutern. Diese Zigarren wurden von den

Burmesen viel geraucht. Interessant war die Tätowierung der kleinen Mädchen und Knaben in den Straßen vor den Häusern. Stundenlang lag so ein Kind auf dem Bauch, ohne einen Laut des Schmerzes von sich zu geben, denn das Durchstechen der Haut mit einer Nadel in einem Korken ist sicherlich eine Pein. Natürlich mussten sich unsere Matrosen auch ein schönes Mädchen auf der Brust eintätowieren lassen, um damit beweisen zu können, dass sie in Ostindien gewesen sind. Bepackt und redlich müde kehrten wir dann am Abend wieder an Bord zurück. Der Abend brachte aber keine Kühlung, und unsere »lieben« Freunde, die Moskitos, stellten sich wieder ein. Moskitonetze gegen diese Plagegeister hatten nur Kapitän Meyer und seine Gattin. Sie schliefen auf offenem Deck unter einem sehr gut aufgebauten Moskitonetz. Wir beneideten die beiden in ihrer friedlichen Ruhe, während wir uns wahre Schlachtfeste in unseren Kojen lieferten.

Das Salz war nach vierzehn Tagen gelöscht. Kapitän Meyer hatte inzwischen eine Ladung Reis nach Falmouth for order angenommen. Der Raum wurde ausgewaschen und dann für die sehr empfindliche Reisladung Garnier gelegt. Große Mengen Bambusrohr und gezimmerte Holzventilatoren kamen an Bord. Das Bambusrohr wurde im Raum kreuz und quer an der Bordwand befestigt, der Boden mit 12 Zoll hohem Stauholz abgedeckt. Die hölzernen Ventilatoren durchzogen kreuz und quer die ganze Ladung, um so den Reis vor dem Schimmeln und Muffigwerden zu bewahren. Trotzdem hatten wir später durch das Schwitzen der Ladung große Beschädigungen erlitten. Die Reissäcke wurden mittels Stellingen durch Stauer übergenommen, vier Kulis hoben den Sack von der Außenstellung auf Deck, dabei sangen sie »ta man yelo!«, wenigstens habe ich es so rausgehört, und dann rutschte der Sack auf einer Gleitbahn in den Schiffsraum. Während dieser Zeit waren Hermann und ich damit beschäftigt, das Hartbrot mit einer Bürste von Spinnengewebe und Schimmel zu befreien, denn in dieser feuchtheißen Atmosphäre verschimmelt alles. Es kostete viel Überwindung oder man musste schon sehr hungrig sein, um dieses Brot zusammen mit flüssiger Margarine und Zichorienwasser als Frühstück zu essen. Um wenigstens morgens etwas zu genießen, kaufte ich mir Bananen, die waren nahrhaft und gesund und schmeckten auch.

Bei der leichten Arbeit, die wir zu verrichten hatten, hatten wir so recht Muße, uns die Birmanen genauer anzusehen. Männer und Frauen waren kräftig gebaut, sie waren sehr energisch und selbstbewusst, im Unterschied zu den unterwürfigen Indern. Mit ihren Salzladungen fuhren sie den Fluss weit hinauf, um es dort zu verkaufen, die ganze Familie machte die Reise mit.

Schon seit einigen Tagen wurde in Rangun ein großes Fest gefeiert, das Fest der Shwedagon-Pagode. Auch bei Nacht hörte das unglaubliche Spektakel nicht auf, besonders die Trommel schien die Hauptrolle dabei zu spielen. Das Ufer war auf etwa ein Kilometer erleuchtet. Es war, als ob dieses Fest kein Ende nehmen wollte, es dauerte bereits acht Tage. Ich muss wohl sagen, dass mir das Land und die Leute nicht gefielen. Die Gegend war flach und langweilig, von »Tausendundeine Nacht« blieb nicht viel Schönes übrig. Ich hatte schon interessantere Länder gesehen, Westindien zum Beispiel war doch ganz was anderes. Auch später konnte ich Java nicht so schön finden wie beispielsweise Haiti oder Kuba.

Als wir nun endlich unsere Reisladung verstaut hatten und damit die Reise nach Falmouth for order antreten konnten, riefen wir alle aus vollem Herzen: »Gott sei Dank, nie wieder Rangun!« Der Abschied von diesem Land fiel uns wirklich nicht schwer. Wir alle waren in der Zeit im Hafen mit unserer Gesundheit heruntergekommen, doch wir erholten uns in der frischen Seeluft bald wieder, obwohl wir anfangs noch unregelmäßiges Monsunwetter hatten. Doch als wir die Nikobaren und Sumatra passiert hatten, bekamen wir südlich vom Äquator den Südost-Passat und konnten Kurs auf Kap der Guten Hoffnung nehmen. Am 45. Tag unserer Reise sichteten wir bei strammer Brise von SW Südafrika, Kap Agulhas. Wir segelten den ganzen Tag an der sandigen Küste entlang und konnten dann frei liegen. Wir standen immer klar bei den Segeln, nur Hermann und ich mussten Platting schlagen und konnten uns dabei über Afrika gut unterhalten. Zum Mittag gab es Braunkohl, doch fehlten der Pinkel und die Kartoffeln, und dann war der Kohl so sandig und knirschte ordentlich zwischen den Zähnen, weil es getrockneter Kohl war.

Gegen Abend hatten wir das Kap der Guten Hoffnung querab. Hurra, jetzt konnten wir abhalten mit direktem Kurs auf St. Helena, die Heimat fing an zu ziehen. Nach ca. acht Tagen erreichten wir den Südost-Passat und nach weiteren acht Tagen ragte aus den Wolken eines Morgens die Insel St. Helena heraus. Etwa bis zu 800 m streben die Berge zu den Wolken, von denen sie fast immer umgeben sind. Diese Insel wurde von den Portugiesen entdeckt, erhielt aber erst unter englischer Herrschaft Geltung, als Napoleon hier als Gefangener von 1815 bis 1821, und zwar in Longwood, untergebracht war. St. Helena hat ungefähr 4.500 Einwohner. Der Hauptort ist das ganz englisch gebaute Jamestown, dessen Häuser sich zwischen Berg und Küste hinziehen. Am Nachmittag sichteten wir das niedliche Städtchen mit seinen roten Dächern und Kirchturm. Wir brassten back und setzten Signal für ein Boot. Nach ungefähr einer Stunde kam dann auch ein Boot zu uns herausgesegelt. Die Besatzung bestand aus Farbigen, worunter sogar zwei Frauen waren. Sie sprachen Englisch und verkauften uns schöne große Schuppenfische, Gemüse und Obst. Mimi war freudig überrascht, denn nun gab es mal wieder Abwechslung in der langweiligen Schiffskost. Vor allem aber gaben wir Briefe an unsere Angehörigen an Land zur Weiterbeförderung, die dann auch ihren Bestimmungsort etwa 40 Tage früher erreichten als wir. Da es Abend wurde, wurde das Boot entlassen »Good bye! Good bye!« – »Happy voyage!«, und unter Tücherschwenken war das Boot bald unseren Blicken entschwunden. Mit vollen Segeln schob DEUTSCHLAND nun wieder durch die Fluten, der Wind brauste durch die Takelage, Spritzer kamen an Deck und die Logge zeigte 9,5 kn.

Die Stimmung unter der Mannschaft war recht fröhlich, der letzte Reiseabschnitt war jetzt erreicht und in zwei Monaten konnten wir in der Heimat sein. Nach weiteren zehn Tagen überquerten wir den Äquator bei 24° Westlänge, wo dann nach einigen Tagen Mallung der Nordost-Passat einsetzte, der uns in den Bereich der westlichen Winde brachte, von wo aus wir mit NO-Kurs dem Kanal und Falmouth zusteuern konnten. In dieser stürmischen Region konnten wir nicht viel für die Instandsetzung des Schiffes tun. Es war ja aber auch schon alles fein gestrichen und geputzt, bis auf das Deck, und hier half uns das überkommende Wasser mit dem fortwährenden Von-Bord-zu-Bord-Spülen die Decksplanken zu scheuern, so dass sie rein und sauber wurden.

Mittlerweile war es März geworden, die Azoren waren passiert, und wenn der Wind westlich blieb, konnte Falmouth in 14 Tagen erreicht werden. Das schwere Wetter hinderte uns, die Obersegel zu führen, so näherten wir uns vor Untermarssegel und Fock dem Englischen Kanal. Bei Land's End schon erhielten wir den Lotsen für Falmouth und am 110. Tag unserer Reise konnten wir dort auf der Reede ankern, ziemlich weit von Land ab. Frischer Proviant kam an Bord und aus der Heimat die lang ersehnten Briefe. Mit großer Spannung erwartete ich jetzt unsere Segelorder. Wohin sollte die Ladung gebracht werden? Ich wollte diesmal das Schiff wechseln und gern die Nordamerika-Fahrt kennenlernen. Somit war es mir im Grunde gleichgültig, wohin wir segelten, möglichst nach einem Nordsee-Hafen, das wäre für mich das günstigste gewesen, aber damit hatte ich kein Glück. Nach einigen Tagen des Wartens erhielten wir die Order, nach Bordeaux zu segeln. Das war nun gerade das Gegenteil von dem, was wir uns erwünscht hatten, und so machten wir alle ein langes Gesicht. Für mich bedeutete es eine große Kostenfrage, denn ich wollte auf alle Fälle das Schiff verlassen.

Am 4. April traten wir unsere Reise nach Bordeaux bei starker Brise an. Es war eine recht stürmische Fahrt, doch vor der Mündung der Gironde wurde es flauer, so dass wir dort am vierten Tag eintrafen, von wo uns ein Schlepper nach Bordeaux rauf an die Boje brachte. Wieder lag eine interessante Reise hinter mir. Ich musste nun sehen, dass ich Matrose wurde und andere Verhältnisse kennenlernte. Ich ging zu Kapitän Meyer und bat um meine Entlassung, und zugleich bat ich ihn, sich nach einer günstigen Fahrgelegenheit nach Hamburg oder Bremen zu erkundigen. Nach einiger Zeit teilte Kapitän Meyer mir dann auch mit, dass in ca. acht Tagen der französische Dampfer SUZANNE ET MARIE, mein alter Freund aus Le Havre, nach Hamburg ginge und ich da mitfahren könne.

Während das Schiff nun den teilweise doch beschädigten Reis löschte, besahen wir uns das schöne Bordeaux. Mit großem Interesse beobachtete ich das Zuaven-Regiment. Diese Soldaten in ihren sonderbaren Uniformen hatten schon 1870 meine Bewunderung erregt. Hier sah ich sie nun wieder, die wackeren Turkos, man begegnete ihnen häufig in den Straßen.

Eine sehr praktische Art war die Versorgung mit Ziegenmilch. Am Morgen wurde eine Herde Bartkühe durch die Straßen getrieben, die Einwohner kamen dann mit ihren Töpfen zum Melker, der ihnen die Milch frisch gemolken gab. Klingeling, wanderte die Herde zum nächsten Abnehmer.

Eines Sonntags wanderten Hermann, der Dritte Steuermann und ich durch die Straßen und kamen auch auf die große Gironde-Brücke. Hier lasen wir auf einem Theaterplan: »Grande Opera«, »Le Freischütz«. Kurz entschlossen sagte der Steuermann: »Kommt, Jungs, da gehen wir hin!« Eine Droschke war bald gefunden und hin ging es zur »Grande Opera«. »Donnerwetter«, war das aber ein vornehmes Theater! Wir überlegten, ob wir uns da wohl amüsieren würden, besahen unsere Kleidung und fanden, dass wir ordentlich genug aussahen, um einen würdigen Platz zu nehmen. Doch wir erstaunten, als uns der Portier die große Marmortreppe hinaufgehen hieß, wo uns im ersten Rang ein guter Platz angewiesen wurde. Mit meinem Schulfranzösisch konnte ich vom Text nicht viel verstehen, doch war die Musik für mein Ohr verständlich, so dass es für mich ein genussreicher Abend wurde, und ich beschloss, mir am nächsten Sonntag die »Afrikanerin« anzusehen. So groß wie hier Musik und Bühne wirkten, habe ich es nie wieder erlebt. An diesem Abend war es etwas später geworden, bis wir wieder an Bord kamen. Am Ufer traf ich mit mehreren meiner Kollegen zusammen, sie wollten auch wieder an Bord, doch parlierten sie vergebens mit den Bockschiffern herum. Mein Französisch führte nun dazu, dass uns einige der Schiffer mit in ihre Kajüte nahmen und uns reichlich Wein verabreichten, so dass Janmaat bald ganz selig wurde und den Schiffern erzählte, er wäre »Prussien«. Huh, das hätte er nicht sagen dürfen! Der Erfolg war, dass diese Weinspender nur mich an Bord setzen wollten, ich hatte ihnen nämlich gesagt, dass ich nach Bremen gehöre. So wurden die »Prussiens« an Land gesetzt, mich aber brachten die Schiffer fein an Bord und mit »Adieu mes camerades« und »Merci, mon camerade« verabschiedeten wir uns von ihnen. Die preußischen Matrosen aber fanden bis zum nächsten Morgen keine Gelegenheit, an Bord zu gelangen.

Hermann bekam hier von seiner Familie, die während seiner Abwesenheit nach St. Louis, North Carolina, USA, ausgewandert war, die Nachricht, von hier mit dem nächsten Dampfer über New Orleans zu ihnen zu kommen. Das nahm er auch liebend gern an, denn auf Grund seines Stotterns konnte er bei der Seefahrt nicht bleiben. Eines Tages brachte ich Hermann mit seiner Seekiste per Boot direkt zum französischen New-Orleans-Dampfer, wo er im Zwischendeck in einer drittobersten Koje unter schmutzigen Auswanderern seine Überfahrt antreten musste. Wir beide holten die Seekiste an Bord und verstauten sie so gut es ging unter seiner Koje, dann mussten wir uns trennen. Ich bedauerte ihn, dass er unter solchen Menschen nun leben musste, doch er schien froh zu sein, von der christlichen Seefahrt Abschied nehmen zu können. Nach vielem Händedrücken kletterte ich dann wieder über die Reling und wriggte an Bord zurück. Ich habe Hermann nie wieder gesehen, nie ein Lebenszeichen von ihm erhalten.

Ich kam mir nun etwas verlassen vor. Mit meinen Gedanken war ich schon in der Heimat und dachte viel über meine Zukunft nach. An Bord gab es nicht viel Arbeit, der Reis war gelöscht und DEUTSCHLAND nahm nun eine Ladung »pit props«, Grubenhölzer, nach Cardiff an. Die Ladung war für die Kohlengruben bestimmt und DEUTSCHLAND sollte dort mit einer Ladung Kohlen seine Reise antreten. Ich freute mich, mit den schwarzen Diamanten nichts zu tun zu haben, ich hatte auf der W. VON FREEDEN genug davon bekommen. Frau Kapitän Meyer machte noch die Reise nach Cardiff mit, dann aber wurde es höchste Zeit, dass sie nach Hause fuhr, denn sie sah einem freudigen Ereignis entgegen. Kapitän Meyer bekam ein etwas größeres Schiff, eine neue Bark mit dem Namen MIMI.

Ich möchte hier noch den Liegeplatz des Schiffes erwähnen, der wohl einzig in seiner Art ist. Die Schiffe liegen zu zweit mit ihren Ankerketten an einer Boje vertäut. Das hat den Grund, dass, wenn der Strom kentert, der bei Springzeiten bis zu sieben Seemeilen Geschwindigkeit hat, dieselben freischwoien können. Die Flut setzt nämlich ganz plötzlich ein. Mit rasender Geschwindigkeit drehen dann die Schiffe um ihre Boje, nachher gegen den Strom liegend. Bei starken Winden sah sich das recht gefährlich an, aber man hat von Havarien nie was gehört.

»Morgen fährt der Dampfer«, sagte Kapitän Meyer zu mir, »pack deine Sachen und bringe sie noch heute an Bord.« Der französische Dampfer lag ganz in der Nähe und ich konnte mit unserem Boot bequem dorthin gelangen. Diesmal nahm ich aber nicht die zweite Kajüte, um mir das Frühstück nicht wieder stehlen zu müssen. In der ersten Klasse erhielt ich eine Kabine für mich und war dort gut untergebracht, die Verpflegung war ganz vorzüglich. Am Abfahrtstage nahm ich von meinem so fürsorgenden Kapitän Meyer rührenden Abschied. Über vier Jahre war er mein Lehrmeister gewesen, hatte die Vaterstelle vertreten, manche Gefahr und Entbehrung hatten wir geteilt, fast alle Meere hatten wir durchfahren. So wurde mir die Trennung nicht leicht, später musste ich mich ganz fremden Menschen anvertrauen. Er wünschte mir ein gutes Vorwärtskommen und trug mir viele Grüße an meine Mutter und Verwandte auf. Nachdem ich mich auch von Frau Kapitän Meyer verabschiedet hatte sowie von der ganzen Mannschaft und von meiner lieben DEUTSCHLAND, eilte ich das Fallreep hinunter und ließ mich zu meinem Dampfer bringen. Die DEUTSCHLAND habe ich nie wiedergesehen, sie ging schon auf der nächsten Reise bei Rockhampton, Australien, zu Grunde. Als ich nun so als Passagier auf dem Dampfer stand, kam ich mir so ungebunden, so frei vor. Aber was lag noch alles vor mir, und um dahin zu gelangen, hatte ich mir einen guten Plan ausgearbeitet und danach musste ich mich nun richten. Die Zukunft war dunkel, ein neuer Lebensabschnitt begann für mich.

Die Landschaft an der Gironde zeigte bereits ihren Frühlingsschmuck. Es war unter Deck schon recht warm, doch auf See wurde es wieder rauer, und als wir die unheimlichen, drohenden Felsen von Ouessant passiert hatten, änderte sich die Witterung vollständig. Trübes, regnerisches Wetter begleitete uns durch den Kanal, auch die Nordsee zeigte kein freundliches Gesicht.

Am fünften Tag unserer Abfahrt von Bordeaux sichteten wir FEUERSCHIFF ELBE I und dampften die Elbe aufwärts nach Hamburg, wo wir am frühen Morgen ankamen. Ein Jollenführer brachte mich mit meiner Seekiste an Land, und ich ging sogleich mit meinem Gepäck zum Bahnhof, um über Bremen nach Elsfleth zu fahren.

Es war schon Anfang Mai geworden, als ich die blütengeschmückte Heimat wiedersah. Es waren zweieinviertel Jahre vergangen, doch fand ich Mutter und die Geschwister gesund und in guter Stimmung vor. Elly war schon konfirmiert und die Brüder waren so verständig geworden. Als ich meine Seekiste auspackte, waren alle voller Freude. Meine indischen Sachen erregten Bewunderung, besonders der große chinesische Sonnenschirm und ferner das Bild der DEUTSCHLAND, das ich gemalt hatte, das ging von Hand zu Hand. Eines bedrückte mich aber sehr! Ich hatte von der zweieinvierteljährigen Reise nicht mehr als 250 Mark mitgebracht. Ich hatte viel Geld verreist und verausgabt und es langte kaum für eine neue Ausrüstung.

Im schönen Monat Mai beschäftigte ich mich im Garten mit Graben und Pflanzen, und weil im Hause umgebaut wurde, hatte ich den Schutt fortzubringen. Von Erholung konnte also nicht die Rede sein. Meine früheren Freunde waren alle im Beruf, fern von der Heimat, und so wurde es schließlich am Liener Deich langweilig. Ich schrieb an den Heuerbaas Blank in Bremerhaven und bat um eine Stelle als Matrose für eine Reise nach New York. Anfang Juni teilte der mir mit, wenn ich Lust hätte, auf dem Bremer Vollschiff ELLIDA nach New York und weiter anzumustern, sollte ich mich bereithalten. Ich sollte nur 45 Mark verdienen. Das war sehr wenig, aber ich musste 65 Monate Fahrzeit aufweisen, bevor ich die Navigationsschule besuchen konnte, und so willigte ich schließlich ein und bereitete mich wieder für eine Ausreise vor. Mutter war nun wieder sehr beschäftigt, mein Seezeug in Stand zu setzen, vieles musste ich neu kaufen, besonders kam nun warme Winterkleidung in Frage. Ich nahm auch einen neuen Sommeranzug mit, denn in New York wollte ich Verwandte und Bekannte besuchen und konnte dort nicht wie ein »Janmaat« herumlaufen.

Eine Woche vor Pfingsten erhielt ich die Nachricht, in Bremerhaven an Bord zu gehen. Ich nahm schnell Abschied von Mutter und den Geschwistern und Verwandten und dampfte wieder seeabwärts an unserem Hause vorbei. Gleich darauf erfolgte die Anmusterung mit einem Monat »advance«, wovon der Heuerbaas seine Gebühr von zehn Mark gleich abzog.

So hatte ich in Bremerhaven noch eine vergnügte Zeit, und da ich auch wieder Geld hatte, ließ ich mich sogar im neuen Sommeranzug fotografieren.

Das Bild ist noch vorhanden, ich war 19 Jahre alt.

Ende der Schiffsjungenjahre

Kanada
Bremerhaven
Triest
Europa
New York
Afrika
Atlantik

Vierte Segelschiffsreise

als Matrose
auf dem Vollschiff ELLIDA

New York – Triest – New York

1881 – 1882

Die ELLIDA war ein angekauftes amerikanisches Vollschiff von etwa 1.200 BRT. Der Kapitän hieß Wendehorst und stammte aus Vegesack. Die Ladung bestand aus Pickeisen im Boden und darauf Petroleumfässer. Das Schiff war nicht mit Kupferbeschlag versehen, also ein richtiger Petroleum-Collier. Die Frau des Kapitäns fuhr bis Triest mit, beide sahen immer recht griesgrämig aus wie die teuren Zeiten, und sie waren auch genauso kleinlich in ihren Taten und Ansichten. Der Erste Steuermann, Zinke, aus Vegesack war ein Schwager des Kapitäns. Einen Zweiten Steuermann gab es nicht, der wurde eingespart. Dafür hatten wir einen Bootsmann, der wie ein Räuberhauptmann aussah. Die Mannschaft bestand aus Norwegern, Finnen, Kaschuben und Deutschen. Letztere waren gemischt, fein und grob, im Ganzen mit abstoßenden Charakteren und recht beschränkt, bis auf einen Schiffsjungen, der Leutnant gewesen war und wegen Festungshaft aus dem Heer ausscheiden musste. Der andere Schiffsjunge hieß Pieper und stammte aus Bremerhaven. Sein Vater war Bäckermeister, er selbst war sehr klein und zart.

Am Sonnabend vor Pfingsten kam der Lotse an Bord und verholte das Schiff in den Vorhafen, von wo aus uns der Schlepper anfasste, und nun ging es hinaus in See. Der Wind war südlich, so dass wir gleich die Stagsegel setzen konnten. Beim Hoheweg-Leuchtturm wurde es nebelig und wir mussten bis zum Abend ankern. Dann nahm uns der Schlepper wieder bis zum WESER-FEUERSCHIFF. Hier verließ er uns unter vollen Segeln. Der Wind drehte in der Nacht auf West, frischte stark auf. Wir nahmen die Bramsegel weg und steckten Reffs in die Marssegel, Großsegel und Begien wurden festgemacht. Gewaltig stampfte das Schiff gegen die Wellenberge an. Das ganze Deck war glitschig nass und das Wasser kam bis in unser Mannschaftslogis, hauptsächlich an Steuerbord, wo es unter meiner Koje von Bord zu Bord hin und her rauschte. Als ich um vier Uhr aus meiner Koje krabbelte, traute ich meinen Augen nicht. In dem Salzwasser schwammen zwei schöne, delikate Pfingstklaben. Manchmal verschwanden sie unter meiner Koje, um dann wieder mit schneller Fahrt bei meinen Stiefeln zu landen. Es war ein trostloses Bild. In meiner Nebenkoje lag Pieper, todesseekrank. Durch die dicht verschlossenen Bullaugen schimmerte das anbrechende Tageslicht. Ich fragte Pieper, woher die Klaben kämen. Da sagte er: »Die sollten die Matrosen haben und zu Pfingsten verzehren. Ich hatte sie vorerst unter die Koje geschoben!« Na, die Pfingstklaben mussten gerettet werden, als ich sie jedoch ergriff, fielen sie auseinander, ungenießbar, so warfen wir sie über Bord.

Der Sturm hielt den ganzen Tag über an, gegen den wir ankreuzen mussten. Von Pfingststimmung war nicht mehr viel übrig geblieben, auch waren wir uns noch zu fremd, um in Seestiefeln und mit Ölzeug den Humor behalten zu können. In der Nacht flaute es dann ab, wir setzten die Bram- und Untersegel und konnten mit Westkurs wieder kleine Fahrt machen. Am zweiten Pfingsttag gerieten wir in eine englische Fischerflotte, brassten back und tauschten für Branntwein und Tabak prachtvolle frische Schollen ein. Durch das herrliche Fischgericht hob sich die Stimmung während des Mittags erheblich, und weil wir englische Wache gingen, konnte ich bei einer Zigarre, in meiner molligen Koje liegend, über meine Zukunft nachdenken. Bei mäßigen westlichen Winden kreuzten wir uns langsam bis zum Kanal hin. Als wir endlich Dover passierten, waren bereits acht Tage verstrichen und immer noch stand der Westwind, als wäre er festgenagelt. Am 14. Reisetag passierten wir die Scillys und konnten nun in den Atlantik steuern. Das Schiff machte keine gute Fahrt, viel Segel konnte der alte Pott auch nicht vertragen und leckte dabei wie ein Sieb, so dass Handpumpen und die Windmühlen fast ständig in Bewegung waren. Der Kapitän war sehr vorsichtig und ängstlich, in meinem ganzen Leben und meiner gesamten Fahrzeit hatte ich noch nie so viel reffen müssen. Auf meinen bisherigen Schiffen war ich es gewohnt gewesen, durch viel Segel schnelle Reisen zu machen, hier schien es aber nicht in Frage zu kommen. Die Verpflegung war recht mangelhaft, der Koch, ein großer Norweger, war ein Stümper in seinem Fach. Der Sackkuchen am Sonntag behielt immer die Zeichen der Nähte und Stiche des Beutels, der Teig wurde in Salzwasser gar gekocht und sah nachher wie ein Gummikloß aus.

Wir duggerten nun so ganz langsam in der schönen Sommerzeit in den dichten Nebel der Neufundland-Bank hinein und mussten hier scharfen Ausguck halten, um nicht mit Eisbergen zu kollidieren, die hier in der Sommerzeit von Grönland heruntertreibend auf den warmen Golfstrom stoßen und sich dort langsam auflösen. Mit dem sehr ängstlichen Kapitän war kein Auskommen mehr. Segel nieder, Segel auf, dadurch wurde der Aufenthalt in dieser Nebelgegend nur noch verlängert und gefährlicher, Tag und Nacht brüllte das Nebelhorn. Manchmal ertönten von allen Seiten in allen Tönen Signale, klarte es dann mal für kurze Zeit auf, sah man überall kleine Fischerboote, die Kabeljau fischten und uns aus nächster Nähe welche anboten. In der Dämmerung hörten wir oft ein ganzes Rudel Wale spielen, das hörte sich an wie das Rauschen eines großen Wasserfalles, sie feierten Hochzeit und waren sehr ausgelassen. Nach fünf Tagen endlich hatten wir uns hindurchgearbeitet und kamen wieder in klares, sichtiges Wetter, so dass Kurs auf NANTUCKET-FEUERSCHIFF genommen werden konnte, das wir bei mäßiger Fahrt am 50. Tag erreichten.

Von hier bis New York hatten wir viele Gewitter, so dass wir erst am 54. Tag unserer Reise Sandy Hook passierten, von wo aus uns ein Schlepper bis zur Quarantäne-Station auf Staten Island brachte. Am nächsten Tag holte der Schlepper uns an eine einsame Pier in Jersey City, in der Nähe der Pennsylvania-Railroad-Station. Was war das für ein Verkehr hier auf dem Hudson River! London, Liverpool und Hamburg waren imponierend, New York ist überwältigend. Beim weiteren Einlaufen passierten wir auch die stolze Freiheitsstatue mit der Fackel. Ganz merkwürdige Fährdampfer huschten vorüber, hinten und vorn stumpf, mit Radkästen in der Mitte. Ganz hoch oben sah man die Balancestange an einer Kolbenstange herauskommend und hin und her fahrend. Vorn standen die Menschen dicht gedrängt und schrien »Hurra«, es waren wohl viele Deutsche darunter. In der Mitte waren Pferde und Wagen untergebracht, primitiv, aber sehr interessant. Große, schnelle Drei-Deck-Vergnügungsdampfer nach Long Island flitzten an uns vorbei. Voraus konnte man schon die Häuser von New York sehen, ganz an der Spitze von Manhattan Island das große Auswanderergebäude »Castle Garden« erblicken. Nun bog unser Schlepper nach Jersey City ein und schob uns mit der Nase an die Pier. Wir vertäuten die ELLIDA und begannen mit dem Segelabschlagen und den Vorbereitungen zum Löschen der Ladung. Die leeren Petroleumfässer waren schnell gelöscht, mit den Pickeisen ging es schon langsamer. Diese unförmigen, schweren, zackigen, scharfkantigen Stücke wurden mittels Pferdekraft aufgehievt und dann in Fahrzeuge geschüttet. Wir freuten uns, als wir damit fertig waren, denn wir mussten unsere Arbeit selber machen, diese unhandlichen Eisenstücke in Tuppen werfen.

Nun war ich im herrlichsten Sommer einmal in New York. Unser Liegeplatz lag damals noch im Grünen, Häuser und Schuppen lagen weiter zurück, eine Pferdebahn führte in einiger Entfernung vorbei. Wie hat sich das mit der Zeit geändert! Unterwassertunnel und Hochbahn säumen die Ufer und die Verkehrsstraßen können kaum die Menschen und Fahrzeuge fassen. Weil unser Aufenthalt voraussichtlich zwei Monate dauerte, hatte ich jetzt in der schönen Sommerzeit genügend Gelegenheit, mir alles genauer anzusehen. Zuerst suchte ich meinen Spielgefährten und Vetter Bernhard von Harten auf. Dieser war vor zwei Jahren hierher ausgewandert. Nach langem Suchen fand ich ihn bei einem deutschen Kolonialwarenhändler Kuhlmann in Jersey City in Stellung. Wir freuten uns über das Wiedersehen in Amerika und er zeigte mir den »Grocery-store«. Er hatte eine schlechte Stelle, manchmal musste von fünf Uhr morgens bis elf Uhr abends gearbeitet werden. Sein Logis war in einer kleinen, schmutzigen Dachkammer mit winzigen Fenstern, durch dessen Dach der blaue Himmel zu sehen war. Das Bett bestand aus einer Pritsche, Schrank und Waschtisch gab es nicht. Zeug und Utensilien lagen im Handkoffer durcheinander. »Sweet liberty in Amerika«, sagte ich zu ihm, »das kannst du in der Heimat besser haben.« Er gab diese Anstellung später auf, kam nach Hoboken und wurde in einem dürftigen Bierkeller »Barkeeper«, bis er schließlich in Hoboken in »River Street« ein ziemlich großes Hotel mit Barbetrieb besaß. Bei Ausbruch des Krieges wurde ihm dies aber genommen. Nach dem Krieg wurde er in einem großen Hotel in New York »payer« und starb im 65. Lebensjahr an einem Schlaganfall. – Nach dieser Enttäuschung fuhren wir nach New York hinüber. An der Wasserkante waren große Reklameschilder angebracht. Eine Riesenschrift zeigte an: »Dry double soap, is the best.« Waschen tun die Leute hier sehr viel, sagte Bernhard, nur nicht bei uns im Hause. Die Fährdampfer waren sehr praktisch eingerichtet. An der einen Seite der Kajüte stand »Ladies«, an der anderen Seite »Gents«. Wir fühlten uns als gents und setzten uns auf die fein polierten Bänke. Sofort kam ein »Newspaper boy«, »no«, sagten wir. »Shine, shine your boots?«, kam ein anderer boy, »yes«, sagten wir, und als wir in New York ausstiegen, glänzten unsere Schuhe für fünf Cent wie Kohlenteer. Ich war über das Anlegen dieser Fährdampfer sehr erstaunt. Mit ziemlicher Fahrt fuhren sie mit ihrer breiten Nase in einen Keil von nachgebenden federnden Pfählen, die dick mit Fett eingeschmiert waren, wo der Dampfer anstieß und daran längsschleifte, bis das Fahrzeug am Ende des Keils fest vertäut war. Passagiere und Gespanne ergossen sich in die angrenzenden Straßen. Sofort wurden dann die Seitentüren der Wartehalle geöffnet und neue Fahrgäste strömten auf das Schiff. Wir beide schlenderten nun durch die am Sonntag öden Straßen. Nichts als Reklameschilder und schmutzige Häuserfronten. Über uns rasselte die Hochbahn, unter derselben eine Kabelbahn. Wir gingen nun, um unseren Durst zu stillen, durch die »Bowery« nach St. Atlantic Garden, einem großen deutschen Konzerthaus, wo eine Damenkapelle spielte. Da wir beide nicht viel Geld ausgeben konnten, war dies Lokal unseren Wünschen entsprechend. Wir bezahlten fünf Cent Eintritt und hörten bis zum Abend bei einem guten Glas Bier erstklassige Musik. Es war sehr heiß; die Violinbögen wurden mit pulverisiertem Kollodium eingerieben, das konnten wir gut beobachten, weil wir sehr nahe der Bühne saßen. Die Stunden vergingen schnell unter vielem Erzählen und Austauschen von Erinnerungen. Um zehn Uhr gingen wir zur CHRISTOFFER FERRY, die uns wieder nach Hoboken brachte, und von dort nahm uns die Pferdebahn nach Jersey City mit, wo wir uns verabschiedeten und uns für den nächsten Sonntag verabredeten, das siebte deutsche Schützenfest auf »Union Hill« mitzumachen.

An Bord hatten wir ein sehr faules Leben. Der größte Teil der Mannschaft saß in der hinteren, dunklen Piek, um den Steinballast zu trimmen, bei der großen Hitze ein wahrhaft schattiger Platz. Hier schliefen wir immer bald ein, hin und wieder wurde mal ein Stein geworfen, damit der Steuermann hören sollte, dass wir noch arbeiteten. Nach Feierabend holte ich mir gewöhnlich frisches Brot vom Land, denn das Hartbrot mit der fast flüssigen Margarine schlimmster Sorte war nicht zu genießen. Der griesgrämige Kapitän stellte mich einmal wegen des Brotholens zur Rede, ob ich nicht satt an Bord werde. Ich sagte ihm, dass ich lieber frisches Brot äße und ich es ja selbst bezahlte. Als seine sauertöpfige Frau auch noch etwas dazu zu bemerken hatte, verschwand ich, ihr verächtliche Blicke zuwerfend. Da die Matrosen in meinem Steuerbordlogis auf außerordentlich niedriger Bildungsstufe standen, konnte ich keine Freundschaft mit ihnen schließen und ging allein meiner Wege. Ich besuchte häufig die Kabaretts in Hoboken. Mich interessierten die »Negersongs« sehr, sie waren ganz eigenartig. Am Sonntag bekamen wir Matrosen nur zwei Dollar, das war so Sitte. Da mussten wir sehr sparsam sein, um damit auszukommen für die ganze Woche. Der halbe Liter Bier kostete damals fünf Cent, bei der großen Hitze schwamm immer ein Klumpen Kunsteis darauf, woran man sich beim Trinken die Nase kühlen konnte. Der »Gentleman« nahm meistens nur ein »small one«, einen zehntel Liter, der neu angekommene Deutsche natürlich einen halben Liter, bis er auch »Gentleman« geworden war.

Am nächsten Sonntag gingen Bernhard und ich zum deutschen Schützenfest. Es knallte überall und jeder trug extra einen Revolver in der Tasche. Ich wurde auch gefragt, ob mein Revolver gut funktioniere, der Weg am Abend nach Hoboken herunter durch den Busch wäre nicht ganz ungefährlich. Ich bin aber auch ohne Revolver nach zweistündiger Wanderung ganz allein wieder heil an Bord gekommen, obgleich wir den Festplatz erst um elf Uhr verließen. Dort war ein richtiger Jahrmarktstrubel, es fehlte nur der Braunschweiger Honigkuchen. Nachdem wir uns nun alles sattsam angesehen hatten, trennte ich mich von

Bernhard und seinen Freunden. Vergnügen hatte ich dort nicht gefunden. Müde und matt kam ich nachts um zwei Uhr wieder an Bord.

Wir hatten hier nun bereits eineinhalb Monate mit dem alten Petroleumcollier gelegen. Endlich brachen wir auf, um eine Ladung Petroleum in Fässern für Triest zu laden. War es hier aber eine öde Gegend! Wohin man trat war Öl, es stand überall in Pfützen wie Regenwasser auf der Erde. Beim Überschreiten der aufrecht stehenden Ölfässer versank ich eines Abends im Stockdunklen in einem Ölbarrel. Der Deckel hatte beim Betreten nachgegeben. Fluchend und getränkt mit Öl an meinem neuen Anzug gelangte ich wieder an Bord. Nach einer Wäsche hatte ich das Öl aus meinem Anzug wieder raus, aber ich musste das Zeug noch öfter durch die Wäsche ziehen.

Das Verstauen der Barrels im Schiff wurde von starken irischen Arbeitern ausgeführt, wir mussten ihnen dieselben zurollen. Das Stauen war nicht so ganz einfach. In langen Reihen reihte sich längsschiffs Barrel an Barrel, fest ineinander gefügt, so dass bei der Bewegung des Schiffes auf See keine Lücken entstehen konnten. Trotzdem hatten sich später einige Barrels gelockert, der Inhalt lief aus und durch unsere Pumpen floss das Öl dann über Bord. Weil der alte »Kasten« hier in der Hitze zusammengetrocknet war, mussten wir ihn nun hier erst mal »füttern«. Mit einer langen Stange, an der ein Beutel mit Sägespänen befestigt war, fuhren wir der ELLIDA unter den Bauch, die Sägespäne schwammen aus dem Beutel heraus und wurden in den lecken Stellen des Schiffes mit dem Wasser zusammen eingesogen. Dadurch wurde das Schiff dann wieder für einige Zeit lang dichter, doch bald mussten wir mit verstärkter Kraft die Pumpen wieder in Tätigkeit setzen. Später habe ich mich sehr vorgesehen, wieder auf einem so alten Schiff anzumustern, und zog deshalb die eisernen Schiffe vor.

Wir verließen endlich New York 1881 mit Kurs auf die Straße von Gibraltar, die wir bei günstigem Wetter Anfang Oktober erreichten. Dunkel und trotzig ragte die gewaltige Festung der Engländer auf spanischem Boden aus dem Meer empor. In die Straße setzte starke Strömung ein, mit großer Fahrt segelten wir an dem Felsen vorbei und kündigten unsere glückliche Reise durch Signalisieren an. Mit sehr veränderlichen, böigen Winden, bei regnerischem Wetter segelten wir durch das Mittelmeer und erreichten das Adriatische Meer. Schon im Mittelmeer zwischen Sizilien und Malta hatte der ängstliche Kapitän ein derartig griesgrämiges Gesicht gezeigt, dass er gar nicht zu genießen war. Er schimpfte beständig über das Steuern und auf die Mannschaft bei den Segelmanövern etc. Als wir nun bei häsigem Wetter weiter nördlich kamen, verfinsterte sich sein Gesicht noch mehr, das Reffen nahm kein Ende und der alte Kasten leckte wie ein Sieb.

Endlich kam die Insel Lissa in Sicht und nach weiteren vier Tagen liefen wir nach einer 46-tägigen Reise bei flauer Brise und diesiger Luft in den Golf von Triest ein, um dort in der Nähe der Stadt zu ankern. Das Schiff wurde mit dem Bug an Land vertäut und mittels eines Laufsteges mit dem Land verbunden, über den dann auch die Ölbarrels gerollt wurden. Weil wir Matrosen die Barrels im Laderaum heranrollen mussten und dabei dicht unter Deck arbeiteten, wurden wir durch das sich dort angesammelte Gas stark betäubt und grienten uns gegenseitig an. Eine sofortige Beförderung auf Deck an die frische Luft brachte uns bald wieder zur Besinnung.

Hier in Triest beschäftigte ich mich in meiner Freizeit viel mit Musik. Ich kaufte mir Noten und spielte auf meiner Geige Opernmelodien. Eines Tages zerschnitt mir ein flegelhafter

Matrose die Haare vom Violinbogen, natürlich ließ ich ihn neu beziehen und fiedelte lustig weiter. An vielen Abenden, gleich nach Feierabend machte ich mich landfein, kaufte mir einen Kranz Feigen und nahm mir einen Galerieplatz in einem der vielen Theater. Es gab die großen Opern, Teatro Philodramatico, Jolitianma Rosette, etc. Das Letzte war ganz aus Eisen erbaut, das Teatro Philodramatico war so gebaut, dass das Publikum nur im Parterre saß und dadurch im Falle eines ausbrechenden Brandes durch die waagerecht angebrachten Fenster ins Freie gelangen konnte. Hier sah ich Spielopern wie »Robinson Crusoe«, »Die Kinder des Kapitän Grant«, »Orpheus ante infierno«, »Norma« usw. Wenn die Vorstellung vorüber war, hatte ich auch gewöhnlich die Feigen verzehrt und ging dann wieder befriedigt und gesättigt an Bord, um am nächsten Abend ein anderes Theater aufzusuchen. Onkel Gustav aus Mähren wollte mich anfangs hier besuchen. Doch änderte er seinen Entschluss und schickte mir stattdessen Geld, dadurch war ich immer gut bei Kasse. So vergingen diese 30 Löschtage bei mäßiger Arbeit und musikalischen Zerstreuungen.

Als die Ladung gelöscht war, verholten wir wieder auf die Reede. Manchmal wehte es sehr stark aus dem Norden, das war die so genannte »Bora«. Dieser eisige Sturm dauerte über 24 Stunden und dann war jegliche Verbindung mit Land abgeschnitten. Dann arbeitete ich für meine DEUTSCHLAND aus Knochen eine kunstvolle Takelage. Alle Blöcke waren aus fein polierten weißen Knochen, die ich zu Hause ausgekocht und mitgenommen hatte. Dadurch wurde das Schiff ein wirkliches erstklassiges Kunstprodukt und wurde viel bewundert.

Auf Bremer Schiffen war es allgemein Sitte, dass die Mannschaft einmal in der Woche an Land gehen durfte, man nannte das »Liberty«. So nahmen wir eines Tages mit ca. zehn Matrosen diese »Liberty« in Anspruch und ließen uns an Land rudern, um uns die Stadt mal gründlich bei Tag anzusehen. Wir hatten keine Nachtbesichtigung beabsichtigt, aber am Abend tobte mit orkanartiger Stärke die »Bora«, so dass an ein Anbordgehen nicht zu denken war. Fröstelnd wanderten wir mit fast leeren Taschen durch die öden Straßen, bis wir an die »Grande Opera« kamen. Wir überlegten, ob es nicht ratsam wäre, bei unseren Geldverhältnissen hier auf der Galerie eine Oper anzuhören, denn hier hätten wir erst mal vier Stunden warm gesessen, brauchten nichts zu verzehren und konnten eventuell nachher irgendwo ein Massenquartier beziehen. Für 40 Kreuzer hatten wir dort oben einen leidlichen Platz. Gesprochen und gesungen wurde italienisch, es wurde die Oper »Norma« gegeben, und wir konnten von unseren Sitzen aus noch soeben die Schauspieler auf der Bühne sehen. Aber man spürte hier oben auch den Wind heulen, und wenn die starken Windstöße einsetzten, konnte man kaum die Musik von der Bühne hören. Es hatte sich der Vorhang zum zweiten Akt kaum gehoben, als hinter uns mit großem Getöse die Fenster einwehten. Der eisige Wind wehte über uns hinweg, wir setzten unsere Mützen auf und verschwanden auf die Straße. Mit dem warmen Aufenthalt im Theater war es also nichts. Da wir kein Geld für ein Nachtlogis hatten, gingen wir zum deutschen Konsul. Der schickte uns mit einem Boten zu einem Logierhaus, wo wir für die Nacht untergebracht wurden. Ich erhielt mit einem Kameraden zusammen ein Zimmer mit einem Bett, die anderen Matrosen mussten sich einen Saal für die Nacht herrichten. Wir beide wohnten sehr hoch und hörten den Orkan aus erster Hand. Gegen zwei Uhr hörten wir einen furchtbaren Krach, im Saal nebenan waren sämtliche Fenster eingedrückt worden und die Kameraden flüchteten in unser Zimmer. Unter

Schimpfen und Fluchen dämmerte endlich der Morgen, an dem uns der Bote vom Konsul zu einem Café brachte, wo wir dann sämtliche Kuchen aus den Tischkörben aßen vor Heißhunger und der Konsul später ganz erstaunt über die hohe Rechnung war, aber letzten Endes mussten wir sie ja doch bezahlen. Gegen Mittag legte sich der Sturm, so dass uns ein Boot an Bord bringen konnte. Als wir an Bord kamen, steckte der griesgrämige Kapitän schon den Kopf über die Reling und murmelte unverständliche Worte wie »nie wedder an Land«, »dat letzte Mol!« usw. Hier auf der Reede war es auch gar nicht gemütlich.

Das Wetter wurde immer schlechter, die »Boras« häufiger, so dass wir vor zwei Ankern liegen mussten. Aus Langeweile mussten wir die Ankerkette abklopfen. Das war ein Klopfen und Pickern von morgens bis abends. In meinem ganzen Leben habe ich nicht so viel Rost geklopft wie hier in Triest auf dem Petroleum-Collier.

Nach 14-tägigem Aufenthalt hier auf der Reede verholten wir wieder an Land. Mit dem Bug an Land wurde diesmal wieder mittels eines Steges die Verbindung mit Land hergestellt. Die Ladung bestand wieder aus leeren Petroleumfässern, worauf Ballast verstaut wurde für eine Reise nach New York. Ich ging nun wieder jeden Abend ins Theater und verzehrte dort meinen Feigenkranz. Es wurde jetzt hier schon recht winterlich. Obwohl kein Schnee fiel, konnte es doch empfindlich kalt werden, da war das Umherwandern in den Straßen nicht mehr angenehm. Wir suchten dann die vielen »Bodegas« auf, wo man für wenig Geld guten Wein aus Maßkaraffen erhielt, oder wir gingen in die Tanzlokale, wo schöne italienische Mädchen zum Tanz einluden. So vergingen weitere vier Wochen unter verhältnismäßig leichter Arbeit und vergnügten Stunden, bis die ELLIDA leicht beladen war. Die Frau des Kapitäns verließ hier mit dem Jungen Pieper das Schiff, um über Wien mit der Bahn nach Hause zu fahren. Da Frauen an Bord nicht viel Glück bringen sollen, freuten wir uns über die Abfahrt derselben. Für den Schiffsjungen Pieper bekamen wir hier einen ganz verlausten, heruntergekommenen bayrischen Burschen ohne Ausrüstung an Bord. Auf unserer schwierigen Winterreise ging diese Jammergestalt beinahe zu Grunde, schon vor Kälte und Nässe. Ich kaufte mir für die Heimreise einige sehr gute Feigen in Schachteln, die später von den Geschwistern mit großem Behagen verspeist wurden.

Nun wurde das Schiff seeklar gemacht und gegen Ende Dezember verließen wir Triest für die Reise nach New York. Bei nördlichen Winden segelten wir rasch durch das Adriatische Meer, gelangten bei ziemlich stürmischen Winden durch das Mittelmeer zur Straße von Gibraltar, wo wir dann nach einer 14-tägigen Reise von Triest den Atlantik erreichten. Da es Winter war, segelten wir auf dem 37. Breitengrad an den Bermudainseln vorbei bis nach Kap Hatteras, um von dort mit dem starken Golfstrom gen Norden und nach New York zu steuern. War das Wetter bis zu den Bermudas verhältnismäßig gut gewesen, so erfassten uns jetzt die eisigen Nordwinde mit Schneegestöber und Frost. Bald musste wieder gerefft werden, und oben in der Takelage fegte einem der Schnee ins Gesicht, die Segel waren von der starken Kälte steif wie ein Brett gefroren. Hier hieß es, Seemann zu sein und den Humor nicht zu verlieren. Das Schiff stampfte fürchterlich in der hohen, kappeligen See, doch Wasser nahmen wir wegen der leichten Beladung des Schiffes nicht über. So arbeiteten wir uns ungefähr acht Tage in dem schweren Wetter an unser nahes Ziel heran.

Endlich erhielten wir den New Yorker Lotsen. Sandy Hook lag im tiefsten Schnee, und in der Einfahrt kamen uns mächtige Eisschollen entgegengetrieben, so dass uns ein starker

Schlepper weiter nach Whitesake tauen musste, wo wir gegen Abend am Pier festmachten. Wohin man sah, überall Eis und Schnee. Beim Malen außenbords mit Kohleteer und schwarzer Farbe, um dem alten Kasten wieder ein manierliches Aussehen zu geben, standen wir auf dem Eis mit Handschuhen an den Händen, eine recht schlechte Arbeit bei solcher Kälte.

Den nächsten Sonntag ging ich wieder zu Bernhard von Harten. Er hatte seine Anstellung beim Kolonialwarenhändler aufgegeben und arbeitete jetzt in einem »Beer-Tunnel« in Hoboken als »Bartender«. Wie ich ihn dort fand, waren gerade einige Freiheitskämpfer da. Der große Ofen war eine glühende Säule, an dem sich die Freiheitskämpfer wärmten, viel verzehrten, aber nicht bezahlten. »That's American fashion«, sagte Bernhard, »diese Leute können überall umsonst eine Zeche machen.« »Bernhard«, sagte ich, »aus dieser Höhle musst du wieder heraus, hier verkommst du vollständig.« Doch so schnell ging das nicht, eine neue Stellung zu finden, die befriedigt, besonders, wenn man noch nicht lange im Lande ist. Ich drückte Bernhard die Hand zum Abschied, ich habe ihn erst nach vielen Jahren in besserer Stellung wiedergesehen.

Als wir nun eine Ladung Petroleum nach Bremerhaven laden sollten, passte das für mich sehr gut. Ich kaufte verschiedene schöne Wachstücher, die damals in Deutschland noch nicht so bekannt waren. Doch konnte ich mich nicht dazu entschließen, den üblichen amerikanischen Reis mitzunehmen, ohne den Janmaat nicht heimkehren konnte. Das war als »Seemann von Weltreisen« zu kleinlich.

Das Laden ging in üblicher Weise langsam vonstatten. In unserer Nähe lag ein gewaltiger Petroleumklipper, etwa 2.500 t groß, ein Bremer Schiff, das damals den Namen J. C. WENDT führte. Dieses Schiff hatte seine Stengen an der hinteren Seite des Mastes befestigt, was einen merkwürdigen Eindruck machte. Auch hatte er an seinen Segeln keine Hanf-, sondern Stahllieken, und wie die Matrosen des Schiffes versicherten, wäre es mit den Segeln gar nicht so schwer umzugehen. Diese Stahllieken sogen, wenn die Segel feucht waren, kein Wasser auf und waren somit leichter als Taulieken.

Allmählich war es nun März geworden, das Eis im Hudson setzte sich schon mächtig in Bewegung. Doch immer noch fegten heftige Schneestürme, »Blizzards« über uns hinweg. Aber nach den Stürmen war es ganz milde, der nahende Frühling kündigte sich schon an. Am 8. März holte uns ein Schlepper von der Pier von Weehawken, um uns auf See erst wieder zu verlassen. Mit vollen Segeln und unter günstigen Winden war die ELLIDA jetzt wieder auf der Heimreise von New York nach Bremerhaven. Als wollte sie die Schlendertage der Ausreise wieder ausgleichen, lief sie nun ununterbrochen, ohne die Fahrt zu vermindern, fast immer stündlich zehn Seemeilen. Die Bramsegel kamen fast nicht zum Einsatz. Erst in der Nordsee flaute der Wind ab, und bei schönem Wetter kam bald der Bremer Lotsen-Schoner in Sicht, der uns einen Weserlotsen abgab. Wir waren in 23 Tagen herübergelaufen, eine sehr schnelle Reise, die kaum von einem gewöhnlichen Frachtdampfer gemacht wird.

Wir segelten noch bis zum Abend, dann sauste der Anker in die Tiefe. Wir waren beim Höhenweg-Leuchtturm angekommen, die Segel wurden festgemacht und die Ankerwache angesetzt. Am nächsten Morgen kam ein Schlepper, wir gingen Anker auf und bei schönstem Aprilwetter erreichten wir gerade zur Hafenzeit Bremerhaven, wo das Schiff dann im Geestemünder Hafen vertäut wurde. Ich freute mich, jetzt von diesem Petroleumcollier frei zu kommen.

Damit wir die »schöne« ELLIDA und ihren griesgrämigen Kapitän in guter Erinnerung behielten, gab es als Abschiedsessen Zitterrochen mit Kartoffeln. Von diesem harten, allerbilligsten Fisch habe ich nichts genossen, ich wünschte, die Herren Reeder hätten ihn schlucken müssen. Wir musterten noch am selben Tag ab, wobei es beinahe zu einer wüsten Schlägerei gekommen wäre, als ich mein ausgeliehenes Geld von den Matrosen zurückverlangte. Sie waren sehr großmäulig und meinten, ich sei noch jung und könnte mir das Geld leicht wieder verdienen.

Am folgenden Morgen ließ ich meine Kiste und Matratze zum Lloyddampfer GUTENBERG bringen und erreichte Elsfleth gegen Mittag, wo Mutter und mein Bruder Gustav mich vom Dampfer abholten. Es war gerade »Gründonnerstag«. Sie beide hatten das »Heilige Abendmahl« genommen, da Gustav den Sonntag vorher, am Palmsonntag, konfirmiert worden war. Als wir zu Hause ankamen, kam Schwester Elly aus der Küche gestürzt und rief, die grünen Bohnen seien angebrannt, sie hatte beim Kochen gelesen. Glückliche Stunden der Jugend!

Ich war nun mal wieder zu Hause und überholte und ergänzte meine Seeausrüstung, denn ich musste noch eine Jahresreise machen, um die Schule besuchen zu können. Doch eine solche »Chance« fand sich nicht sogleich. Auf der Nordamerika-Fahrt gefiel mir das Leben nicht. Der Verdienst war zu gering, die Besatzung zu stumpfsinnig, und außerdem hatte man zu viele Gelegenheiten, das schwer verdiente Geld wieder auszugeben. Ich musste jetzt für den Schulbesuch sparen, denn meine Mutter konnte mir für die Zeit nur schwer Kost und Logis geben. Nach vielem Suchen und Schreiben gelang es mir endlich, eine Stelle als Matrose auf dem größten Elsflether Schiff, der INDUSTRIE, unter Kapitän Kirchhoff zu erhalten. Das Schiff war gerade in Liverpool angekommen und wurde für Melbourne beladen, so dass ich erst gegen Ende Mai abreisen konnte.

In der schönen Frühlingszeit gab es nun im Hause viel für mich zu tun. Der Garten musste umgegraben, die Fenster im Hause gestrichen werden. Da gab es keine Langeweile und die Zeit verstrich gar zu schnell. Nach meinem Geburtstag am 25. Mai reiste ich Anfang Juni mit dem größten Teil der Mannschaft und dem Zweiten Steuermann Holzapfel ab über Bremerhaven, Hull, von dort per Bahn über Leeds, Manchester nach Liverpool.

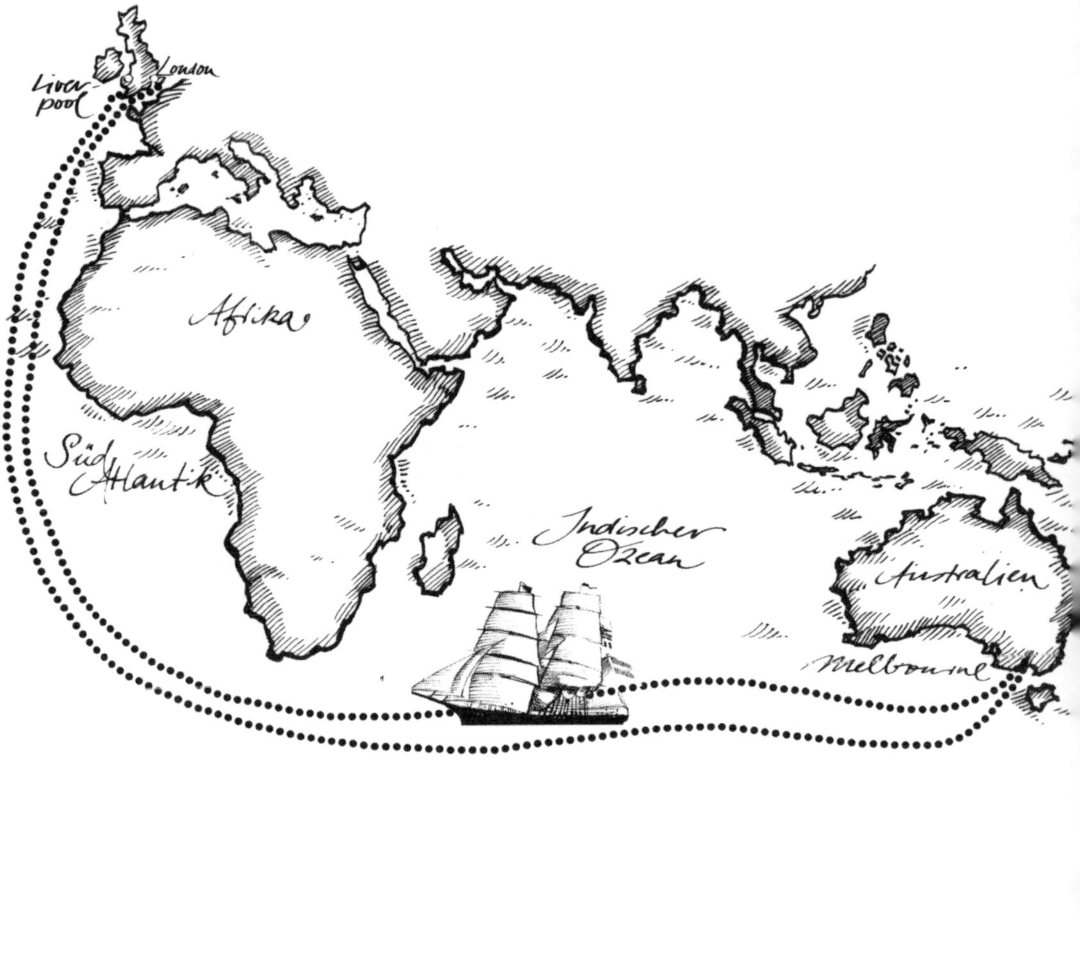

Liverpool
London
Afrika
Süd Atlantik
Indischer Ozean
Australien
Melbourne

Fünfte und letzte Segelschiffsreise als Matrose

»Vor dem Mast«
auf dem Clipperschiff INDUSTRIE

Liverpool – Melbourne – London

1882–1883

Die INDUSTRIE war ein eisernes Clipperschiff von ungefähr 2.500 Registertonnen Schwergut, lief bis zu 13 sm pro Stunde und hatte eine Besatzung von 28 Mann. Auch führte es einen Heizer, der den »Donkey« (Hilfskessel) bediente, sowie die Dampfwinden in Ordnung hielt und auch alle Schmiedearbeiten verrichten musste. Mittels Dampfwinde wurden die Anker gehievt und die Trossen eingehievt beim Verholen des Schiffes, so dass diese schweren Arbeiten uns dadurch sehr erleichtert wurden.

In Bremerhaven kam ich mit der hier angeheuerten Mannschaft auf dem Lloyddampfer MERKUR, der nach Hull fuhr, zusammen. Es waren dies der Zweite Steuermann Holzapfel, der Koch, der Zimmermann Feldhusen aus Lemwerder, die Matrosen Peter Schmidt und ich aus Elsfleth, Albert Peters als Junge aus Lienen bei Elsfleth und Ellinghausen aus Zwischenahn. Als wir nach zweitägiger Reise Hull erreichten, gingen wir sogleich zum Bahnhof, und um acht Uhr morgens fuhren wir schon im Schnellzug durch England nach Liverpool. Die erste Station, auf der der Zug hielt, war Goole, eine Stadt und ein Hafen, in welchem ich meine erste Seereise beendet hatte. Mit wenigen Unterbrechungen kamen wir gegen elf Uhr in Leeds an, mussten hier in den blendend weißen Expresszug steigen, und sofort ging die Fahrt nach Liverpool weiter. Das finstere, verräucherte Leeds hinter uns lassend, rasten wir mit außerordentlicher Geschwindigkeit weiter durch die interessante Landschaft. Berge wechselten mit parkartigen Ebenen. Hier und da eröffneten sich, wenn wir einen Tunnel passiert hatten, unseren Blicken die typischen englischen Fabrikstädte mit den rauchenden Schloten und den an den Bergen sich hinaufziehenden Reihenhäusern der Arbeiter. Auf den seltenen Weiden sah man auffällig wenig Vieh. Die Bauernhöfe waren von den anderen Häusern kaum zu unterscheiden, alles kleine, niedrige Gebäude mit dem typischen breiten Schornstein an der Seite. In Dewsbury stiegen drei Herren in unser Abteil ein, die anscheinend zum Zeitvertreib Kümmelblättchen spielten. Sie nahmen gar keine Notiz von uns und die Pfundnoten flogen von einem zum anderen. Gespannt beobachteten wir die Spieler, und bald kam der Zweite Steuermann mit den »Gentlemen« ins Gespräch und setzte auf eine Karte ein Pfund – »by joe!«, er gewann zwei Pfund. Dies reizte den Koch und den Zimmermann, auch sie setzten jeder ein Pfund und gewannen bis zu fünf Pfund abwechselnd. Jedoch bald wendete sich das Glück mit großer Bestimmtheit. Der Zweite Steuermann verlor zwei Pfund, der Koch und Zimmermann je ein Pfund und gerade wollten der Steuermann und der Koch noch ihre Uhren einsetzen, als der Zug auf einer Station vor Manchester, in Ashton, hielt und die »Gentlemen« auf Nimmerwiedersehen ausstiegen und schleunigst verschwanden, uns noch zurufend: »Good bye, my lads, happy voyage!«

Sofort fuhr der Zug weiter. Der Steuermann, Koch und Zimmermann guckten noch eine Weile fluchend aus dem Fenster, doch ihr Geld bekamen sie nicht wieder. Ich habe mich hiermit auf billige Art und Weise wieder gut belehren lassen. Nach einer ziemlich langen Tunnelfahrt lag nun das berühmte Manchester, in Dunst und Rauch gehüllt, vor uns. Von einer gebirgigen Landschaft umgeben, sah man wenig Wiesen und Landhäuser, überall nur Fabriken mit rauchenden Schornsteinen, daneben die kleinen Arbeiterhäuser. Hier bekam man von Englands mächtiger Industrie, der Weberei und Spinnerei, einen Begriff. Bald liefen wir in die Station ein und hatten hier eine Viertelstunde Aufenthalt. Jetzt begann der letzte Abschnitt unserer Eisenbahnfahrt. Die Gegend wurde flacher, aber immer bevölkerter. Bis nach Liverpool reihte sich fast Ort an Ort. Endlich gegen zwei Uhr nachmittags lief der Zug auf Lime Street Station Liverpool ein und damit war unsere herrliche Englandfahrt beendet. Ich hatte nun England auch einmal von innen gesehen, nachdem ich bis jetzt immer nur herumgefahren war. Nachdem wir unser Gepäck auf einen Wagen geladen hatten, pilgerten wir zusammen durch die Lime Street zu dem Dock, wo die INDUSTRIE lag. Der Erste Steuermann, Wilhelm Frerichs aus Lienen, dessen Vater mein Lehrer in der Dorfschule gewesen war, empfing uns und wies uns unsere Quartiere an. Der Koch musste sofort in Tätigkeit treten, und am Abend saßen wir alle friedlich im Logis um den großen Tisch beim Abendessen. 20 Mann mussten nun für ein Jahr in diesem Raum zusammenleben. Es ist nicht leicht, mit jedem auf die Dauer freundschaftlich zu verkehren, doch ernstliche Streitigkeiten kamen nicht vor, und das verdankten wir der Musik, die uns nach Meinungsverschiedenheiten immer wieder enger zusammenbrachte und die Stimmung hob. Ich hatte meine Geige auch auf diese Reise mitgenommen, ein Schiffsjunge aus Dresden spielte das Instrument ebenfalls gut, dazu hatten wir einen flotten Harmonikaspieler; der Bass und die Pauke wurden vom Segelmacher und Zimmermann gestellt. So war eine Matrosenkapelle entstanden, die sich hören lassen konnte und die sich später in Australien zu ungeahnter Berühmtheit entwickelte.

Das Schiff hatte mit dem Laden begonnen. Langsam füllten sich die großen Laderäume mit »General Cargo« für Melbourne. Ganz unten im Boden lag Schmiedekohle, darauf Eisenfabrikate aller Art, im Zwischendeck wurde Dachschiefer verstaut, damit das Schiff besser in der See lag, ferner Manufakturwaren in großen Mengen, Bier, besonders Stout in Kisten, und Porzellan in »Crates« füllten die anderen Räume. Zuletzt wurden oben auf noch ungefähr vierhundert deutsche Klaviere gestaut, so dass jetzt alle Laderäume bis unter Deck voll waren und das Schiff tief bis zur gesetzlichen Lademarke beladen war. Während der Ladezeit hatten wir die Segel anzuschlagen, die Takelage zu überholen, den Proviant zu verstauen, der größtenteils aus der Heimat kam, und alles seeklar zu machen.

Ich hatte hier wieder viel Zeit gehabt, Liverpool anzusehen, aber leider fehlte dazu das Geld. Doch habe ich oftmals das Alexander Theater in der Lime Street besucht und mir manche schöne Oper angehört. Da ich Matrose war, besuchte ich auch die Matrosenkneipen in Parklane, doch kann ich von diesen »Dancing Saloons« mit den Dirnen und Seeleuten nichts Erfreuliches berichten, nur, dass es dort immer viel Whisky und »fightings« gab. Unser Kollege von der Musik, Fritz Bass, hatte sich eines Abends an Land begeben, um sich die Stadt noch mal so recht bei Nacht zu besehen. Weil die »Dock Gates« um elf Uhr geschlossen wurden, konnte man nur mit Erlaubnis der Polizeiwache am Eingangstor Einlass erhalten, und man kam umso eher rein, wenn man dem Wachmann die Hand drückte. Fritz Bass, der nun so gegen ein Uhr Einlass begehrte, drückte dem Wachmann so ein Sixpencestück in die Hand, wie er meinte, worauf dieser ihn sehr liebenswürdig hereinließ. An Bord angekommen, merkte Fritz Bass aber, dass er ihm nicht ein Sixpencestück, sondern ein halbes Pfund gegeben hatte, daher die große Freundlichkeit des Wächters. Wutentbrannt lief Fritz Bass wieder zum Tor zurück, um sein halbes Pfund wieder herauszubekommen, doch der verstand keinen Spaß und warf Fritz aus dem Dock heraus. Fritz lief nun zum nächsten Tor, wo es ihm gelang, ohne Händedruck hineinzuschlüpfen. In der Nähe des Schiffes lagerte Mehl und Rizinusöl. Fritz Bass nahm nun aus Rache von diesem als Entschädigung zwei Beutel Mehl und einen Kanister mit ca. 80 Pfund Rizinusöl und verstaute seine Beute im Schiff. Das Mehl haben wir auf der Reise verzehrt und das Öl verkaufte Fritz zum guten Preis in Melbourne.

Ende Juni war die INDUSTRIE bis zur Lademarke schwer beladen. Nachdem wir im Hafen noch einen schweren Sturm abgewartet hatten, wobei das Schiff sich von den Vertäuungen losriss, verholten wir eines Morgens in die Schleuse, von wo aus ein Schlepper uns dann in See schleppte. Bald verließ uns der Seeschlepper, die Flaggen wurden niedergeholt und unter dem Druck der Segel bahnte sich die INDUSTRIE ihren Weg durch die blauen Fluten, dem fernen Ziel, Australien, entgegen. Im St.-Georgs-Kanal hatten wir noch Bramsegelbrise, doch sobald wir in den Atlantik kamen, wurde es stürmisch, das Schiff setzte mächtig in die See, aber Segel und Takelage konnten es vertragen, so dass die Segel wenig gekürzt wurden. Das tief beladene Schiff nahm außerordentlich viel Wasser über. Die Wasserpforten waren beständig geöffnet, trotzdem war das breite, geräumige Deck durch überkommende Seen lange überflutet und in den von Bord zu Bord rauschenden Wassermassen kam man leicht zu Fall, wodurch man dann ein gutes Stück längs Deck segelte. Bei dem stark südlichen Kurs kamen wir schnell aus den Sturmregionen heraus. Bald wurde das Wetter »handlicher«, so dass »Skysails« geführt werden konnten. Diese kleinsten Rahsegel befinden sich ca. 55 m über Deck und man kann sich vorstellen, dass das Festmachen dieser Spitzensegel für die Jungs keine angenehme Arbeit ist, deshalb drückte sich ein jeder nachts gern davor. Auf 24° N setzte der Nordost-Passat ein. Die Rahen wurden vierkant gebrasst, Begiensegel festgemacht und vom Großsegel ließ man nur eine Schote stehen. Kreuz- und Großtopp zogen jetzt nur allein, während die Rahsegel am Fockmast lose gegen den Mast schlugen. So fuhren wir etwa mit acht Knoten Fahrt durch das herrliche Passatgebiet dem Süden entgegen, bis wir den Äquator erreichten.

Hier kam wieder Leben in die Besatzung. Sieben Täuflinge hatten wir, die die Linie zum ersten Male passierten und sehen wollten. Da gab es nun geheime Vorbereitungen und Kapitän Kirchhoff war just der richtige Mann dafür, die Äquatortaufe würdig zu gestalten.

Der Segelmacher, ein großer, alter Mann mit großem Bart aus Manilahanf und mit dem Dreizack verkörperte eine richtige Neptungestalt. Der Zimmermann, ebenso groß, trat mit Zylinder, Seekarte, Fernrohr und Zirkel bewaffnet als sein Adjutant auf. Der kleine Koch, schön bemalt, in den Händen die Einseifbüchse, die Kienruß und Fett enthielt, tragend und ein allmächtiges Rasiermesser bereithaltend, als sein Barbier. Dann kam die Musik mit den Täuflingen und dem Gefolge. So in diesem Zug zogen wir von der Back kommend bei der Annäherung der geheimnisvollen Linie hin nach dem Achterdeck, wo der Kapitän und die Offiziere schon bereitstanden, Neptun und Gefolge würdig zu empfangen. Nachdem der Adjutant die große Begrüßungsrede gehalten hatte und der Kapitän Neptun als alten Bekannten herzlich willkommen hieß, wurde den Täuflingen durch das große Fernrohr die Linie gezeigt. Im Anschluss wurden sie der Mannschaft zur Taufe übergeben. Die Täuflinge wurden mit Kienruß und Fett im Gesicht und am Körper tüchtig beschmiert und dann rasiert. Als diese Behandlung ihr Ende erreicht hatte, zogen wir wieder mit voller Musik zur Back, von wo Neptun mit seinem Stabe uns glückliche Reise wünschend auf Wiedersehen über den Bug in den blauen Fluten verschwand. Am Abend auf der Hundewache zwischen sechs und acht Uhr versammelte sich die Mannschaft auf dem Vorderdeck zu frohem Scherz und gutem Wein, bei Musik tanzte Janmaat dann von einer Reling zur anderen. – Seemannsleben!

Ziemlich kräftig setzte nun der Südost-Passat ein. Das gemütliche »Vor-dem-Wind-Segeln« hatte aufgehört. Mit scharf angebrassten Steuerbordrahen, mit allen Stagsegeln und »Skysails« im Topp, durchschnitt die INDUSTRIE jetzt mit brausender Fahrt mit elf bis zwölf Knoten den Südatlantik. Um nach Australien segeln zu können, mussten wir jetzt bis auf 45° S heruntersegeln, damit dort, wo stürmische, westliche Winde herrschten, die Ostlänge bis Australien verhältnismäßig schnell durchsegelt werden konnte. Es wurde nun auch bald kalt, und bei stürmischem Westwind, bei Schnee und Hagel steigerte sich der Wind bis zum Orkan, dazu die haushohen Wellen bis zu 15 m Höhe. Das tief beladene Schiff war fortwährend von Wasser überflutet. Besonders gefährlich war es nachts, weil man dann die hier treibenden, gewaltigen Eisberge nicht sehen kann.

In einer solchen finsteren Sturmnacht, in welcher das Schiff von zwei Mann gesteuert werden musste, sprang die Ruderpinne aus den Schienen und klemmte sich fest, so dass das gewaltig überflutete Schiff steuerlos wurde. Wer jemals in einer solchen Lage gewesen ist, der weiß, wie nahe er dem Tode gestanden hat, und dass das Schiff nur durch einen günstigen Zufall vor dem Untergang bewahrt werden konnte. Wir lenzten bei Orkanstärke vor beiden Untermarssegeln und voller Fock. Das Deck wurde von beiden Seiten durch die schweren Brecher überflutet. Da, auf einmal lief das Ruder fest und das Schiff drehte mit vierkant gebrassten Rahen in den Wind. Die gewaltigen, sich überschlagenden Seen und Wellenberge brachen von allen Seiten über das wehrlose Schiff, rasierten die Relings glatt weg sowie alle Decksgegenstände. Die Marssegel und Fock flogen in Fetzen von den Rahen, Vorbramstenge mit dem Klüverbaum stürzten über Bord und die schweren Hölzer rammten gegen die Bordwände, jeden Augenblick musste man erwarten, dass das Schiff leckschlug. Wir, die wir die Wache hatten, flüchteten auf das Achterdeck und banden uns mit Leinen fest. Die andere Wache war natürlich an Deck gestürzt, konnte aber nur auf dem Vorderschiff arbeiten. Zunächst versuchten wir die Rahen einzuholen. Das gelang erst nach langen, schweren Anstrengungen, da die Brassen mittschiffs befestigt waren und hier die Reling bis auf wenige Meter weggeschlagen war und dadurch die See ungehindert das Deck überflutete. Es wurde dann eine lange Leine vom Bug über Bord gefiert, um dadurch das Schiff mit dem Kopf gegen die See zu halten. Die Luv-Klosetts wurden mit ölgefülltem Werg gestopft, damit das nun beständig aussickernde Öl die sich überschlagenden Wellenberge beruhigen und glätten sollte. Tapfer wehrte sich das Schiff, und nachdem noch der Sturmbesan gesetzt wurde, konnten wir darangehen, die Spieren vom Schiff zu befreien. In der stockfinsteren Nacht war dies eine ungeheuer schwere Arbeit.

Danach versammelten wir uns auf dem Achterdeck und mussten leider feststellen, dass ein Matrose fehlte. Er war wahrscheinlich gleich beim Herauskommen aus dem Logis von der See über Bord geschlagen worden. Der Zimmermann, der Schlosser und der Bootsmann waren nun damit beschäftigt, das schwere Rudergeschirr wieder betriebsfertig zu machen. Mit Pottschrauben und Daumenkraft gelang es endlich nach vierstündiger schwerer Arbeit, als schon der Morgen graute, das schwere Ruder wieder in die Gleitschiene zu heben, und gegen acht Uhr versuchten wir das Schiff wieder vor den Wind zu bringen. Um die Steuerung zu erleichtern und um die von hinten auflaufenden, sich überschlagenden Seen zu dämpfen, fierten wir an Backbord und Steuerbord je eine lange Trosse achteraus. Das Schiff segelte nun vor Großuntermarssegel vor dem Winde und schleppte die Trossen hinter sich her. Diese Maßnahme hat sich gut bewährt und wir haben, solange wir die Trossen hinterherschleppten, keine Brecher mehr über das Achterdeck bekommen.

Um das Schiff nun wieder segelfähig zu machen, steuerten wir in nördlichere Breiten, weil es hier auf ca. 40° S wetter- und seefreundlicher wurde. Mit fieberhafter Tätigkeit arbeiteten Zimmermann und Schlosser daran, einen neuen Klüverbaum aus einer Reservespier anzufertigen. Nach achttägiger Zimmerei gingen wir daran, den Klüverbaum wieder auszubringen. Welche Schwierigkeiten sich hier ergaben, in der hohen See, beim schwer arbeitenden Schiff, haben wir zur Genüge kennengelernt. Manchmal tauchten die Leute, die am Stampfstock die Stagen anbrachten, mit in die salzige Flut, doch die Arbeit musste fertig gemacht werden, und das auf jeden Fall.

Nachdem Bramstenge und Klüverbaum aus- und aufgebracht worden waren, nahmen wir den Kampf mit Sturm und See wieder auf. Wir näherten uns allmählich dem australischen Festland, dem Südwestkap Leeuwin. Wind und See wurden etwas handlicher, jedoch blieb es sehr stürmisch, bis eines Tages Kap Otway, von riesigen Wellen umbrandet, am Horizont auftauchte. Am nächsten Morgen erhielten wir bei King Island einen Lotsen und steuerten mit gerefften Marssegeln zwischen hohen Felsen durch die Enge, mit zwei Mann am Ruder, bei Port Philipp vorbei in die geräumige Bai von Melbourne in ruhiges Wasser. Die Reise hatte 92 Tage gedauert, einen Mann hatten wir verloren und das Schiff sah sehr mitgenommen aus. Nach etwa vierstündiger Segelfahrt erreichten wir Sandridge Bieren und ankerten ganz in der Nähe derselben. Wir freuten uns, den sicheren Hafen nach unendlichen Mühen und Gefahren erreicht zu haben. Die helle Frühlingssonne und die so lang entbehrte Wärme brachte uns bald wieder in fröhliche Stimmung, und dann kamen die Briefe aus der Heimat. Gottlob, alles wohl.

Jetzt waren wir im zuletzt entdeckten Erdteil, in Australien. Beim Segelabschlagen, in luftiger Höhe, konnte ich das Land weithin übersehen. Ganz in der Nähe war weiter nichts als Sandwüste. Aus dem zusammengewehten Sand ragten die Dächer von kleinen Häusern hervor, geradeso wie bei uns aus dem Schnee. In der Ferne erblickte man das Häusermeer mit den vielen Spitzen und Türmen der schönen Stadt Melbourne. Bäume traten wenig in Erscheinung. Die ganze Strecke von Sandridge bis Melbourne schien mit kleinen niedrigen Holzhäusern bebaut zu sein. Nahe der Pier an einer Straße konnte man in großen Buchstaben lesen: »Old England Clever Hotel«, ein einstöckiges Holzhaus, grau angestrichen. Dass diese Holzbude später eine meiner Vergnügungsstätten werden sollte, konnte ich allerdings nicht ahnen. Die sehr hübsche Wirtstochter, »the little Nelly«, meines Freundes, eines Schweizers, »Sweetheart«, zog uns immer mächtig dorthin, und am Sonntag ließ Nelly uns durch die Hintertür herein. An der anderen Seite der Melbourne-Bai, Sandridge gegenüber, lag die Stadt Williamstown. Ein kleiner Fluss, der bis nach Melbourne lief, die Yarra, trennte uns von dieser Stadt, damals noch nicht tief genug für Seeschiffe. Warf man den Blick seewärts, verschwanden bald die flachen Ufer ins Meer. Die Pieren waren fast besetzt. Große englische Auswanderer-Klipper-Schiffe löschten ihre Waren. Die Auswanderer waren mit großen Hoffnungen gelandet und, Gott weiß, in welche Goldgruben geeilt, um schnell reich zu werden. Es herrschte damals noch sehr das Goldfieber, und Ballarat zog noch Tausende dorthin.

Nachdem das Schiff nun löschbereit war, verholten wir an die Eisenbahnpier von Sandridge. Es hatten sich dort viele Zuschauer eingefunden, um das große deutsche Schiff zu sehen, denn die INDUSTRIE war das erste große, eiserne Schiff, das den Engländern Konkurrenz machte. Wir hatten über 2.000 t Ladung gebracht und waren schneller gefahren als die meisten englischen Klipperschiffe. Als ich die Pier betrat, um Leinen festzumachen, traten mehrere Engländer an mich heran und fragten: »How many days did you have?« – »92 days!« – »By jove, she is a fast sailing vessel, where was she built?« – »In Germany«, antwortete ich stolz. Darauf großes Erstaunen, das hatten sie nicht für möglich gehalten, dass in Deutschland solche eisernen Schnellsegler gebaut werden konnten, das war nach ihrer Meinung nur in England möglich. Bald war durch eine »Gangway« die Verbindung mit dem Lande hergestellt und sofort füllte sich das Deck mit Menschen. Auch viele Damen waren darunter, und alle fragten uns über England und die stürmische Reise aus, denn die Spuren der Sturzseen waren noch sehr vorhanden. Das Deck war von der beständigen Überflutung schneeweiß gewaschen und die Reling an beiden Seiten fortgeschlagen. So lagen wir nun hier vertäut, mit einigen Wochen Unterbrechung, etwa fünf Monate. Es ist dies für mich der längste Aufenthalt mit einem Schiff in einem Hafen gewesen, den ich erlebt habe, und es waren auch mit die schönsten Tage meiner Jugendzeit. Vom Frühling ging es in den Sommer.

Am anderen Tage wurde mit dem Löschen begonnen. Dies wurde durch die »Trade Union« besorgt. Doch ging es recht langsam, denn damals gab es noch keine Dampfkräne dort, und die schweren vierhundert Klaviere mussten vorsichtig auf die Eisenbahnwaggons verladen werden. Heute, am Sonnabend, arbeitete man nicht länger als bis zwei Uhr. Wir wuschen dann das Deck und machten alles für den Sonntag sauber, das Messing blitzte im Sonnenschein. »Saturday night.« Am Vergnügungsabend der Engländer gingen wir alle an Land. Zunächst gingen wir in eine Hafenkneipe, dessen Inhaber, ein hübscher, biederer Deutscher aus Holstein, mit einer üppigen rothaarigen Irländerin mit pockennarbigem Gesicht verheiratet war. Im sogenannten kleinen »Parlor« stand ein altes, verstimmtes Klavier, auf dem jemand einen englischen Stepp spielte. Das erste Glas Bier auf australischem Boden riss ein großes Loch in unseren Geldbeutel. Jedes kleine Glas Bier aus minderwertigem Gerstenbräu kostete einen Sixpence, ein Whisky etwa das Doppelte. Es wurde uns klar, dass wir es bei diesen Preisen nicht lange aushalten würden, und so wanderten wir bald weiter auf der langen Straße nach Melbourne zu.

Es war ein wundervoller, sehr warmer Frühlingsabend. Das Schlendern durch die endlos breiten, mit niedrigen Holzhäusern eingefassten Straßen wirkte auf uns langweilig. Bis Melbourne war es noch eine weite Strecke, dahin wollten wir lieber vielleicht am Sonntag mit dem Zug fahren. So machten wir kehrt und waren gegen elf Uhr wieder an Bord. Wider Erwarten waren hier schon viele Deutsche versammelt und es ging lustig zu. Da war es nur zu begreiflich, dass wir zur Musik übergingen. Der Tanz begann und manches deutsche Mädchen tanzte wieder nach echter deutscher Musik Walzer und Rheinländer. Mitternacht war längst vorüber, als Ruhe im Schiff eintrat.

Hell und goldig bestrahlte die Sonne unseren ersten Sonntag in Australien. Um sechs Uhr morgens weckte uns schon ein Konzert eines neben uns liegenden Vergnügungsdampfers, der seine Ausflügler nach Queens Cliff bei Port Philipp bringen wollte. Der blaue Himmel, die leicht gekräuselte See im Sonnenglanz der weiten Melbourne-Bai erhöhte die Stimmung außerordentlich. Wir standen alle an der Reling und genossen dieses schöne Bild bei guter Musik. »Ja«, sagte Fritz Bass, »egentlick mussen wi ok mal use Instrumente herkriegen, um een beten upptospeelen, dat giwt Leben!« Und so stimmten wir unsere Geigen mit der Harmonika, um dann am Vormittag noch einige Tänze zu spielen. Gegen zehn Uhr füllte sich das geräumige Deck mit tanzlustigen jungen Männern und Mädchen. Obgleich am Sonntag alle Wirtshäuser geschlossen waren und kein Tanz stattfinden durfte, hier bei uns war es erlaubt oder man nahm sich die Freiheit. Auch wollte man das Volk nicht in seinem Vergnügen stören, das war wirklich »sweet liberty« im Unterschied zu den USA. Das Gedränge über die Gangway wurde so stark, dass ein Wachmann uns sagte: »Look here boys, you have to draw a net under your gangway!« Das war uns etwas ganz Neues, doch fanden wir es sehr praktisch in Anbetracht des starken Verkehrs. Aus großen Tauen wurde jetzt ein großes, weitmaschiges Netz angefertigt und unter den Laufsteg gespannt. So konnte bei eventuellem Brechen des Steges keiner ins Wasser fallen. Um halb eins ließen wir eine Mittagspause eintreten und stärkten uns beim ersten australischen Hammelbraten, neuen Kartoffeln und Kohl in fröhlicher Stimmung. Hatten wir nun angenommen, dass das Deck sich etwas entleeren würde, so mussten wir entdecken, dass sich sogar das Achterdeck immer mehr mit fein geputzten Mädchen in heller Sommerkleidung und auch Herren füllte. Das ganze Schiff machte den Eindruck eines ausfahrenden Auswandererschiffes, stolz wehten von allen Toppen die Flaggen und von der Gaffel des Kreuzmastes die stolzen Farben »Schwarz-Weiß-Rot«. Man fühlte sich hochbefriedigt und geehrt, ein Deutscher zu sein! Die voll besetzten Züge brachten immer mehr Ausflügler von Melbourne herunter, um die frische Seeluft zu genießen. Die Pieren von Sandridge waren gedrängt voll von sonntäglich angezogenen Menschen. Es war nun ja natürlich, dass die meisten dorthin wanderten, von wo fröhliche Musik erscholl und die Paare sich im Tanze drehten. So befanden sich am Nachmittag nach unserer Schätzung ungefähr zweihundert Personen an Bord, so dass Kapitän Kirchhoff und die Offiziere ganz ängstlich dies Gewühl überwachten. Fritz Bass, ein Matrose, der sehr gut Harmonika spielte, ein deutscher Musiker, Kriese, ein Schiffsjunge und ich sowie ein Triangel gaben der

Tanzmusik den richtigen Schwung, bei der sich fast immer 30 bis 40 Paare im Tanze drehten, ohne zu ermüden. In den Pausen wurden wir Musiker meist von hübschen australischen Mädchen umstanden, wobei sich eine näher heranschob als die andere, so dass wir manchmal genötigt waren zu sagen: »please, will you be so kind to stand off a little«, um nachher weiterspielen zu können. Als wir gerade einen flotten Rheinländer spielten und alle Paare sich drehten, erscholl von der Gangway her ein Geschrei. Der Landungssteg war gebrochen, es sollen 28 Personen darauf gestanden haben. Drei Männer fielen übers Netz hinweg ins Wasser, drei Damen ins Netz, mit ihren Beinen im Netz so lange gefangen gehalten, bis sie von unserer Mannschaft daraus befreit wurden. Von diesen Vorgängen hörten wir erst Näheres auf unserem Tanzplatz, als die Verbindung mit Land längst wiederhergestellt worden war. Doch tat dies der Freude am Tanz und der Musik keinen Abbruch. Bis spät in die Nacht hinein, mit nur einer Unterbrechung während des Abendbrotes, spielten wir zum Tanz, und um zwölf Uhr, als das Deck schon von allen Ausflüglern verlassen war, tanzten im geräumigen Logis die hübschen Töchter von Vater Briese noch, dessen Sohn von Adelaide herübergekommen war, wo er am dortigen Stadttheater Cello spielte. Endlich verließen uns auch die letzten Tänzer und nun war endlich Ruhe im Schiff. Vom wolkenlosen Himmel strahlten die Sterne ruhig zu uns hernieder und leise plätscherten die Wellen an der Schiffswand. Der erste Sonntag in Australien war vorüber, wir gingen in die Koje und schliefen, bis uns die aufgehende Sonne wieder zur Arbeit rief.

Drei Jahre waren verflossen, seit ich in Neuseeland gewesen war, und nun war ich Lizzy und den guten Farmersleuten ziemlich nahe gerückt. Ich schrieb an Lizzys Eltern einen Brief, in welchem ich ihnen meine Ankunft in Melbourne berichtete und dass ich mich sehr freuen würde, einen Brief von ihnen zu erhalten, da wir voraussichtlich bis Februar 1883 noch hier bleiben würden. Nach etwa vier Wochen erhielt ich von Lizzys Bruder Georg einen Brief, in welchem er von Lizzy und den Eltern viele Grüße bestellte und noch schrieb, dass sie die Zeit leidlich überstanden hätten, dass es den Eltern gut ginge und dass er, Georg, jetzt in Christchurch wäre, um Uhrmacher zu lernen. Die Farm in Addington, Canterbury, wurde weiter betrieben. Sehr gerne wäre ich mal hinübergefahren und hätte es auch ausgeführt, wenn ich das Geld dafür gehabt hätte. So blieb es nur ein frommer Wunsch.

Das Löschen unserer wertvollen Ladung nahm seinen normalen Verlauf. Unter den Gütern befanden sich viele Kisten mit Bier, Stout und Ale. So war es nicht verwunderlich, dass die im Raum arbeitenden Leute mancher Flasche den Hals brachen. Zuletzt waren die ganzen Zwischendecksbalken mit schön etikettierten, leeren Flaschen verziert, doch man konnte die Diebe nicht überführen. Sogar aus den verlöteten Blechkisten wurden Manufakturwaren entwendet und geschmuggelt. Wer diese gestohlenen Güter ersetzen musste, entzieht sich meiner Kenntnis. Jedenfalls war es für uns sehr unangenehm, wenn wir durch die fortwährenden Reklamationen bedrängt wurden. Ein Teil der Mannschaft wurde nun zur Verhütung dieser Diebstähle in die Räume verteilt, doch wenn Janmaat eine Flasche Bier angeboten wurde, drückte er ein Auge zu und sagte: »Thank you.« Der andere Teil der Besatzung, wozu auch ich gehörte, hatte in luftiger Höhe in der Takelage die Blöcke auf Lauffähigkeit zu überholen. Wenn man so tagelang bei dieser leichten Arbeit in sonniger Luft vom Winde umsäuselt wird, bekommt man einen ausgezeichneten Appetit und erholt sich ganz prächtig.

An den meisten Tagen brannte jetzt die Sonne aus wolkenlosem Himmel auf uns hernieder, so dass wir gern den Schatten aufsuchten, doch die Abende waren herrlich kühl und der starke Wind, der am Tage geherrscht hatte, war ganz eingeschlafen, auch die lästigen Fliegen waren zur Ruhe gegangen. Nie habe ich so viele Fliegen die Menschen belästigen gesehen, man konnte kaum einen Bissen genießen, ohne Fliegen mit zu verschlucken. Sogar auf der Suppe schwammen sie, und aus dem Bier musste man auch immer einige herausfischen. An solchen schönen Abenden gingen wir meistens an Land, wanderten in den Straßen umher oder genossen den schönen Seestrand, an dem die Wellen leise plätscherten. Kamen wir dann wieder an Bord zurück, so fanden wir immer Gäste vor, die stets zum Tanz bereit waren und erst gegen Mitternacht das Schiff verließen. Durch einen Diätfehler hatte ich mir starke Magenkrämpfe zugezogen, so musste ich manchmal von der Koje aus dem lustigen Tanz zuschauen.

Viele musikliebende Freunde hatte ich jetzt schon kennengelernt, Damen und Herren, und wurde häufig von besseren Kreisen zu kleinen Festen eingeladen. An einem Abend, als ich mich schon früh zur Ruhe begeben hatte, erschien mein Freund, der Schweizer, mit der Geige und Noten unterm Arm vor meiner Koje und bat mich dringend, an einer Geburtstagsfeier teilzunehmen. Mir war eigentlich gar nicht danach zumute, doch nach wiederholtem Bitten stand ich auf. Man hatte für mich Rum besorgt, um mich von meinen Magenkrämpfen zu befreien, und ich fühlte wirklich eine Linderung, nachdem ich einen kräftigen Schluck heruntergewürgt hatte. Im Laufe des Abends fühlte ich mich schon wohler und die Schmerzen waren seitdem behoben. Ich habe nie wieder Magenkrämpfe in solchem Ausmaß empfunden. Bei dieser Geburtstagsfeier in einer deutschen Familie ging es lustig her. Der junge Ehemann war mit seiner jungen Frau, einer Afrikanerin, von Kapstadt nach hier eingewandert. Unter anderem zeigten mir die liebenswürdigen Gastgeber einen großen Edelstein in Daumengröße, den der Mann, der in den Diamantgruben von Kimberly tätig gewesen war, mitgebracht hatte. Leider war er mehrfach geborsten und hatte dadurch seinen ungeheuren Wert verloren. Mitternacht war längst vorüber, als mein Spielgenosse und ich an Bord zurückwankten.

Die Einladungen wurden jetzt immer häufiger, so dass ich mich wirklich freute, einmal früh in meine Koje schlüpfen zu können. Ich zog die Gardinen vor und schlief bald ein, trotz der lauten Unterhaltung der immer anwesenden Gäste. Häufig holte mich auch mein Schweizer Freund ab. Zuerst landeten wir natürlich immer im »Old English Eleven Hotel«, wo wir dann mit unserer kleinen, reizenden Nelly im Parlor saßen, der Himmel hing voller Geigen. Manchmal, wenn der Wachmann hereingerufen hatte: »Shut the door!«, setzte Nelly sich ans Klavier und wir begleiteten sie mit unseren Geigen. Es wurde aus Liebe gespielt, bis mein lieber Freund den Abschiedskuss erhielt und jeder sein Heim aufsuchte. An anderen Abenden oder sonntags fuhren wir zusammen mit der Bahn nach St. Kilda, wo zwei bekannte junge Mädchen wohnten, die sehr musikalisch waren und uns immer wieder einluden. Dort spielten wir bei Kaffee und Kuchen, sehr in das Spiel vertieft, denn wir kauften uns viele Noten und waren auch schließlich sehr gut eingespielt. So vergingen die schönen Jugendtage in froher Stimmung bei Musik, Tanz und Ausflügen mit den reizenden Australierinnen.

Jetzt nahte der Sommer und damit auch die Weihnachtszeit bei fast 40° C Hitze. Am Weihnachtstage lagen wir noch an der Railway-Pier in Sandridge. Die Ladung hatte den gewaltigen Schiffsraum immer noch nicht ganz verlassen. Die Güter wurden direkt in Eisenbahnwagen verladen und nach Melbourne gebracht. Da die Arbeitszeit nur siebeneinhalb Stunden betrug, verzögerte sich die Löschung ganz erheblich. Am Festtag hatten wir sehr schönes Wetter. Schon am frühen Morgen brannte die Sonne aus wolkenlosem Himmel bei einer Temperatur von ca. 35° C auf uns herab. Bei einer solchen Hitze kann natürlich keine Weihnachtsstimmung in unserem Sinne aufkommen. Dazu gehören nun mal Kälte und Schneeflockenwirbel. Allerdings konnten wir uns mit Schneebällen bewerfen, denn ganz in unserer Nähe lag ein deutscher Dampfer, EUROPA, der gefrorene Hammel nach London bringen sollte. Dazu waren im Dampfer große Gefriermaschinen eingebaut und von denen erhielten wir eimerweise Schnee, mittels welchem dann die Schneeballschlacht an der Pier vor sich ging, bei der Hitze eine wundervolle Abkühlung.

Wir hatten nun mit 14 Mann beschlossen, am ersten Festtag ein Picknick zu machen und wollten uns dann morgens früh bei Georg mit der pockennarbigen irischen Frau in dessen Lokal einfinden, von wo aus der Ausflug mittels der Bahn über Melbourne nach St. Kilda vor sich gehen sollte. Bier und Proviant wurden von Georg geliefert und mit seinem Fuhrwerk zur Bahn gebracht, jeder bezahlte seinen Teil. Unter Gesang und unter den Farben »Schwarz-Weiß-Rot«, die vorangetragen wurden, zogen wir durch Sandridge zum Bahnhof. Keiner störte uns hieran, und beim Publikum waren wir schon seit langem als die vergnügte Besatzung bekannt, vom »German Ship« INDUSTRIE. In Melbourne musste umgestiegen werden. Wieder zogen wir durch die Stadt und deutsche Lieder schallten durch die Straßen. Auch hier hinderte uns kein Wachmann, und die vielen festlich gekleideten Menschen freuten sich über unseren Humor. Wir fuhren dann weiter nach St. Kilda, dem berühmten Ausflugsort, den wir nach dreiviertelstündiger Fahrt erreichten. Der Proviant wurde ausgeladen und per Fuhrwerk nach dem nahen australischen Wald, der wenig Schatten spendete, weil die Bäume 5 bis 10 m auseinander standen, gefahren, wir alle hinterher. Die Sonne brannte schon heiß herab und wir freuten uns, als wir die staubige Landstraße verlassen konnten, um ein schönes Plätzchen im Eukalyptuswald zu erreichen. An einem kleinen Bache ließen wir uns zum ersten Frühstück nieder. Der vielen Moskitos wegen waren wir genötigt, ein kleines Feuer zu entfachen, um durch den Rauch diese Plagegeister von uns abzuwehren. Gemütlich war das Frühstück nicht, denn häufig fingen wir an zu weinen, wenn der scharfe Rauch uns ins Gesicht getrieben wurde, doch wir verzehrten das Frühstück mit süßsaurer Miene und tranken Bier dazu, in dem noch die Hopfenblätter schwammen. Mittlerweile wurde es im Wald lebhafter. Viele Ausflügler zogen an uns vorüber, vielleicht zu besseren Plätzen als dem unsrigen. Kurzentschlossen luden wir Bier und Proviant wieder auf den Wagen und schlossen uns einer Gesellschaft unter Gesang und wehender Flagge an. Die Gesellschaft machte an einer schattigen, moskitofreien Stelle halt, wir luden wieder ab, tranken Bier mit Hopfenblättern, und bald waren wir mit den Damen und Herren in eine ausgelassene Unterhaltung verwickelt. Das Topfschlagen fand allgemeinen Beifall, Damen und Herren, Jung und Alt beteiligten sich daran. Nach vielem Biertrinken, Späßen und Reden war das Bier ausgetrunken, der Höhepunkt war überschritten und wir rüsteten zur Heimkehr. Unter Gesang, die Fahne voran, zogen wir wieder zum Bahnhof, von wo aus unser Zug gegen zehn Uhr wieder in Melbourne landete. Weil an diesem Abend keine Bahnverbindung mit Sandridge bestand, mussten wir diese Strecke per Wagen zurücklegen. Um zwölf Uhr nachts kamen wir wieder in fröhlicher Stimmung an Bord zurück, froh mit Deutschen im fernen Australien, bei herrlichstem heißen Sonnenschein, einen festlichen Weihnachtsausflug gemacht zu haben.

Nach einer Woche war das Schiff endlich mit der Löschung fertig. Wir verholten das Schiff nun nach einer anderen Pier, um es dort klarzumachen für eine Wollladung nach London. Als an einem sehr heißen, trockenen Sonntag die Feuerwehr nach Sydney ausgefahren war, brach in einer Straße in Sandridge Feuer aus. Wir eilten mit der gesamten Besatzung zur Brandstelle, um eventuell Hilfe zu leisten. Da die Häuser alle leicht aus Holz gebaut waren, griff das Feuer rasch um sich. Die fehlende Feuerwehr, die wenigen Spritzen, die nur schwer Wasser gaben, dazu der trockene Wind begünstigten das verheerende Feuer, so dass schon eine ganze Straße niedergebrannt war. Bald brannte auch die nächste Straße und überall standen die geretteten Möbel und Hausgeräte auf den Straßen umher. »Old England's Eleven Hotel« drohte schon Feuer zu fangen, als die Besatzung eines im Hafen liegenden französischen Schiffes, eines Kriegsschiffes, energisch mit eingriff. Mit Äxten und Brecheisen wurden die hölzernen Häuser vom Boden gelöst. Wir hatten vom Schiff eine 120 m lange Leine, eine dicke Trosse geholt, diese spannten wir um das Hotel, und als dann zweihundert Menschen daran zogen, ging »Old England Eleven« mit Hurra auf die sehr breite Straße, es waren alle Möbel, sogar das Klavier stehen geblieben. Das Haus war ja verloren, etwas schief sah es aus, aber es war heil geblieben, bis auf die Fensterscheiben. Auf diese Art wurden noch mehr Häuser aus den Reihen gerissen und dadurch konnte das Feuer nicht weiter um sich greifen. Gegen Abend, als der Wind abnahm, sah man, dass die ganzen Straßen zerstört waren. Ungeheurer Rauch zog über unser Schiff und drohte uns im Logis unangenehm zu werden. In einer langen Reihe hintereinander, jeder mit ein paar Buchten dieser Trosse auf dem Buckel, pilgerten wir wieder müde und traurig an Bord zurück. Sie hatte ihren Dienst getan, aber armes »Old England Eleven Hotel«, arme kleine Nelly!

Die INDUSTRIE war nun fertig zum Laden. Die Wolle, in Ballen gepresst, kam nur langsam heran. Sie wurde von Stauern gestaut, und mittels Daumenkraft-Schrauben wurden die Lücken zwischen den Ballen vergrößert, um den Raum besser auszunutzen.

Da innerhalb von 14 Tagen überhaupt keine Wolle angeliefert wurde, entschloss sich der Kapitän, das Schiff so lange auf der Reede zu verankern, bis größere Partien eingetroffen waren. Noch am letzten Tage am Pier desertierten fünf Matrosen, der Koch und mein Musikfreund, der Junge aus Dresden. Obgleich wir diese Leute nicht entbehrten, ließ Kapitän Kirchhoff sie doch wieder suchen. Nach acht Tagen kam mein »Freund mit der Violine«, durch einen Wachmann begleitet, wieder zurück. Er hatte in einem Hotel in St. Kilda als Aufwäscher eine Stelle für fünf Schilling täglich gehabt. Die anderen Leute blieben verschwunden. Als ich im Jahr 1886 wieder in Melbourne war, traf ich den Koch wieder. Er war inzwischen Leichterführer und hatte sich auf Abzahlung ein eigenes Haus gekauft. Auf der Reede wurde es für uns nun recht langweilig. Wir verrichteten leichte Schiffsarbeiten und machten Matten aus Segeltuch und Manilahanf.

Eines Abends halfen wir einem großen »Amerikaner« unter Segel zu gehen. Nachdem wir ein prächtiges warmes Abendbrot erhalten hatten, hievten wir 15 Mann die schweren Anker, um darauf unter amerikanischem Gesang die weißen Baumwollsegel zu setzen: »Blow, boys blow, for California, there is plenty of gold, as I've been told, in the banks of Sacramento!« Das Schiff drehte jetzt seewärts ab, wir bestiegen schnell unser Boot und schwenkten die

Mützen zum letzten Gruß: »Good bye, happy voyage!«, und unter vollen Segeln entfernte sich das schöne Schiff und zog durch die glitzernden, von der goldenen Abendsonne bestrahlten Fluten, seinem fernen Ziele entgegen.

In den nächsten Tagen unserer Liegezeit auf der Reede hatten wir die Außenhaut des Schiffes zu reinigen von Dornen und Langhalsen, gleichfalls unter der Wasserlinie, soweit es möglich war. Dann wurde die Außenhaut mit heißem Talg und Mennige bestrichen, um das Ansetzen von Dornen und Langhalsen zu verhindern, die das Schiff in seiner Fahrt erheblich hindern. Die großen englischen Klipperschiffe gehen vor ihrer Abfahrt mit der vollen Ladung Wolle ins Dock in Williamstown, um hier noch einen frischen Talganstrich zu bekommen, so werden die dort entstandenen Kosten durch eine schnellere Reise wieder ausgeglichen. Der Hammeltalg war hier sehr billig, deshalb nahmen wir für den Schiffsgebrauch einen Posten mit. Angenehm auf der hiesigen Reede war die schöne, frische Seebrise, so dass wir die enorme trockene Hitze nicht so empfanden wie an der Pier, doch sehnten wir uns trotzdem zur Eisenbahn-Pier zurück. Mitte Januar verholte die INDUSTRIE wieder an die »Railway-Pier« und nun begann sich der große Raum allmählich mit Wolle zu füllen. Allerdings ging das Verstauen der ca. 200 kg schweren Ballen nur langsam vonstatten, weil die Ballen fest zusammengeschraubt werden mussten, um durch die Pressung mehr Ladung ins Schiff bekommen zu können und man dadurch mehr Fracht erzielt.

Ich freute mich, meine alten Bekannten wieder begrüßen zu können, besonders alle meine Musikfreunde. Sie stellten sich bald wieder ein und Spiel und Tanz begann von neuem. Nur Fritz Bass fehlte, der war Farmer geworden, wie ich später hörte. An schönen Sonntagnachmittagen war jetzt das Schiff wieder mit freudig gestimmten Menschen besetzt, Jung und Alt erfreuten sich an Tanz und Musik. An freien Abenden besuchte ich dann mit meinem Schweizer Freund unsere arme kleine Nelly und trösteten sie, doch bald spielten wir wieder zusammen, in »remembering of Old England Eleven Hotel«.

An einem Sonntag verabredeten wir uns zum großen Melbourner Pferderennen. Mit einer Gesellschaft, Damen und Herren, lagerten wir auf einer Anhöhe, von der aus wir das ganze Rennen übersehen konnten. Scherzeshalber wetteten wir auf ein Pferd namens »Blue Sheet Anchor«. Tatsächlich kam ein Gewinn dabei heraus, so dass jeder zehn Schilling erhielt. In einem nahen Hotel verzehrten wir dann die zehn Schilling, die ja nie bar ausgezahlt wurden, doch wir saßen hier im Schatten und verspürten die starke Hitze nicht so sehr. Am Abend landeten wir wieder an Bord, und bei Spiel und Tanz wurde dieser Renntag, das Pferderennen, Melbournes größtes Fest, beschlossen. Manchmal fuhren wir nach Melbourne hinauf und schlenderten dann sonntagmorgens durch den schönen Park. An vielen Stellen und schattigen Plätzen redeten die »Prayers« überzeugend auf ihre Anhänger ein. Auch die »Salvation Army«, die Heilsarmee, war vertreten, sie hatte die meisten Zuhörer um sich versammelt; es wurde auch über Politik im sozialdemokratischen Sinne gesprochen. Ich konnte diesem Treiben keinen Geschmack abgewinnen, doch meine Freunde meinten, dies wären englische Sitten und wären auch hier in Australien eingeführt.

Da ich fortwährend im Fahrwasser der Musik schwamm, wollte ich auch einmal ein australisches Theater kennenlernen. Nach Verabredung mit einigen Freunden besuchten wir ein Operettentheater, erstanden einen guten Sitzplatz für fünf Schilling und hörten uns die merkwürdige Operette »Jack Under the Boomstick« an. Es handelte von Seeoffizieren, die sich auf ihrer Reise in hübsche Mädchen verliebten. Es wurde gut gespielt und die Ausstattung war gut, doch als der Schlager einsetzte, schlug die voll besetzte Galerie mit ihren Füßen den Takt dazu »pretty cheeks, pretty lips, kiss, kiss, kiss!«. In England hatte ich schon mal dasselbe erlebt, aber dort kriegte der Wachmann die Taktschläger beim Kragen.

Vier Monate waren schon seit unserer Ankunft in Australien vergangen. Damals war es Frühling 1882 und jetzt näherte sich der Sommer 1882 seinem Ende zu. Eine schöne, interessante Jugendzeit im sonnigen Australien lag hinter mir, wir rüsteten jetzt zum Abschied. Viele liebe Freunde hatte ich mir erworben, fast keinen habe ich je wiedergesehen – Seemannslos! – andere Städtchen, andere Mädchen!

In keinem anderen Land der Erde wurde ich so gastfreundschaftlich und entgegenkommend aufgenommen, überall freundliche, liebevolle Menschen, kein Klassenhass, kein Neid. Allerdings befand sich damals Australien in schnellem Aufstieg. Große Goldfunde in Victoria, Ballarat etc. zogen Tausende von Einwanderern hierher. Der Verdienst war gut gegen unsere klägliche Gage, und jeder war zufrieden. Es war in damaliger Zeit ein glückliches Land. Da ich nun gerade beim Goldsuchen bin, will ich noch erzählen, dass ich dort im Museum einen nachgemachten Goldklumpen von der Größe eines Kinderkopfes gesehen habe, den man in Ballarat gefunden hatte. Ein Seemann, der die christliche Seefahrt an den Nagel hängen wollte, kaufte von einem Goldgräber, der ein Jahr lang gegraben und wenig Erfolg gehabt hatte, einen »Claim«. Er räumte eines Tages eine Fichte aus dem Wege und fand diesen enormen Goldklumpen unter der Wurzel. Er erhielt dafür 750.000 Mark und wanderte nun glücklich wieder in die Heimat.

Unser Schiff war nun ganz voll mit Wolle gepresst, sogar die Kajüte wurde noch mit Ballen gewaschener Wolle vollgestaut. Trotzdem war die INDUSTRIE leicht beladen und dadurch außerordentlich segelfähig. Den letzten Sonntag in Melbourne benutzte ich dazu, um mit der Kabelbahn durch die City zu fahren. Die Straßen haben eine bedeutende Breite und die prachtvollen Bauten in Collins Street und Bourke Street wirkten besonders imponierend. An schönen Parks fuhr ich vorbei, ferner an Museen, Parlamentsgebäude, Theatern, Banken und Clubs. Melbourne ist wohl die schönste Stadt auf der südlichen Erde und hatte damals etwa 480.000 Einwohner. Gegen Abend begab ich mich mit dem Schweizer zu unserer kleinen Nelly. Wir spielten bis gegen elf Uhr, dann nahm ich von beiden Abschied, uns gegenseitig viel Glück wünschend und eine gute Zukunft. Ich habe sie nie wiedergesehen.

An Bord wurde jetzt für die Ausfahrt stramm gearbeitet. Die desertierte Mannschaft wurde teilweise ersetzt, die neu angeheuerten Matrosen erhielten sieben Pfund monatliche Heuer. Darüber wurden wir fast neidisch, denn diese Leute verdienten in dreieinhalb Monaten so viel wie wir in neun Monaten. Der Proviant wurde auch ergänzt, von welchem hauptsächlich das Brot, das wie Biskuit schmeckte, und gleichfalls die richtige Naturbutter und der Käse als hervorragend erwähnt werden müssen. Dagegen war das Pökelfleisch später im Verlauf der Reise ungenießbar und wir mussten es teilweise schon bei Kap Hoorn über Bord werfen. Die schlechte Beschaffenheit dieses Fleisches ist wohl hauptsächlich dadurch zu erklären, dass das Fleisch bei der außerordentlich großen Hitze verarbeitet worden war. Die Wassertanks wurden für eine fünfmonatige Reise gefüllt. Endlich mussten wir auch von der Railway-Pier Abschied nehmen. Am Vorabend fand an Bord noch eine Abschiedsfeier statt, auf der jedoch eine richtig fröhliche Stimmung nicht aufkommen konnte, die Deutschen wären am liebsten mit uns gefahren. Besonders die jungen Mädchen mochten gern Deutschland kennenlernen, doch es musste geschieden werden, und gegen Mitternacht verließen alle das Schiff, und recht wehmütig gingen sie an Land.

Wir lagen nun auf der Reede, ziemlich weit von Land ab. Das Schiff musste ausklariert werden. Während dieser Zeit trafen wir die notwendigen Vorbereitungen zu einer sechswöchigen Sturmfahrt durch Eis und Schnee, denn wir hatten Kap Hoorn zu umsegeln und mussten zu dem Zwecke auf 55° bis 56° Südbreite heruntergehen. Es wurden die neuesten Segel angeschlagen, Royal und Skysail-Rahen an Deck genommen, da es für diese Segel in der Sturmregion keine Verwendung gab. Alle losen Gegenstände wurden unter Deck verstaut oder seefest gezurrt, die Luken mit dreifachen Persennigen seefest verschalkt und alle Schoten eingeschäkelt.

Am 22. Februar 1883 frühmorgens kam der Seelotse an Bord. Wir hievten die schweren Anker mittels der Dampfwinde, setzten die Rahsegel und langsam drehte sich das große Schiff mit dem Bug nach Süden, gegen Port Phillip, der Ausfahrt in See entgegen. Zum Abschiedsgruß senkten wir dreimal die deutsche Flagge, »Schwarz-Weiß-Rot«. – »Good bye, du schönes Melbourne, wann sehe ich dich wieder?« – Ich sah es wieder im Jahre 1886, damals ahnte ich es aber noch nicht.

Allmählich entschwand das Land unseren Blicken und bald musste Queenscliff bei Port Phillip in Sicht kommen. Wir passierten die Enge gegen Mittag und vor uns lag der unendliche Ozean, der uns in die Heimat tragen sollte. Der Lotse verließ jetzt das Schiff, die letzte Verbindung mit Australien war abgebrochen.

Unter vollen Segeln, bei steifer Brise aus West mit Kurs SSW, setzte der Bug unter dem Druck der Segel tief in die See. In der Nacht segelten wir unter der Küste von Tasmanien. Es wurde schon sehr kühl und das Winterzeug wurde hervorgeholt, obgleich doch Hochsommer war, aber der Süden ist kälter als der Norden. Der Wind frischte nun bedeutend auf, nachdem wir Tasmanien passiert hatten. Unser Kurs führte jetzt mit OSO an Steward Island, an Neuseeland vorbei. In der mächtigen SW-Dünung rollte das Schiff mitunter sehr stark, Bramsegel und Großsegel waren fest, die Rahen aufgeholt. Etmale von 240 sm waren keine Seltenheit, obgleich die Uhr innerhalb von 24 Stunden 16 Minuten vorgeschoben wurde. Man merkte dem Schiff die leichte und die saubere Außenhaut wohl an. Die Bewegungen des Schiffes waren leichter in der schweren See und schwere Brecher überfluteten nur mittschiffs das Deck. Nach acht Tagen befanden wir uns in der Nähe von Neuseeland, den guten Farmersleuten und Lizzy war ich wieder sehr nahe gekommen. Auf der einsamen Wache auf dem Ausguck zogen die schön verlebten Tage in Canterbury, Neuseeland, wieder an mir vorüber. Es war eine finstere, stürmische Nacht, und vielleicht träumten diese guten Menschen auch gerade von den Deutschen der DEUTSCHLAND, die vor drei Jahren bei ihnen gewesen waren.

Wir befanden uns jetzt auf 50° S und dem 180. Längengrad, gingen also von Ostlänge auf Westlänge über. Unser Kalender zeigte schon Dienstag an, während es auf Westlänge erst Montag war, so mussten wir, um einen Ausgleich zu schaffen, noch einmal einen Dienstag schreiben. Dabei bedauerten wir es nur sehr, dass nicht gerade ein Sonntag war, denn wir hätten doppelt feiern können. Der Kurs wurde nun rechtweisend Ost gehalten, Tag um Tag, Woche um Woche, immer der Sonne entgegen, sechs lange Wochen durch Sturm und Eis und Schnee, bis auf 56° 98' S Kap Hoorn umsegelt werden konnte. Manchmal waren Rahen, Masten und Segel nach den schweren Schneeböen in Schnee gehüllt, und wenn dann der Mond durch die Wolken brach, machte das Schiff einen gespensterhaften Eindruck. Der orkanartige Sturm heulte in den wie Saiten gespannten Wanten, Pardunen und Schoten. Es knatterte und knisterte an allen Ecken und Enden im Schiff. Wehe, wenn eine Schote aus Stahl und Eisen bricht, dann fliegen die Segel in Fetzen über die See. An solchen Tagen, an denen die gewaltig hohen Wellen hinter uns herbrausten, lief die INDUSTRIE nach der Logge 13 bis 14 sm in der Stunde über Grund, durch das Nachschieben der Seen noch mehr. Zwei Mann standen stets am Ruder, es erforderte eine große Aufmerksamkeit, das Schiff auf Kurs zu halten. Aus dem Grunde steuerten wir nach dem Spiritus-(Fluid-)Kompass, weil in der Flüssigkeit die Magnetnadel ruhiger arbeitet. Hier muss der Seemann gegen die Elemente kämpfen, muss Mut und Entschlossenheit zeigen, muss unter gespannter Aufmerksamkeit Tag und Nacht das Schiff in den aufgeregten Elementen beobachten, muss bei eintretenden Ereignissen sofort selbstständig handeln, ja, selbst der Mann am Ruder ist oft dazu gezwungen. Einer für alle, alle für einen, denn aller Leben hängt in diesen gewaltigen Stürmen davon ab, wenn das Schiff in diesen Stürmen versagt oder wenn die Luken einschlagen.

Nach dem heißen australischen Sommer empfanden wir die Kälte recht empfindlich. Lebhaft sehnten wir Kap Hoorn herbei, da wir dann wieder gegen Norden steuern konnten, zu milderen Breiten und schönem Wetter. Endlich, nach 42-tägiger Reise kam Kap Hoorn in Sicht. Bei SW-Sturm mit ca. zwölf Kilometer Fahrt umsegelten wir in zehn Seemeilen Abstand gegen Mittag das Kap, die berüchtigte Südspitze Südamerikas, und änderten den Kurs auf ONO, an den Staaten-Inseln vorbei, die wir am nächsten Morgen passierten. Der Wind stand auf SW fest und mit unverminderter Fahrt wurden am 6. April 1883 die Falkland-Inseln am Nachmittag passiert. Nun wurde der Kurs auf NO gesetzt. Bis auf 40° N hielt dieser günstige Sturm unverändert an, die Witterung wurde schon bedeutend milder, jedoch liefen die Wellenberge von Kap Hoorn immer noch in beträchtlicher Höhe und Stärke an uns vorbei und schoben uns mit nach Norden. Auf 36° S und 40° W nahmen Wind und Seegang bedeutend ab, die Sonne schien wieder warm, und nun wurden die Winterkleidung, Ölzeug und Seestiefel ordentlich getrocknet und verstaut. Wir befanden uns jetzt auf der Höhe von Montevideo und Buenos Aires. Die schweren Segel wurden gegen leichte ausgewechselt, Royal- und Skysegel wieder gesetzt, denn bald erwarteten wir den Südost-Passat, der uns in guter Fahrt bis zum Äquator führen sollte. Das Pökelfleisch, das wir in dem heißen australischen Sommer dort gekauft hatten, mussten wir über Bord werfen. Wir ernährten uns nun hauptsächlich von Dosenfleisch, hiervon gab es dann immer eine »Kabelgarnsuppe«, wie Janmaat diese Suppe nennt, doch außerdem hatten wir gutes Brot und auch noch Pökelspeck und entbehrten somit das zähe Ochsenfleisch nicht. Das Schiff wurde nun von hinten bis vorne an allen Ecken und Winkeln gereinigt und gemalt. Es waren jeden Tag 20 Mann mit Malarbeiten beschäftigt. Auch die Masten und Rahen wurden gestrichen, die Stengen in luftiger Höhe geschrappt und geölt, das stehende Gut gelabsalt.

Auf diese Weise hatten wir den Äquator ziemlich schnell auf 22° W erreicht und mussten hier die Malarbeiten unterbrechen. Veränderliche Winde, strömender Regen und die Mallung machten uns mit der schweren Takelage viel zu schaffen. Die schweren Rahen wurden Dutzende Male von Steuerbord nach Backbord gebrasst, Stagsegel aufgeheißt, Stagsegel niedergeholt.

Bei den starken Regenfällen füllten wir die Wasserfässer mit frischem Wasser, wir selber nahmen diese Frischwasserbäder gerne mit in Kauf, die monatealte Salzkruste auf der Haut wurde gründlich abgewaschen und unsere Wäsche erhielt wieder ein sauberes Aussehen.

Nachdem wir hier an der Linie etwa acht Tage herummanövriert hatten, setzte auf 2° N der Nordost-Passat ein. Mit hart angebrassten Backbord-Rahen, mit allen Rah- und Stagsegeln durchlief die INDUSTRIE jetzt den letzten Abschnitt ihrer Reise. Die Logge zeigte bis zu elf Seemeilen an in der Stunde, die Heimat zog uns mächtig, und wir freuten uns, bald wieder festes Land unter den Füßen zu haben. Jetzt konnten wir auch unsere Verschönerungsarbeiten wieder aufnehmen, obgleich hin und wieder einige Spritzer übers Deck flogen. Das Achterdeck konnte bald in altem Glanz erstrahlen. Da der Nordost-Passat ziemlich schral war und uns auf 28° N verließ, waren wir wieder auf 42° W gekommen, und setzten nun den Kurs nach dem Kanal an den Azoren vorbei auf NO. Mittlerweile war es Mai 1883 geworden. Es herrschte ein sommerliches Wetter. Bei mäßigen westlichen Winden führten wir nun die Leesegel, wodurch eine Fahrt von 13 bis 14 sm nie wieder erreicht wurde, die Logge zeigte immer nur sieben bis acht Seemeilen an. Wir wollten nun in 14 Tagen in London sein. Bei den Azoren schlief der Wind immer mehr ein, bis uns der östliche Wind auf 20° W zum Kreuzen zwang. Nie mehr haben wir diesen Wind so sehr verwünscht, so kurz vorm Ziel. In schöner, ruhiger See, bei klarem Himmel kreuzten wir hin und her, bald über Backbord, bald über Steuerbord, jede Chance ausnutzend, doch wir näherten uns damit kaum dem Kanal mehr. So malten wir unter Fluchen und Schimpfen auf den Wind auch das Vorschiff fertig und scheuerten die Holzdecke mit Sand und Stein fein weiß. Acht Tage hatten wir nun schon verloren und immer noch wollte der ersehnte Westwind nicht einsetzen. Ich wollte so gern am 25. Mai, meinem Geburtstag, zu Hause sein, doch die Aussichten dafür waren nun sehr gering.

Wir hatten uns so bis auf 10° W mühsam hingearbeitet, da setzte nördlicher Wind ein, der uns dann in den Kanal brachte. Die Feuer von Lizard kamen eines Abends in Sicht, wir waren nun schon 108 Tage unterwegs. Am nächsten Tag wurde Island Wight passiert und tags darauf Dungeness, wo wir signalisierten und unsere Ankunft anzeigten. Unter Dove erhielten wir einen London-Lotsen, und schon nahten auch die schweren »Tug-boats« mit zwei Schornsteinen und Radkästen, doch der Wind war westlich und wir konnten bis North Foreland Kurs liegen. Hier fasste uns der Schlepper an und so liefen wir in die Themse ein. Die Segel wurden festgemacht und alles vorbereitet, um das Schiff in den Docks zu vertäuen.

Das herrlich gelegene Greenwich zeigte sich im ersten Frühlingsschmuck. Was für eine abwechslungsvolle Reise hatten wir hinter uns! In 110 Tagen waren wir durch den Winter und Sommer und wieder in den Frühling gelaufen. Das frische Grün der Themse hob unsere Stimmung und am Gangspill sangen wir unsere Seemannslieder. Am Nachmittag erreichten wir London Docks und machten das Schiff an dem Kai fest. Ohne Unfall hatten wir England wieder erreicht. Die fremden Seeleute, die Engländer, wurden am folgenden Tag abgemustert, auch ich musste so bald wie möglich den nach Bremen fahrenden Dampfer benutzen, um den am 1. Juni beginnenden Kursus der Navigationsschule in Elsfleth nicht zu verpassen. Ich ließ meine Seekiste und den mit weißer Wolle vollgestopften »Bultsack« zu dem in der Nähe liegenden Lloyddampfer FALKE bringen. Dann nahm ich Abschied von den noch zurückgebliebenen Kameraden, von den Steuerleuten Frerichs und Holzapfel sowie von Kapitän

Kirchhoff und Frau, Letztere hatte uns schon in London erwartet. Ich war sehr sparsam gewesen und hatte etwa 800 Mark als Abrechnung erhalten. In froher Stimmung bestieg ich den Dampfer in die Heimat, und bei der Abfahrt schwenkte ich noch einmal meinen Hut. Ade, du schwere, raue Matrosenzeit!

65 Monate waren jetzt voll und die wurden zum Besuch der Seefahrtschule gefordert. Die Überfahrt dauerte zwei Tage. Bei herrlichstem Wetter lag ich spät am Abend noch auf dem Achterdeck und beobachtete die Sterne, dachte über meine Vergangenheit und die vor mir dunkel liegende Zukunft nach. In der Schleuse des neuen Vorhafens in Bremerhaven verließ ich die FALKE und fuhr über Geestemünde mit dem Dampfer nach Nordenham und Elsfleth, wo ich am Nachmittag nach einem Jahr wieder anlangte. Meine Mutter und Geschwister konnte ich in bester Gesundheit begrüßen und musste ihnen beim Abendbrot von meinen Erlebnissen erzählen. Da ich von nun an besser gekleidet sein musste, fuhr ich nach Oldenburg und rüstete mich dort aus, besuchte hier auch meinen Bruder Fritz, der dort das Gymnasium besuchte. Dann meldete ich mich beim Direktor Beermann der Navigationsschule in Elsfleth und trat in den Kursus von Oberlehrer Köster ein, zusammen mit 14 weiteren Schülern. Der Schulbesuch begann nun sofort.

Meine Steuermanns-Schulzeit

1883 – 1884

Noch einmal erlebte ich die sonnigen Tage meiner Kindheit in der Heimat, ich war erst 21 Jahre alt. Es war ein warmer, sonniger Sommer. Unter den 14 am Kursus teilnehmenden Schülern befand sich nur ein früherer Schulkamerad, E. Jülfs, doch freundete ich mich mit meinem Nachbarn Brinkmann an, und mit dem Lotsenboot seines Vaters unternahmen wir sonntags manche interessante Fahrt. Bekanntschaften musste ich mir erst suchen, denn während meiner langen Abwesenheit waren andere Menschen herangewachsen, die mir zunächst fremd waren. Meine Geschwister hatten alle das Haus verlassen. Bruder Gustav war in Bremen, Fritz auf dem Gymnasium in Oldenburg und Schwester Elly war in Pension. So lebte ich mit meiner Mutter still und ruhig im einsamen Haus hinterm Deich, mich ernstlich dem Studium widmend. An manchen Sonntagen kegelten wir bei Albers in Lienen. Wenn dann im kleinen Schild'schen Gasthaus gegenüber Tanz war, tanzten wir mit den Bauernmädchen um den großen Schornstein herum, der, von zwei Petroleumlampen schwach beleuchtet, mitten im kleinen Saal stand. Die Tanzkapelle wurde von dem blinden Sollberg geleitet, der selbst die Klarinette spielte, und wenn der dann rief, »Nr. 57 von Hamborg geiht no Ritzenbüttel – von Ritzenbüttel no'n blauen Kittel!«, stürzten wir auf die Bauernmädel und walzten mit ihnen schottisch, dass der Boden nur so dröhnte, bis die Bauernjungen uns die Mädel wegnahmen. Der Tanz endete meist mit einer Keilerei, und fluchtartig stürzten wir die Treppe hinunter auf die Straße. Das Lernen fiel mir nicht schwer, denn ich hatte in der Schule schon die Grundlage der Mathematik erhalten, nach dem Lehrbuch meines jetzigen Lehrers Köster, so brauchte ich vieles nur zu wiederholen. Im Herbst wurde der Unterricht schon interessanter. Die Astronomie mit ihren vielen Formeln und schwierigen Berechnungen erforderte größte Aufmerksamkeit und logisches Denken. Der ärztliche Unterricht, den Dr. Thielke leitete und der viermal wöchentlich stattfand, war zum mindesten sehr interessant, er beschränkte sich allerdings hauptsächlich auf Knochenbrüche und äußere Erkrankungen sowie deren Behandlung, das Übrige mussten wir dem Medizinbuch und der Medizinkiste entnehmen und erraten – Augen schließen, hineinlangen und denken: »Gott segne unsern Griff!« – Man musste nun wirklich energisch arbeiten, wenn man nicht durchfallen wollte, wie es später denn auch tatsächlich bei dreien der Fall war. Durchfallen kostet Geld und man kommt im Beruf dadurch sehr zurück. Nach der damaligen Mode trugen wir Schüler einen dunklen Anzug und einen blauen, weichen Schifferhut. Viermal täglich musste ich den 20 Minuten langen Weg zur Schule hin und zurück machen. Wenn ich dann so mit den nautischen Büchern und dem Parallellineal unterm Arm durch die lange Mühlenstraße wanderte, bildete ich mir ein, ich könnte damit die Welt erobern. Ich war sehr stolz auf meinen Beruf!

Nur zu rasch verging die schöne Jugendzeit. Weihnachten kam heran, würdig und festlich feierten wir das Fest mit allen Geschwistern unterm Tannenbaum. Wenn auch die Gaben recht mager ausfielen, war doch die Stimmung auch ohne Geld sehr freudig. Im neuen Jahr 1884 setzte der Unterricht wieder ein, drei Wochen trennten uns nur noch vom Examen. So konnten wir die üblichen Bälle und Festlichkeiten kaum mitmachen und uns somit auch wenig um die Damenwelt kümmern. Bierabende waren uns lieber und auch freier.

Ende Januar 1884 war die Prüfung angesetzt. Der Reichskommissar und die Direktoren der verschiedenen Navigationsschulen waren versammelt. Wir 14 Schüler saßen gespannt auf unseren Bänken, um die Aufgaben zu »ziehen«. Die schriftliche Prüfung dauerte drei, die mündliche zwei Tage. Am Sonnabend wurde dann das Resultat verkündet, drei Schüler mussten zurücktreten. Ich eilte mit meinem »gut« bestandenen Examen und dem Patent in der Tasche nach Hause, wo meine Mutter schon sehr gespannt auf mich wartete. Natürlich herrschte nun frohe Stimmung und das Mittagessen schmeckte uns ganz vorzüglich. Meine Bücher hatte ich in die Ecke geworfen und sagte zu meiner Mutter: »So, Mutter, dies ist nun der erste wesentliche Abschnitt meines Lebens!«

Meine Dienstzeit in der Marine

1884–1885

Am 1. Februar 1884 trat ich als Einjähriger in die Marine, die zweite Matrosendivision, Wilhelmshaven, ein. In einer kleinen Artilleriekaserne erhielten wir mit 120 Mann unsere erste infanteristische Ausbildung. Nach sechs Wochen Ausbildung wurden wir dem Chef der Nordsee-Station, Graf Monts, und dem Divisionskommandeur vorgestellt. Zu gleicher Zeit wurden drei afrikanische Negerfürsten vorgeführt, wobei sogar der Chef der Admiralität Caprivi anwesend war. King Bell von Kamerun fiel besonders durch seinen grauen Zylinder auf. Alle drei standen mit dem Zylinder in der Hand da und starrten die Soldaten an, wie diese im Parademarsch vorbeimarschierten.

Im Mai wurde ich auf das Artillerie-Schulschiff SMS MARS kommandiert. Wir dampften vor die Jade, ankerten dort und hielten Schießübungen ab. Es wurde mit Granaten bis zu 24 cm, die mit schlechten Erbsen und Bohnen gefüllt waren, nach großen schwimmenden Scheiben geschossen, was bei dem Seegang mit großen Schwierigkeiten verbunden war. Wenn man so ahnungslos den Kopf aus der Geschützpforte steckte und über einem wurde in der Batterie ein Geschütz abgefeuert, dann flog die Mütze über Bord und der Kopf wurde gegen die Bordwand geschlagen.

Das Leben an Bord hatte so seine Sonderheiten. Die MARS hatte 1.100 Mann Besatzung, die Verpflegung war gut und reichlich. Der Kommandant war aus dem »Einjährigen Stand« hervorgegangen, und wir Einjährigen wurden besonders von ihm bevorzugt, weil wir die notwendigen seemännischen Erfahrungen und Kenntnisse bereits besaßen. Sonnabends war »Reinschiff«, dann gab es »Plumen und Klüten« und Schweinefleisch, sonntags Braten mit Reis. Es gehörten immer zehn Mann zu einer Backschaft. Jede Backschaft hatte ihr Fleisch in Empfang zu nehmen, dies wurde dann in einem Netz zur Kombüse gebracht, wo das Fleisch in einem großen Topf im Netz gebraten wurde. Dadurch wurde verhindert, dass das Fleisch in unrechte Hände kam, denn am Netz war die Nummer der Backschaft befestigt. Um fünf Uhr war »Reveille«, jeder zurrte seine Hängematte und brachte sie zur Verstauung in die Hängemattenkästen, um sie von dort am Abend wieder in Empfang zu nehmen. Auf Deck waren um drei Uhr morgens 20 große Kübel mit Frischwasser bereit gestellt zum Waschen für die tausend Mann. Kam man nicht früh genug an das Wasser heran, konnte man sich kaum mehr darin waschen, es war nicht einmal mehr zur Zeugwäsche zu gebrauchen. Das war ein Übelstand, den der erfahrene Seemann ja zur Genüge kennen gelernt hatte, der jedoch für den Landbewohner fast unglaublich erscheint. Salzwasser ist für Wäsche mit Seife nicht zu gebrauchen.

Nach sechswöchiger Übung bei bewegter See dampften wir wieder nach Wilhelmshaven, wo gerade Jahrmarkt war. Ich fuhr mit dem Kutter an Land und kam am Abend damit wieder zurück, ohne mich an Bord zurückzumelden. Die Folge war, dass man mich drei Tage mit einer Patrouille suchen ließ. Als ich gleich darauf zur Werft zwecks Ausbildung im Zeugfach abkommandiert wurde und vom Obersteuermann meine Papiere in Empfang nehmen musste, merkte man den Irrtum. »Erst lässt man Sie drei Tage an Land suchen und nun sind Sie hier. Dummheit muss bestraft werden.« Ich packte schnell meinen Kleidersack, gab die Waffe ab und fuhr mit dem Kutter an Land. Strafe habe ich nie erhalten.

Ich wohnte und aß nun in der Kaserne und hatte um acht Uhr morgens auf der Werft im Artillerieressort anzutreten. Mein Dienst und meine Ausbildung bestanden darin, dass ich mit Hilfe der Zivilarbeiter die Armierung der Schiffe kennenlernte. Es war hauptsächlich darauf zu achten, dass die Rohre der großen Schiffsgeschütze bis zu 30,5 cm in den Zügen tadellos gereinigt wurden und im Falle einer Auswechslung schussbereit waren. Unser Vorgesetzter und Leiter war Korvettenkapitän Freiherr von Ukermann. Ein Vizefeldwebel hatte unsere theoretische Ausbildung zu leiten, damit wir nach sechs Monaten Ausbildung die Prüfung vor der Werft-Prüfungskommission bestehen konnten. Natürlich bestanden mein Kamerad und ich die Prüfung sehr gut und der Feldwebel war sehr stolz auf unsere Ausbildung, so dass wir Weihnachten zwei Tage Urlaub bekamen und zum Obermaaten der Reserve befördert wurden. Auf meinen Geldbeutel hatte diese Beförderung keinen Einfluss im günstigen Sinne gehabt. Arm, ohne auch nur eine Reichsmark in der Tasche, reiste ich in die Heimat und musste dort mit geliehenem Geld den Weihnachtsball mitmachen, ohne mich amüsiert zu haben. In Katerstimmung langte ich am nächsten Tage wieder in Wilhelmshaven an, freute mich, bald entlassen zu werden und meinen Beruf wieder aufnehmen zu können.

Als ich am 1. Februar 1885 entlassen wurde, bekam ich ca. 80 Mark ausbezahlt, wofür ich sehr gutes Marinezeug erhielt und damit schon eine kleine Ausrüstung zusammen hatte. In Elsfleth bemühte ich mich sofort um eine Stelle, doch war es schwer, eine zu erhalten. Die Gagen waren derart niedrig, dass man sich kaum eine Ausrüstung dafür anschaffen konnte.

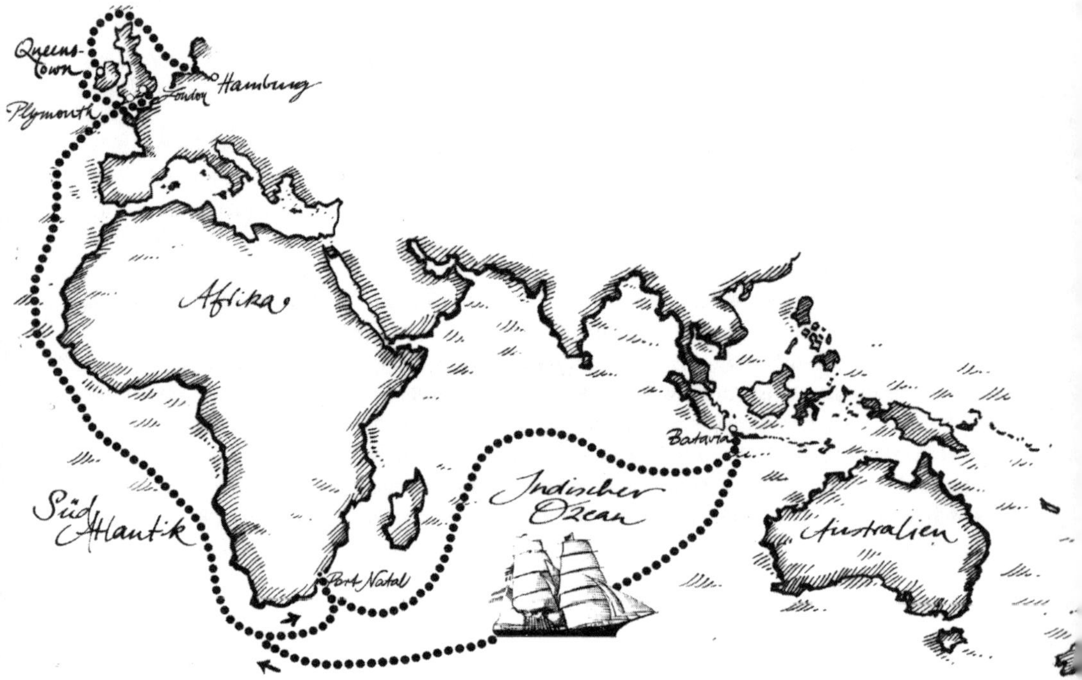
Queens-town
Hamburg
London
Plymouth
Afrika
Batavia
Indischer Ozean
Süd Atlantik
Australien
Port Natal

Sechste Segelschiffsreise

als Zweiter Steuermann
auf der Bark FRANK WILSON

London – Port Natal/Südafrika – Batavia – Queenstown – Plymouth

1885 – 1886

Ich bekam als Zweiter Steuermann auf der eisernen Bark FRANK WILSON von Elsfleth, Reederei C. Paulsen, nur 65 Mark monatlich bei zwei Monaten »advance«.

Ich musste nach London reisen, dort lag das Schiff in Ladung für Port Natal und Durban. Anfang März nahm ich von Mutter Abschied und auch von der lieben Heimat, wo ich so schöne Tage verlebt hatte. Auf dem Dampfer des Norddeutschen Lloyd MERKUR traf ich auch den Ersten Steuermann, so hatte ich wenigstens Gesellschaft.

Das Schiff lag in London Docks und Kapitän Brockmeier empfing uns und wies uns unsere Kammer zu. Meine war die schlechteste, die man sich denken kann. Schmal, klein, schräg, gegenüber den WCs und neben dem Treppenaufgang. Ich dachte, Hauptsache ist, dass man schnell die zwei Jahre als Zweiter Steuermann hinter sich bekam, damit man das Kapitänspatent bekommen kann. Entbehrungen und Entsagungen muss man eben ertragen. Wir haben aber alle reichlich viel mit diesem eisernen Pott von ca. 500 t durchmachen müssen, bis wir nach einem Jahr glücklich wieder in Hamburg landeten.

Erst wurden die Segel angeschlagen, der Proviant verstaut, Kohlen und Wasser an Bord genommen. Das Laden war hier bereits beendet, doch sollten wir noch 50 t Dynamit in Gravesend einnehmen. Eines Morgens verholten wir durch die Schleuse, der Schlepper fasste uns an und hinunter ging es nach Gravesend. London ade, dreimal dippten wir die Flagge als letzten Gruß. Ich habe London häufiger wiedergesehen, aber die FRANK WILSON nahm für immer Abschied. Er ist nach eineinhalb Jahren verschollen.

Nach Übernahme des Dynamits setzten wir unter Lotsenführung und Schlepperhilfe am nächsten Morgen die Reise fort. Bei North Foreland setzten wir bei nördlichen Winden Segel, bald darauf verließen uns der Lotse und der Schlepper und wir hielten Kurs auf South Foreland. Als junger Steuermann hatte ich jetzt eine große Verantwortung übernommen. Alle meine Arbeiten und Handlungen wollten reiflich überlegt sein, das Befehlen musste auch verstanden werden, denn alle Arbeiten, die nicht nötig sind, erregen bei der Mannschaft

Unzufriedenheit. Als der Kapitän und Erste Steuermann sich zum Essen begeben hatten, übernahm ich die Wache an Deck. Ich dachte über meine erste Seereise auf der W. VON FREEDEN nach, mit dem ich genau denselben Kurs gesteuert hatte. Damals machte ich meine erste Reise als Schiffsjunge, heute, nach acht Jahren, meine erste Reise als Steuermann. Na, dachte ich, hoffentlich wird diese Reise nicht so abenteuerlich wie damals. Doch sie wurde noch sonderbarer, fast verhängnisvoll, reich an Erlebnissen und Beschwerlichkeiten.

Unter vollen Segeln, bei strammer Brise aus Nord passierten wir Dover, Dungeness und Beachy Head, um von hier den Kurs auf Isle of Wight zu setzen. Das Schiff segelte mittelmäßig, über neun bis zehn Seemeilen kamen wir nicht hinaus. Wir führten eine Patentlogge und lasen alle vier Stunden die abgelaufene Distanz ab. Während ich auf den hölzernen Schiffen immer, Tag und Nacht, die Pumpen bedienen musste, fiel dieser unangenehme Dienst hier vollständig fort, was ich als sehr vorteilhaft empfand, so dass ich nie wieder auf einem hölzernen Schiff fahren wollte. Und doch habe ich noch einmal später wieder ein hölzernes Schiff bestiegen, das allerdings nur bei starkem Seegang leckte.

Am anderen Tag um vier Uhr morgens passierten wir St. Catherine's Point. Portland Bill, Start Point und endlich auch Eddystone lagen hinter uns, und tags darauf blitzten uns die Doppelfeuer von Lizard Head entgegen, so sagten wir Europa für ein Jahr Lebewohl.

Wir steuerten nun auf SW-Kurs in den Atlantik auf Madeira zu. Der Wind blieb uns günstig, die See mäßig. An der östlichen Küste von Madeira entlang, in Sicht von Porto Santo und Deserta gelangten wir bald zu den Kanarischen Inseln nach Palma, wo uns der Nordost-Passat bald stetig südwärts führte. Unsere Mannschaft, bestehend aus neun Mann, harmonierte vorläufig noch gut. Der Kapitän, Brockmeier, der Erste Steuermann, Büchen, und ich waren in Elsfleth beheimatet, der Koch und Zimmermann kamen aus Hamburg. Die Matrosen waren teils Norweger, teils Ostseeleute. Jungen hatten wir nicht, alle waren erfahrene Seeleute und hatten die Linie häufig passiert. Wir beschäftigten uns viel mit der Fischerei. Harpunen für Schweinsfische, Eggen für Bonitos und Delfine (ein prachtvoller, ziemlich großer Fisch) und Haiangel waren zur Hand. Der junge Kapitän Brockmeier gab manche Anregung, auch zur Untersuchung der sehr interessanten Meeresfauna und -flora.

So näherten wir uns dem Äquator und gerieten in die gefürchteten Kalmen. Wir waren jetzt bereits 26 Tage unterwegs, das war verhältnismäßig lange. Nach vielen Mallungen und heftigen Regenschauern, vielem Brassen und Segelmanövern erreichte uns allmählich der Südost-Passat. Hart am Winde, mit allen Segeln, möglichst auf St. Helena zuhaltend, machten wir nun flotte Fahrt. Abends wurde bei klarem Himmel das Kreuz des Südens sichtbar. St. Helena ließen wir weit an Backbord liegen. Hier erzählte mir der Kapitän auf einer Abendwache, dass sie einmal auf der Heimreise auf St. Helena ihren Kapitän begraben hätten und jedes Mal, wenn das Schiff wieder an ihm vorbeifahre, schwängen alle Türen der Kajüte auf. »Passen se man up, off dat dese Nacht nich ok wedder passert, goode Wach!« Ich war natürlich nicht abergläubisch und glaubte an solchen Spuk auch nicht. Mit acht Seemeilen Fahrt rauschte die FRANK WILSON durchs Wasser gen Süden, die Türen sprangen natürlich nicht auf.

Bald hat der Südost-Passat uns verlassen, das Wetter wurde schlechter und kühler. Wir gingen mit westlichen Winden auf 38° S herunter, um dann auf 30° O, nachdem das Kap der Guten Hoffnung umsegelt war, mit nördlichem Kurs Port Natal auf ca. 30° N zu erreichen.

Am 66. Tag unserer Reise liefen wir in die Reede von Port Natal ein und legten das Schiff vor zwei Anker, denn die Reede ist gegen südliche Winde und Seegang vollkommen ungeschützt. Mancher Segler hat hier sein Ende gefunden. Aus dem Grunde sind nachts an Land Lichtsignale aufgestellt, worauf die Schiffe zuhalten können, falls sie Anker und Ketten verloren haben, um wenigstens eventuell noch die Besatzung retten zu können. Eine Barre von etwa sechs Meter Wassertiefe sperrt den inneren Hafen von der See ab. Gewaltige Brecher rollen darüber hinweg, und wenn Schiffe in diese Brecher hineingeraten, berühren sie den Grund und brechen auseinander. Zunächst löschten wir hier draußen die 50 t Dynamit in Seeleichter, wodurch das Schiff schon weniger Tiefgang bekam, um über die Barre zu kommen. Einige Tage darauf wurde uns von Land signalisiert, dass die Barre für uns jetzt passierbar wäre, wir sollten alles klarmachen, man würde den Lotsen und Schlepper schicken. Ein großer, starker Schlepper mit Ruder und zwei Schrauben gab uns eine dicke Trosse aus Kokosfasern von ungefähr 30 cm Durchmesser als Vorläufer. Wir befestigten diese Trosse um Fockmast und Poller, die Anker wurden gelichtet und der Schlepper zog mit langer Stahltrosse an. Auf der Barre überschlugen sich die Seen noch ganz gewaltig. Wir hatten große Bedenken und stellten zwei Mann ans Ruder, die anderen Besatzungsmitglieder verteilten sich auf Kajüte und Logishaus, um nicht von dem überkommenden Wasser mitgerissen zu werden. Schon war der Schlepper in der Brandung und bald kamen wir auch hinein. Eine schäumende, sich überschlagende See setzte das ganze Vordeck unter Wasser und mit einem furchtbaren Krach stieß das Schiff auf Grund, als es sich im Wellentale befand, so dass man dachte, die ganze Takelage käme von oben. Doch schon hob uns die nächste See wieder hoch, gewaltig zog der Schlepper an, so dass sich die Schlepptrosse bis zum Springen spannte. Auf diese Art berührten wir noch zweimal den Grund und unter großen Erschütterungen kam schließlich die eiserne FRANK WILSON ins ruhige Wasser. Der Schlepper hievte seine schwere Trosse ein. Am Pier standen schon Kaffern bereit, die unsere Leinen in Empfang nahmen und das Schiff vertäuten. Damit war diese Reise beendet. Das Schiff war unbeschädigt geblieben, doch oft könnte es einer solchen Grundberührung nicht standhalten, denn dadurch wird alles lahm und verbogen. Die Frachten nach hier sind wohl etwas höher, aber das Lebensalter des Schiffes wird dadurch verkürzt.

Port Natal ist ein kleiner Hafen, an einer großen schönen Bai liegend, die vielen Schiffen einen gesicherten Ankerplatz geben kann. Dicht an den Pieren liegen einige Regierungsgebäude, Kontore und Lagerschuppen. Die Hauptstadt Durban liegt etwa zwei Kilometer weiter nordwärts. Die Landschaft der Umgebung ist recht hübsch. Die nicht hohen Berge sind mit Urwald bedeckt und aus diesem Wald lugen saubere Farmerhäuser hervor, umgeben von Apfelsinen-, Zitronen- und Bananen-Bäumen. In dieser Kolonie leben viele Engländer, Schotten und Iren, doch sehr wenige Deutsche. Man sieht hier fast alle Nationen vertreten, aber der Hauptteil der Bevölkerung besteht aus Mischlingen und Negern, die zusammen wohl 25.000 Personen ausmachen. Die Kaffern sind eine kräftig gebaute, starke Rasse, die gern im Hafen arbeitet, um sich eine Frau erwerben zu können, die vier bis zehn Ochsen kostet. Solche Kaffern waren auch bei uns an Bord, um die Ladung unter unserer Leitung zu löschen. Wenn es die Zeit erlaubte, ließen der Zimmermann und ich uns einen Kriegstanz vortanzen. Je mehr wir lachten, desto mehr verzerrten sie ihre Gesichter und desto toller bewegten sich ihre Glieder. Zuletzt gerieten sie in eine solche Ekstase, dass wir es vorzogen, sie wieder zur Arbeit zu bringen. Wir gaben ihnen einige Schillinge, wofür sie sehr dankbar waren und sagten: »Mister Mate, what shall we do for you?« Im Allgemeinen werden diese Kaffern von den Engländern niederträchtig behandelt. Die jungen englischen »Clerks« stießen die Kaffern mit den Füßen ins Gesicht, was mich ganz entsetzte. Die armen Leute sagten nichts, nur um Geld zu verdienen und um sich eine Frau kaufen zu können.

Es war nun Pfingsten, der 25. Mai, mein Geburtstag. Heller Sonnenschein, leicht bewölkter blauer Himmel lag über der üppigen subtropischen Landschaft. Die Luft war mit balsamischen Düften gefüllt, die von den vielen Apfelsinen- und Zitronengärten kamen, wovon fast die ganze Bai umrahmt ist. Wir hielten es auf dem Schiff nicht mehr aus, und so beschlossen der Erste Steuermann und ich, in Südafrika spazieren zu gehen, um die wunderbare Natur zu genießen.

In Port Natal selbst war nicht viel zu sehen, doch stießen wir auf unserer Wanderung auf eine sogenannte Kaffernkral-Ansiedlung, die die Regierung den Kaffern, ungefähr hundert Personen, als Aufenthalt angewiesen hatte. Erbärmliche Behausungen aus Kistenholz, Lumpen, alten Säcken und Wellblechen standen an einem Hügel, der von Rizinussträuchern umrahmt war. Diese Kaffern sahen dreckig und heruntergekommen aus und gewährten wahrlich keinen schönen Anblick. Von hier wanderten wir auf Durban zu. Auf einer guten, aber sehr staubigen Straße erreichten wir nach heißer Wanderung die Stadt Durban. Weitläufig gebaut machte sie mit den vielen kleinen Vorgärten einen freundlichen Eindruck. Man sah viele gut gekleidete Juden, Mischlinge und Inder. Früchte waren in großen Mengen zu kaufen. Die Läden waren bis auf die Konditoreien geschlossen, desgleichen die Bars und »Public Houses«. Da es mittlerweile Mittag geworden war, kauften wir uns einen »meat pie« und wanderten in der großen Hitze wieder an Bord zurück, denn es war ja nicht möglich, meinen Geburtstag mit einer Bierspende zu feiern. Dieser »meat pie« hat meinem Magen und mir das ganze Pfingstfest und meinen 23. Geburtstag gänzlich verdorben, deshalb behielt ich ihn in so guter Erinnerung.

Die verhältnismäßig kleine Ladung war bald gelöscht. Wir nahmen dann Steinballast über und verholten auf die Innenreede, um dort auf Order zu warten, denn hier war keine Fracht zu bekommen. Wir unternahmen viele Bootsfahrten in die schöne Umgebung der Bai, zogen das Boot aufs Sandufer und verschwanden im Urwald. Wir lernten einen Schotten kennen, einen früheren Seemann, der uns einlud, ihn auf seiner Farm zu besuchen. Wir mussten auf schmalen Negerpfaden eine Stunde durch den Urwald wandern und klettern. Um von den Dornen nicht gerissen, von den Schlangen und vielen Insekten nicht gebissen zu werden, hatten wir Seestiefel angezogen. Obgleich heller Sonnenschein war, herrschte im Walde nur Dämmerlicht. Dichtes Unterholz mit Lianen durchwachsen versperrte manchmal den Weg, so dass wir uns mit einem Beil hindurchhauen mussten, und wir mussten uns sehr vorsehen, nicht mit Schlangen und anderen giftigen Insekten in Berührung zu kommen. Jede Pflanze strebt dem Sonnenlicht entgegen. Die starken Lianen, diese Baumwürger, verhinderten es, indem sie die Bäume umspannten und mit filzartigen, langen Bärten jeden Sonnenstrahl zurückhielten. Unser Gastgeber, der Scotchman, sagte: »Soon we are at home!« So öffnete sich bald der Weg und vor uns lag auf einem Hügel ein niedliches Farmhaus, umgeben von Apfelsinen-, Zitronen- und Melonenbäumen. Wir wanderten durch ein Süßkartoffelfeld den Berg hinan und oben vor der Farm empfing uns des Farmers Frau, eine kleine Schottin, und lud uns zu einer Tasse Tee ein, die uns nach der Wanderung durch den Urwald gut mundete. Der Alte erzählte, dass er auch lange zur See gefahren sei: »By all gospel, I was tired at sea and I immigrated to here!« Nach dem Tee unternahmen wir zusammen einen Rundgang durch die Plantage: »Look here, hier ist ein großer Geflügelstall mit dicken Eisensprossen versehen zum Schutz des Geflügels gegen die Schlangen. Letzte Woche hat eine solche große Schlange drei Hühner aufgefressen, und da sie so voll gefressen nicht wieder durch die starken Eisengitter entweichen konnte, war sie zwischen den Stangen des Gitters festgeklemmt. Da haben wir sie getötet und die Haut abgezogen, es war eine Boa.« Weiter ging es durch die Süßkartoffelfelder, dieses Teufelsfutter, das ich nie vertragen konnte, weil sie so widerlich süß wie gefrorene Kartoffeln schmeckten. Wir gelangten dann weiter nach unten zum Fuß des Berges in die Obstgärten. So viele prachtvolle Apfelsinen, Zitronen, Grapefruits und Melonen hatte ich vereint noch nie auf Bäumen gesehen. Unter den Bäumen lag es voll von reifen Früchten, man konnte nicht zutreten ohne einige zu zerquetschen. Als wir von den heruntergefallenen Früchten einige essen wollten, sagte unser Schotte: »Better, you pick them of the tree, they will taste better, but mind the dorns!« Unser Gastgeber brach einen Zweig schöner Apfelsinen vom Baum: »Here you are, put it before your bunk!« Ich habe es auch getan, und wenn ich aufwachte, hingen die saftigen Früchte in dem saftigen Grün über mir, ich brauchte nur den Mund zu öffnen und sie zu genießen. Wir gingen zu den Zitronenbäumen, womit der ganze Obstgarten umrahmt war. Die voll beladenen Zweige dieser Buschbäume hingen durch die Schwere der Früchte bis auf die Erde, einen betäubenden Duft verbreitend. Hier herrschte eine Üppigkeit, wie man sie anderswo kaum sieht. Unser Schotte riet uns, an einem anderen Tag wiederzukommen und dann das ganze Boot mit den verschiedenen Früchten vollzuladen, dann hätten wir auf See noch lange davon, besonders als wirksames Mittel gegen Skorbut. Mittlerweile tauchte schon im Westen die goldene Abendsonne ins Meer. Bis wir zu unserem Boot durch den Wald gelangten, brauchten wir noch eine Stunde Wanderns. Deshalb verabschiedeten wir uns von der liebenswürdigen Gastgeberin, darauf hoffend, sie in einigen Tagen wiederzusehen. Der Alte brachte uns auf den richtigen Pfad und dann verschwanden wir, uns für den angenehmen Aufenthalt herzlichst bedankend, in dem dämmerigen Urwald. Obgleich uns dieser Pfad sicher zu unserer Landungsstelle führen musste, war das Gehen auf demselben doch recht unsicher. Das wahnsinnige Zirpen der Grillen schrillte uns in den Ohren und das Knistern der vertrockneten, abfallenden Zweige erschreckte uns manchmal. Wir schritten rasch vorwärts und gerieten dabei so in Schweiß, dass wir unsere Jacken auszogen. Angenehm war es, dass es hier keine Moskitos gab, so kamen wir unversehrt endlich zu unserem Boot und ruderten in froher Stimmung wieder an Bord der FRANK WILSON.

In Erwartung unserer Reiseorder machten wir das Schiff für eine Reise durch die südlichen Breiten segelfertig. Es wurden die neuen, schweren Segel angeschlagen, der Ballast gut und fest getrimmt, damit er nicht übergehen konnte.

An einem Nachmittag wiederholten wir unseren Besuch bei den Farmersleuten. Der Kapitän, ich, der Zimmermann und drei Matrosen stiegen in das Boot. Die Mannschaft freute sich, mal in dem Wald und in Plantagen herumstreifen zu können und dort die üppige Vegetation zu bewundern. Mit kräftigem Pull setzten wir das Boot hoch auf den Strand und wanderten zur Farm. Die Schotten freuten sich über unseren starken Besuch, bewirteten uns mit Tee und Brot, und dann gingen wir durch die Kartoffelfelder zum Obstgarten, um Zitronen, Apfelsinen, Grapefruits, Bananen etc. zu sammeln und zu pflücken, bis wir eine ganze Bootsladung zusammen hatten. Manche Hose erhielt dabei einen Riss, doch das tat der Stimmung keinen Abbruch. Wir nahmen nun von den freundlichen Gastgebern für immer Abschied und bedankten uns für die herrlichen Stunden, die wir dort verlebt hatten, und für die wundervollen Früchte. Es war ein herrlicher Anblick, das mit Früchten voll beladene Boot am Strand liegen zu sehen. Langsam und vorsichtig ruderten wir beim herrlichsten Sonnenuntergang zum Schiff zurück, wo uns der Erste Steuermann ganz erstaunt empfing. Die Früchte wurden überall luftig verstaut. Jeder konnte so viel davon essen, wie er nur mochte, und doch verfaulte uns ein erheblicher Teil davon, und nach achttägiger Seereise war keine Frucht mehr an Bord. Schade, das Wetter war eben zu warm.

Wir lagen noch eine Woche in Port Natal, dann erreichte uns ein Telegramm des Reeders aus Elsfleth. Wir sollten nach Java, Batavia segeln und dort weitere Order abwarten. Da wir nun den Kampf mit der wilden, unerbittlichen See, den »roaring forties«, den stürmischen vierziger Breitengraden, die im Süden den Erdball umtoben, aufnehmen mussten, verwendeten wir noch mehr Sorgfalt auf die Feststauung des Ballastes und die Instandsetzung der Takelage.

Am 20. Juni 1885 taute uns wieder ein starker Schlepper über die Barre, ohne diesmal Grundberührung zu bekommen, und wir segelten dann unter vollen Segeln dem fernen Osten entgegen, den Seeweg nach Ostindien benutzend, zunächst auf 45° S hinunter. Bald setzten orkanartige Stürme aus West bis SW ein. Es gehörte viel Mut und Unerschrockenheit dazu, mit einem solchen kleinen Schiff von 500 t durch diese ungeheuren Weiten des Südens zu segeln. Seen von ca. 15 m Höhe überschlugen sich dicht hinterm Heck und drohten uns zu begraben, und dann schoss die kleine FRANK WILSON mit großer Geschwindigkeit in das ca. hundertfünfzig bis zweihundert Meter lange Wellental hinunter, um von dem schnell nachkommenden Wasserberg wieder bis zu seiner Spitze gehoben zu werden. Bei solchen Orkanen, bei denen man vor lauter Gischt den Horizont nicht sehen kann, flitzten wir nach der Logge zehn bis zwölf Seemeilen durch das Wasser bei gereffter Fock, mit doppelten Schoten, Großuntermarssegel und Vorstagssegel. Wären bei solchen Stürmen die Schoten gebrochen, dass wir nicht mehr vor der See hätten laufen können, wäre unser Schicksal besiegelt gewesen. Doch das Schiff lag durch den Ballast sehr gut in der See und nahm fast keine schweren Brecher über. So rasten wir 14 Tage lang Tag und Nacht gen Osten, bis wir die Länge von St. Paul und Amsterdam auf 78° O erreicht hatten.

Nun konnten wir wieder nördlicher steuern mit Kurs auf die Sunda-Inseln, auf Java. In dem Passat stießen wir auf große Bimssteinfelder. Wir fischten uns verschiedene Stücke heraus und stellten fest, dass es Lava war. Sicherlich musste irgendein tätiger Vulkan riesige Aschenmengen ins Meer geworfen haben. Aber wo? Je näher wir der Sunda-Straße kamen, desto häufiger durchsegelten wir solche Lavafelder. Der Südost-Passat, der nicht allzu kräftig wehte, brachte uns bald in Sicht von Java.

Nach 40-tägiger Reise sichteten wir an einem Vormittag Java Head und liefen am späten Nachmittag in die Sunda-Straße ein, mit dem Feuerturm von Java Head Signale wechselnd. Es wurde uns mitgeteilt, dass durch den Ausbruch des Vulkans Krakatan die Stadt Anjer vollständig zerstört sei und die Insel Krakatan bis zur Hälfte ins Meer versunken wäre. Nun konnten wir uns die großen Lavafelder erklären, es blieb aber doch interessant, wie das möglich war, dass diese Bimssteinfelder so weit auf die See herausgetrieben waren. Wir konnten durch das Fernrohr erkennen, was für ungeheure Zerstörungen der Ausbruch des Vulkans durch die darauffolgende große Flutwelle hervorgerufen hatte. Die Trümmer der Häuser und die herausgerissenen Bäume lagen wild durcheinander, kein lebendes Wesen war mehr zu sehen. Im hellen Sonnenschein lag nun alles wieder ruhig da; Anjer und Tjilegon. Da gegen Abend der Wind einschlief, ankerten wir in der Nähe von Minschenfreter-Island, geiten die Segel aber nur auf, um früh, bei aufkommendem Wind, die Fahrt fortzusetzen.

»Haben Sie Lust, mit auf die Insel zu fahren?«, sagte Kapitän Brockmeier zu mir, »vielleicht entdecken wir dort noch etwas Interessantes!« Als ich zusagte, meldeten sich noch drei Mann mehr. Es war neun Uhr, die See glatt und der Mond beleuchtete das Meer, es war fast taghell. Nach kräftigem Rudern setzten wir das Boot bald auf den Sandstrand und schlenderten am Strand entlang. Der Kapitän hatte einen Revolver mitgenommen und knallte in den Busch hinein. Keine Seele regte sich und da wir in den dunklen Wald nicht eindringen konnten, setzten wir uns an den Strand und erzählten uns Geschichten von Minschenfreter-Island, die vielleicht hier nie existiert hatten. Es war ein idyllischer Abend, der Mondschein glitzerte auf dem Wasser, leise rauschte die See auf den weißen Sandstrand und in der Ferne sah man schwach die Ankerlampe der FRANK WILSON leuchten. Der eigentliche Sinn dieser merkwürdigen Nachtfahrt ist mir nie klar geworden, wir waren ja aber junge Menschen und wollten was erleben.

Am anderen Morgen vor Sonnenaufgang gingen wir wieder Anker auf und segelten an der Nordküste Javas entlang, um Batavia zu erreichen. Es war ein mühseliges Kreuzen gegen Wind und Strom. Man konnte sich freuen, wenn man am Abend dem Ziele 50 bis 60 sm näher gekommen war. Der Wind schlief mit Sonnenuntergang wieder ein und wir gingen wieder unter Land vor Anker. Auf unserer Kreuzfahrt begleiteten uns manchmal große Handelskanus. Sie kamen dicht herangesegelt, schlugen ihren großen Stielhaken mit langer Leine in die Rüsten, fierten die Leine lang weg, ließen sich mitschleppen und fingen zunächst per distance an zu handeln mit allem möglichen, meist Gemüsen und Früchten. Der Headman kam dann an Bord, zeigte sein Empfehlungsbuch mit vielen Unterschriften voriger Kapitäne, und dann begann das richtige Handeln. Manchmal waren sechs bis acht solcher Boote mit voller Besatzung um uns herum und man konnte sich denken, dass diese vielen Leute ein langsam segelndes Schiff vollständig in ihre Gewalt bekommen konnten, wenn man sich nicht energisch zur Wehr setzte. Deshalb hatten wir 15 Gewehre immer zur Hand, aber es genügte, sie diesen Bootsleuten nur zu zeigen, wenn sie allzu aufdringlich wurden. Endlich, nach viertägigem Kreuzen und nach 46-tägiger Reise erreichten wir die Außenreede von Batavia, warfen Anker und machten die Segel fest.

Hier lagen viele Schiffe, die auf Order warteten. Unter ihnen zehn große holländische Kaffeeschiffe, die zur Noah-Reederei gehörten. Sie warteten auf die Kaffeeernte und kehrten dann später voll beladen mit hoher Fracht nach Amsterdam zurück. Diese Schiffe hatten für die Besatzung viele javanische Mädchen an Bord, die für die Mannschaft wuschen, flickten und dieselbe unterhielten. Dadurch blieb diese von ansteckenden Krankheiten verschont. Sie blieb frisch und gesund, weil sie nicht an Land ging und sich nicht betrank. Wir haben die Matrosen manchmal beneidet, wenn sie mit ihren kleinen gelben Mädchen auf der Reling saßen und uns beim Vorbeifahren freundlich zuwinkten.

Hier auf der Reede war es sonst ziemlich langweilig. Fast wolkenloser Himmel, Tag und Nacht gleichmäßige östliche Winde, die nur nachts etwas abflauten. Die Sonne brannte tags heiß auf uns herab, am Nachmittag kamen die großen Auslegerkanus von See zurück, das war ein interessantes Segeln. Bei Windstärke fünf bis sechs flitzten sie mit unglaublicher Schnelligkeit mit ihren großen Ballonsegeln aus Seide an uns vorüber, dann standen immer vier bis fünf Mann auf dem Ausleger, um das Gleichgewicht je nach Stärke des Windes auszugleichen. Da der Kapitän manchmal an Land musste, hatte ich unser Boot mit Segeln versehen. Die Hinfahrt vor dem Winde ging ruhig vonstatten, doch als wir in der bewegten See zurückkreuzen mussten, wären wir beinahe dabei verunglückt. Das Segeln sieht immer leichter aus als es ist, besonders bei Seegang. Während dann der Kapitän seinen Geschäften nachging, setzte ich mich in eine »Bodega«, trank ein Glas Rum mit Sodawasser oder besah mir die nicht sehr saubere Hafenstadt.

Unser Aufenthalt hier zog sich immer mehr in die Länge. Wir trimmten das Schiff ganz auf die Seite, reinigten den Boden soweit das möglich war und gaben dem Schiff bis zur Bodenlinie einen Talganstrich, um dadurch das Anwachsen mit Langhalsen und Dornen zu vermindern, was uns aber, wie wir später sahen, nicht gelang.

An einem Nachmittag kam ein großes deutsches Vollschiff unter vollen Segeln in den Hafen und warf ganz in unserer Nähe Anker. Mittels des Fernrohres machten wir aus, dass es ein Schiff der Reederei D. H. Wätjen, Bremen, die ALICE oder ADELAIDE war. Ferner erfuhren wir, dass das Schiff nach Shanghai bestimmt war, jedoch wegen Meuterei der Mannschaft Batavia anzulaufen genötigt war. Der Kapitän hatte die Mannschaft angeblich in seiner Trunkenheit schlecht behandelt, er hieß von Hagen. Der Kapitän dieses Schiffes lud in den nächsten Tagen die Kapitäne von den vier anderen deutschen Schiffen zu sich an Bord ein. Es wurde beschlossen, von jedem Schiff vier Mann, den Zweiten Steuermann und den Kapitän in den nächsten Tagen an Bord der ADELAIDE zu schicken, um das Schiff unter Segel zu bringen und die Reise nach Shanghai fortzusetzen.

An einem Morgen versammelten wir uns auf der ADELAIDE. Von unserem Schiff waren der Kapitän, ich, der Zimmermann und drei Matrosen hinübergefahren. Nachdem wir zunächst in der Kajüte Schiffsrat gehalten hatten und die Kapitäne und Offiziere sich bewaffnet hatten, machten wir die Segel los und setzten alle Segel bis auf die Stag- und Untersegel, während die 18 Meuterer sich noch vorläufig im Logis aufhielten. Es wehte eine flaue Brise, der Vortopp war backgebrasst und wir wollten nun die Anker lichten. Doch waren das Gangspill und die Back jetzt von der meuternden Mannschaft besetzt und diese bedrohte jeden, der die Back betreten wollte. Nach vergeblichen Aufforderungen an die Meuterer, die Back freizugeben, zogen wir uns nochmals zur Besprechung zurück. Hier siegte schließlich die Vernunft, denn, wie es der deutsche Konsul geraten hatte, auf die Mannschaft zu schießen, wozu uns das Gesetz die Macht gab, hätte jedenfalls verhängnisvoll geendet. Es wurde beschlossen, die Segel wieder festzumachen und bei dem anwesenden holländischen Kriegsschiff den Antrag zu stellen, die meuternden 18 Mann der Besatzung zu verhaften und abzuführen. Und so geschah es dann auch. Wir ruderten wieder an Bord, nachdem wir auf der ADELAIDE noch Mittag gegessen hatten. Am Nachmittag kam ein Militärkommando an Bord mit scharf geladenen Gewehren, das die 18 Mann ins Logis schickte. Das Kommando ließ dann jeden einzeln herauskommen, fesselte ihn und führte ihn auf das Kriegsschiff ab. Ein deutsches

Kriegsschiff holte später die Mannschaft nach Deutschland, wo dieselbe verurteilt und mit Zuchthaus bis zu vier Jahren verurteilt wurde.

Während unseres weiteren Aufenthaltes waren die verschiedenen Kapitäne häufig bei uns zum Kartenspiel an Bord und wir lernten so den Kapitän von Hagen näher kennen. Er war ein kleiner Mann in den fünfziger Jahren, mit ganz vernünftigen Ansichten und derselbe trank nur wenig. Doch während der Reise, wenn ihn der Schnapsteufel erfasste, quälte er die Mannschaft bis aufs Äußerste und deshalb zwang Letztere ihn, Batavia anzulaufen. Es war bedauerlich, dass kein deutsches Kriegsschiff in der Nähe war, dann wäre der Fall rasch erledigt worden. Als von Singapur eine neue Besatzung angekommen war, setzte die ADELAIDE die Reise nach Shanghai fort.

Bald darauf traf auch für uns die Order ein, nach der Madurastraße zu segeln, um dort eine Ladung Zucker überzunehmen, bestimmt für Queenstown for order. Das Untersegelgehen war hier auf der Außenreede mit keinerlei Schwierigkeiten verbunden. Die leichte nordöstliche Brise brachte uns rasch in die offene See und wir steuerten mit östlichem Kurs an der Nordküste von Java entlang. Man sah überall an der ganzen Küste nachts Feuer brennen und in der dunklen Nacht manchmal das Feuer bis hoch an den Bergen. Man konnte sich gut vorstellen, wie das ist, wenn die glühende Lava den Berg hinunterfließt, wie wir das später in Nikaragua gesehen haben. Auf die vielen Feuer hin schloss man, dass das Land wohl sehr stark bevölkert sein müsste. Denn hier lebten 29 Millionen Einwohner bei einer Bevölkerungsdichte von 219 bis 230 auf einen Quadratkilometer. Am Tage frischte der Wind immer etwas auf, doch holten wir nicht mehr als sechs bis acht Knoten heraus. Infolgedessen brauchten wir vier Tage, um die Madurastraße zu erreichen. Unterwegs, als ich einmal auf der Back stand, sah ich ein großes, merkwürdiges Meerungeheuer, zwei große, runde Tiere schoben vor unserem Bug vorüber. In dem klaren Wasser konnte ich sie nur mit großen Sonnenfischen vergleichen, braun gefärbt und mit starken Flossen, sie wühlten das Wasser auf und verschwanden in der Tiefe. Kapitän Brockmeier meinte gleichfalls, es seien riesige Sonnenfische gewesen, sie waren sehr hässlich und schreckenerregend.

Zwischen der Insel Sapudi und Java segelten wir in die Madurastraße hinein. Es hieß, dass hier auf dieser Insel die Bewohner in Höhlen lebten, und tatsächlich konnten wir durch das Fernrohr solche Behausungen auch entdecken. Von hier aus ging unser Kurs direkt auf unseren Bestimmungsort Pheyta zu. Als wir nach vergeblichem Suchen keinen Hafen finden konnten, setzten wir das Boot aus, und ich suchte nun die Küste ab nach dem Ort Pheyta. Zunächst stieß ich auf große, schmucke javanische Fischerboote. Ihre etwa 20 Mann Besatzung wurde von einem Kapitän befehligt, der hoch oben auf dem geschmückten Hintersteven des Bootes saß und von da aus seine Befehle und die Fischgründe angab, die er wohl von dort besser übersehen konnte. Ich sprach diese Männer auf Englisch, auf Holländisch an, doch keiner antwortete, sie verstanden kein Wort und über Pheyta zuckten sie die Achseln. Wir ruderten weiter und trafen zufällig ein Boot von Pheyta, und diese Leute zeigten uns den Hafen und den Ankerplatz. In weiter Ferne segelte der FRANK WILSON hinter uns her, und als wir jetzt umkehrten, nahm sie den Kurs auf uns schneller auf. Da wir nun keine große Eile hatten, an Bord zu kommen, betrachteten wir die vielen bunten Wasserschlangen, die sich in großer Zahl durch das Wasser bewegten oder schliefen. Manche von ihnen hatten eine Länge von zwei bis drei Metern und waren prächtig gezeichnet, gelb, rot, blau und schwarz.

Wir fischten eine ganze Anzahl dieser Schlangen in unser Boot. Da sie aber ziemlich lebendig im Boot herumkrochen und uns beim Rudern recht hinderlich waren, weil wir unsere Beine vor ihnen immer vorsichtshalber in Sicherheit bringen mussten, und wir nicht wussten, ob sie giftig waren, setzten wir einige wieder über Bord. Als wir das Schiff erreichten, war der Kapitän über unsere Auskunft sehr erfreut. Wir setzten das Boot erneut ein und nahmen Kurs auf die Küste. Unsere Beute wurde mit großem Interesse bewundert, doch setzten wir den Rest, den wir im Boot behalten hatten, auch noch über Bord. Wenn Seeleute von Seeschlangen erzählen, glaubt man meist an Aufschneidereien, besonders, wenn man von großen spricht. Hier war es aber eine Tatsache, die uns selbst in Erstaunen gesetzt hatte.

Als wir uns endlich zu dem Pheyta-Hafen hingefühlt hatten, kam ein Beamter von der Zuckerfabrik an Bord und brachte die FRANK WILSON auf den richtigen Ankerplatz. Die Reede war vollkommen offen und ungeschützt, deshalb wurden die Segel nicht abgeschlagen, um eventuell unter Segel gehen zu können bei eintretendem Unwetter oder Verlust des Ankers. Zunächst mussten wir nun den Ballast löschen. Da die FRANK WILSON aber ziemlich rank war, nahmen wir erst 100 t Zucker über. Es kamen 14 javanische Stauer an Bord, die den Zucker, der in großen Mattenkörben mit etwa 700 Pfund Gewicht angeliefert wurde, vorschriftsmäßig verstauten. Eine gewisse Erfahrung war dazu erforderlich, weil diese großen Körbe, Kryangs, konisch waren. Bald kamen zwei große, schwere Leichter, jeder mit 50 t Zucker beladen, und wir mussten nun mit eigener Besatzung die Ladung übernehmen. Wir brauchten zur Löschung eines Leichters einen ganzen Tag, weil man nicht mehr als einen Korb zurzeit überhieven konnte, das Ladegeschirr war auf dieses Gewicht eingerichtet. Die kleinen Javaner arbeiteten sehr geschickt und fleißig und gehorchten dem Vormann aufs Wort. Für diese javanischen Arbeiter wurde durch einen javanischen Koch das Essen bereitet. Mittags wurde der gar und trocken gekochte Reis, unpoliert, auf ein großes Korbgeflecht geschüttet, dann setzten sich alle drum herum und aßen mit den Fingern, etwas Fisch und Früchte waren die Beigaben. Es wurde jeden Tag dasselbe gekocht und die Leute waren zufrieden, kräftig und arbeitsfreudig trotz der schweren Arbeit und des dauernden Schwitzens. Nach Übernahme dieser ersten 100 t wurde der Ballast in die leeren Leichter geworfen und an Land gelöscht.

An den Tagen, an denen nicht geladen werden konnte, besahen wir uns die Umgegend mal näher. Die Landschaft war flach und bebaut. Man sah kleine Palmenhäuser in schattigen Gärten liegend, die besonders mit Bananenstauden und Kokospalmen bewachsen waren. Überall durchzogen kleine Flüsse und Seen das Land und überall wurde gebadet. Sobald wir uns den Badeplätzen der Frauen näherten, tauchten sie bis zum Hals unter und lachten uns aus. Dann kamen wir in große Zuckerrohrfelder, wo emsig geschnitten wurde. Das war eine anstrengende Arbeit, das starke lange Rohr mit Haumessern abzukappen. Das abgeschlagene Rohr wurde sofort auf Karren geladen, gewogen und in große Trichter in der Fabrik geworfen, wo das Rohr von gewaltigen Walzen erfasst und ihres Saftes entledigt wurde. In dickem Strahl schoss der Saft durch Rohre und Siebe in große Behälter, von wo aus er dann in Kessel befördert wurde. Diese Kessel standen auf hohen Gerüsten, die mit Laufgalerien umgeben und mit Teakholz und Messing eingefasst waren. Von hier aus konnte man durch eingebaute Glasscheiben das Kochen des Zuckersaftes beobachten, wie sich allmählich die Kristalle bildeten und dann der Saft abgelassen werden konnte, sobald er genügend eingedickt war. Diese dicke Masse floss in viele Siebpfannen, und nun wurde hier die Melasse von dem körnigen Zucker getrennt. Darauf wurde eine Papierschicht gedeckt, darauf wieder kam eine Schicht Schlick, die so lange darauf blieb, bis sie barst. Dann war der Zucker weiß, wurde aus den Pfannen herausgenommen und in die Lagerhäuser auf Haufen geschüttet. Dort wurde er klein geschlagen, in die großen Körbe gefüllt und war fertig zum Versand. Bei dieser Arbeit waren viele Javanerinnen beschäftigt. Bis zur Brust waren sie in bunte Seidengewänder gekleidet, sauber frisiert, sie waren in ihren Handhabungen recht gewandt. Als wir uns ihre Arbeit näher ansahen, wurde viel geschwatzt und gelacht. Das war ja alles für uns neu und interessiert betrachteten wir die Einrichtungen und Arbeiten. Die abfließende Melasse wurde in großen Zementbehältern gesammelt und damals meistens zur Düngung benutzt. Wir nahmen uns ein Fässchen dieser Melasse an Bord, doch fing das Zeug bald an zu gären, so dass wir es über Bord werfen mussten. Das ausgequetschte Zuckerrohr wurde zum Heizen der Kessel gebraucht, man ersparte dadurch die teure Kohle. Unsere weißen Führer erzählten uns, dass man es hier nicht länger als ein paar Jahre aushalten könnte, dann müssten sie erst mal wieder nach Europa, denn das Leben war hier recht eintönig und beschwerlich. Die Beköstigung war nicht abwechslungsreich genug. Jeden Mittag aß man Reis und Huhn, die dauernde Hitze wirkte niederdrückend und erschlaffend, weil man bei der geringsten Arbeit stark transpirierte. Man zeigte uns den Kirchhof, wo über zweihundert ihrer Kameraden begraben lagen, das Fieber hatte sie in ihren jungen Jahren hinweggerafft. Viel Schuld daran tragen natürlich das viele Arraktrinken und das ausschweifende Leben.

Im Laufe dieser interessanten Besichtigung hatten wir uns mit dem Fabrikleiter und den weißen Angestellten verabredet, in den nächsten Tagen eine Leopardenjagd zu unternehmen. Unser Kapitän forderte auch mich auf, daran teilzunehmen, doch war das in der Hitze in europäischer Kleidung doch zu anstrengend. Dazu braucht man eine richtige Jagdausrüstung. Eines Morgens versammelten sich alle Jäger am Strande, unseren Kapitän hatten wir auch zu dem Zwecke an Land gesetzt. Gleich zu Anfang hatte bereits der Fabrikleiter das Pech, mit seinem weißen Anzug beim Absteigen von seinem Pferd in eine tiefe Schmutzlache zu fallen. »Gott verdomifor«, sagte er, »dar hev ick mi mit mine nege brook in de Strund geseten!« Er musste die Hose ausziehen, ausspülen und trocknen, was in der heißen Sonne sehr schnell ging. Die Gesellschaft war mit guten Kugelbüchsen ausgerüstet, unser Kapitän hatte noch seinen vorzüglichen Revolver eingesteckt. Wagen, Pferde, Esel und Eingeborene begleiteten sie. Als ich diese Gesellschaft so in den Wald hineinziehen sah, dachte ich bei mir, dass sie wohl keinen Jaguar mitbringen würde, und in Gedanken hörte ich Kapitän Brockmeier schon über seine europäische Kleidung, wenn ihm der Schweiß von der Stirne rann, fluchen. Nachdem ich nun noch die Order erhalten hatte, den Kapitän von Land wieder abzuholen, sobald er eine rote Flagge am Strande setzen würde, verabschiedete ich mich und ruderte mit meiner Mannschaft wieder an Bord zurück. Natürlich wurden über das Jagdabenteuer viele Witze gerissen, wie die Beute wohl ausfallen würde und was für Jägerlatein man wohl nachher zu hören bekäme. Am nächsten Nachmittag war die rote Flagge an Land gesetzt und man sah einen Teil der Gesellschaft am Strande versammelt. Vier Eingeborene trugen an einer Stange ein an den Beinen zusammengebundenes Wildschwein, das sich mit aller Gewalt zu befreien suchte, aber von einem Tiger war nichts zu sehen. Es bereitete Schwierigkeiten, das Untier im Boot zu verstauen, es schnaubte wütend und unsere Beine mussten wir in Sicherheit bringen, wodurch das Rudern sehr erschwert wurde. Wir waren kaum vom Land frei, als das Biest ein Bein aus den Fesseln befreite. Es stieß nun mit großer Gewalt auf dem Bootsboden herum, wir mussten uns ständig gegen seine Angriffe wehren und der Kapitän hielt immer den Revolver zum Schuss bereit. Endlich gelangten wir unter vielen Flüchen längsseits von FRANK WILSON, wo uns die Mannschaft schon mit großer Spannung erwartete. Wie sollten wir nun aber die Beute an Bord nehmen? Das gelang uns nicht eher, bis der javanische Vorarbeiter das Schwein wieder gefesselt hatte, und nun wurde das arme Tier mittels eines Taues an Bord geholt und an Deck geworfen. Doch jetzt wurde die Sache noch gefährlicher. Das Schwein hatte zwei Beine aus der Fesselung befreit und raste nun auf zwei Beinen auf dem Deck herum. Alles floh in die Wanten, der Koch schloss seine Kombüse und erstickte darin fast vor Hitze. Der Steuermann schrie: »Erschießen!«, doch konnte er nicht an die Gewehre herankommen. Wir krabbelten am Fallreep hoch, der Kapitän nahm seinen Revolver und schoss das Tier nach vielen Fehlschüssen mausetot, endlich war es zur Strecke gebracht. Die Mannschaft krabbelte wieder aus den Wanten runter und alle umstanden nun die Leiche und beratschlagten, was damit anzufangen sei. »Wi möt em insolten«, sagte der Koch, und so nahmen Koch und Zimmermann die Schlachtung vor und salzten das Fleisch in einem kleinen Fass ein bei einer Hitze von 36 bis 40° C. »Ick weet gornich«, sagte Kapitän Brockmeier nach einigen Tagen, »dat stinkt hier achtern so, schull dat woll dat Swin sin?« Wir öffneten das Schweinefass und wären vor Gestank beinahe umgefallen. »Pfui, Deubel!« schrie der Kapitän, »schmiet dat ganze Fatt över Bord«, und so wurde die Jagdbeute ins Meer versenkt, den Haifischen zum Fraß.

An einem anderen Sonntag unternahmen der Erste Steuermann, Büschen, und ich einen Ausflug in die Umgebung. Zuerst gelangten wir an einen Badeplatz für Frauen, die, als sie uns erblickten, sofort bis zum Hals untertauchten und laut lachten. Weiterwandernd kamen wir in einen kleinen Wald, wo viele Eingeborene in freundlich gelegenen, reinen Bambushütten wohnten. Es war mittlerweile Mittag geworden und so fragten wir die Eingeborenen, ob sie uns vielleicht Eier verkaufen wollten. Leider war eine Verständigung mit ihnen nicht möglich. Wir wollten Wasser haben, doch auch das verstanden sie nicht, bis wir uns schließlich durch Zeichen verständigten. »Ayenn« oder so ähnlich nannten sie Wasser. Zuletzt boten sie uns Eier an, die sie tief vergraben hatten, aus dem Lehm holten und für uns kochten, doch es fehlte das Salz, aber weil wir Hunger hatten, schmeckten sie uns doch. Bevor wir das Dorf verließen, besahen wir uns eine Bambushütte von innen etwas genauer. Sie war sehr sauber und es befanden sich viele Ruhestätten aus Bambus darin. Zu unserem größten Erstaunen fanden wir auf einem dieser Betten einen dürftig gekleideten, alten Deutschen. Selbst in dieser entlegenen Ecke der Erde fand man einen Landsmann. Auf unserem Rückmarsch stießen wir auf die große, planierte Landstraße nach Batavia. Durch Urwälder und hohe Berge sich hindurchziehend, von wilden Jaguaren vielfach überquert, kann sich diese Straße mit den besten in Europa messen. Die Sonne war schon am Horizont verschwunden, als wir wieder an den Strand kamen. Wir signalisierten mit der FRANK WILSON und bald kam das Boot und wir befanden uns wieder an Bord, wo wir uns, gemütlich in der Hängematte liegend, mit dem Kapitän über den interessanten Ausflug unterhielten.

Das Beladen des Schiffes ging weiter langsam vorwärts. Es gab dort nur zwei Leichter, und waren diese gelöscht, dauerte es wieder einige Tage, bis dieselben beladen längsseits lagen. So blieben wir hier über vier Wochen, um das Schiff zu beladen. Ende Oktober waren wir zur Abreise fertig. Die Wassertanks waren aufgefüllt und auch der Proviant konnte notdürftig ergänzt werden. Alles, was wir als Schiffsproviant auftreiben konnten, waren ein Sack Zwiebeln, ein Dutzend Hühner, ein Hahn und ein Sack Kartoffeln.

Die Javaner wurden an Land gesetzt und dann hievten wir Anker und »homeward bound« ging es nach Queenstown for order, eine lange und ununterbrochene Seereise lag vor uns. Bei mäßiger, östlicher Brise segelten wir aus der Madurastraße heraus mit Kurs auf die Lombokstraße, um danach in den Indischen Ozean zu gelangen. Je mehr wir uns dieser Straße näherten, desto lebhafter frischte der Wind auf. So segelten wir mit flotter Fahrt durch die enge, von hohen Bergen eingezäunte Lombokstraße, dem Kap der Guten Hoffnung entgegen.

Das Schiff war durch das lange Liegen in den tropischen Gewässern sehr mit Langhalsen und Dornen bewachsen, so dass wir die Fahrt selten über acht Seemeilen bringen konnten. Der Südost-Passat wehte mäßig und erst auf 25° S frischte es auf, so dass wir nach 46 Tagen Reise bei stürmischem Wetter das mit finsteren Wolken behangene Kap der Guten Hoffnung sichteten. Um unseren Chronometer zu korrigieren, hielten wir nahe an Land heran und segelten bei Tage um das Kap herum, bis wir nach Norden abhalten konnten mit direktem Kurs auf St. Helena.

Bald gelangten wir mit vierkant gebrassten Rahen vor dem Wind segelnd nach St. Helena. Die Berggipfel waren mit schweren Wolken bedeckt, während unten im Tal das so freundlich mit dem spitzen Kirchturm vom Meer reizend erscheinende »Jamestown« in Sicht kam. Langsam segelte wieder die FRANK WILSON an der Begräbnisstätte seines früheren Kapitäns vorbei, so wurde es Nacht, ehe wir die Insel passiert hatten. Doch auch diesmal fand das geheimnisvolle Aufspringen der Türen nicht statt.

Vom Kap bis hier hatten wir neun Tage gebraucht. Das Schiff wurde nun gründlich überholt, gewaschen und gemalt, das Teakholz lackiert. Allmählich stellte sich eine allgemeine Unzufriedenheit ein. Der Kapitän fluchte über die langsame Fahrt, wir Steuerleute schimpften über die Schiffsarbeit, die Leute auf die schlechte, ungenügende Kost. Unser wackerer Hahn, der jeden Tag durch sein munteres Krähen einleitete, hatte sich bei der Mannschaft viele Feinde zugezogen. Besonders der Koch und der Zimmermann konnten nie zu Ende schlafen, der Weckhahn krähte direkt in ihr Zimmer hinein. Ein auf ihn geschleuderter Stiefel oder Stück Holz war die Antwort auf sein Krähen. Unter dem großen Rettungsboot hingen zwei geräucherte Schinken, fein in Segeltuch eingenäht und geteert. Durch das lange Hängen und Hin- und Herpendeln beim Schlingern des Schiffes waren die Bändsel durchgescheuert, auch hatten sie sich da wohl gelangweilt, denn eines Nachts wanderten sie vor den Speigatten im Wasser hin und her. Der Zimmermann, der sie dort fand, sagte zu mir: »Na, Stüermann, de Schinken wolln wi man gliek ansnieden, eh se ganz över Bord gaht.« Wir sperrten die Ausreißer wieder ein und erst im Norden nach der Linie schnitten wir einem den Hals ab. Auch hing der Sack mit Zwiebeln dort, den die Mannschaft schon halb leer gegessen hatte, sie verspeisten sie roh als Mittel gegen den Skorbut. Gegen diese heimtückische Krankheit erhielten wir jeden Morgen ein kleines Glas voll Zitronensaft, denn diese unheimliche Krankheit machte sich schon bemerkbar. Auch ich blieb davon nicht verschont. Meine Füße waren so geschwollen, dass ich sie in Segeltuch einwickeln musste, weil die Schuhe nicht mehr passten. Der Koch klagte über seine Zähne, die waren locker und bluteten.

Wir näherten uns jetzt der Insel Ascension und der Südost-Passat flaute allmählich ab. Wir waren schon über 60 Tage unterwegs, das Bewachsen des Schiffes durch Langhalsen und Dornen machte sich recht bemerkbar, das Schiff wollte nicht mehr durchs Wasser, und wir beschlossen, sobald wir in die Kalmen kommen würden, den Schiffsboden mittels Patentschrapper zu reinigen. An Deck wurde eifrig gearbeitet, um alles wieder instand zu setzen. Es wurde Rost geklopft und in allen Farbtönen gemalt und gemalt. Der Proviant wurde schon knapper, die Hühner waren fast verzehrt und auch der Hahn zeigte den Beginn des Tages mit seinem Krähen nicht mehr an. Der Koch oder der Zimmermann hatten ihn eines Nachts getötet und über Bord geworfen, aus Rache für die vielen schlaflosen Morgenstunden. Auch fanden die beiden es ungerecht, dass wir in der Kajüte am Sonntag die mageren Hühner aßen, während sie Dosenfleisch verzehren mussten.

Auf 3° S verließ uns der Passat, das Schiff machte nur noch zwei bis drei Seemeilen Fahrt durchs Wasser und wir fingen nun an, die Patentschrapper durch den Boden hin- und herzuziehen. Im klaren Wasser konnte man deutlich sehen, wie unzählige Dornen, Muscheln und Langhalsen sich dabei vom Boden lösten. Diese Arbeit setzten wir zwei Tage fort und glaubten, damit den Boden ziemlich rein bekommen zu haben, nur hinten im Scharfen konnte der Schrapper nicht so in Wirkung treten und darum blieb dort auch vieles sitzen. Doch konnten wir es dennoch merken, dass das Schiff leichter durchs Wasser ging, schon wenn nur leichte Brise kam, aber die kam immer noch nicht.

Viele prächtige Fische umgaben uns, ein gewaltiger Blauwal spielte um uns herum. Obwohl der Kapitän ihm viele Revolverkugeln in den dicken Speck jagte, schwamm er munter und vergnügt um das Schiff herum, dann und wann mächtige Wassersäulen auspustend, wenn er wieder an die Oberfläche kam. Als ich an einem Morgen um acht Uhr auf Wache kam, war der Kapitän gerade beim Fischen, er warf die Harpune nach einem Seewolf, ohne die Leine festgesetzt zu haben. Harpune und Leine gingen verloren und der Kapitän machte mich dafür verantwortlich. Er sagte, ich solle die Leine mit der Harpune wiederholen, mir zwei Mann nehmen, das kleine Boot aussetzen und die große Wasserfläche des Atlantiks absuchen. Da ich an dem Verlust vollkommen schuldlos war, hielt ich das für Spaß, doch Kapitän Brockmeier bestand darauf. Es wurde ein Boot ausgesetzt und so ruderte ich mit zwei Matrosen auf dem Meer herum. Das Wetter war ruhig und die See mäßig bewegt, die Luft klar. Auf der FRANK WILSON hatte man den Großtopp back gebrasst und das Großsegel aufgegeit, so dass das Schiff keine Fahrt mehr machte. Wir ruderten ca. zwei Seemeilen entfernt umher, ohne etwas von der Harpune entdecken zu können. Stattdessen verfolgte uns unser gewaltiger Freund, um mit uns zu spielen. Er umkreiste unser kleines Boot und schlug beim Untertauchen gewaltig mit seinem Schwanz auf das Wasser, so dass die Spritzer ins Boot geschleudert wurden. Mit Schrecken erwarteten wir nun sein Auftauchen, denn hätte er uns auf seinen Rücken genommen, wären wir verloren gewesen. Doch das treue Tier passte auf, dass uns nichts passierte, er tauchte in angemessener Entfernung wieder auf, prustete seinen Wasserstrahl in die Luft und umkreiste uns wieder. »Das Beste ist, wir werfen ihm ein Stück Kohle auf seine Schwanzflosse«, sagte der norwegische Matrose, »dann wird er uns wohl wieder verlassen.« Nachdem wir das Kunststück vollendet hatten, verabschiedete sich unser Freund von uns und nahm Kurs auf die FRANK WILSON. Wir fuhren hinterher, und als wir beim Schiff ankamen, spielte der Wal schon wieder dort umher. Harpune und

Leine blieben verloren, wir setzten das Boot wieder ein und segelten weiter der Heimat entgegen. Nachdem der Kapitän dem Tier noch einige Kugeln in die Haut geschossen hatte, verabschiedete es sich mit einem kräftigen Schwanzschlag. Von dem Kapitän war es unverantwortlich gewesen, uns einen solchen Befehl zu geben, zu einem Abenteuer, das leicht böse Folgen hätte haben können. Regenböen, starke Winde und unsichtiges Wetter hätten plötzlich einsetzen können, und dann hätten wir im Boot das Schiff nie wieder erreichen können, wir wären elendiglich auf der einsamen Wasserfläche verdurstet und verhungert.

Die Windstille hielt uns viele Tage fest, dann und wann zog eine schwache Böe ohne Regen an uns vorüber und heiß strahlte die Sonne den ganzen Tag auf uns herab. Das Fluchen und die Verwünschungen nahmen kein Ende. Das Barometer stand so hoch wie festgenagelt. Vor Ärger schlug der Kapitän eines Tages mit der Faust gegen das Kajütschott, an dem das Barometer hing. Das fiel nun wirklich, aber nur auf den Boden, Wind kam dadurch auch nicht. Wir Steuerleute lachten über solchen Unsinn. Der Skorbut machte sich nun auch stärker bemerkbar, wir nahmen täglich zwei Gläser Zitronensaft. Große Sorge bereitete uns der Mangel an Trinkwasser und die Knappheit des Proviants. Wenn es nur mal regnen wollte, wie es sonst hier fast immer der Fall ist, doch Wind und Regen blieben aus. In 14 Tagen waren wir von 3° S bis 1° N gekommen, über 90 Tage hatten wir bis zum Äquator gebraucht und noch immer hielt uns die Linie fest, es war wirklich zum Verzweifeln. Natürlich war die Stimmung der Mannschaft auch nicht rosig. Sie schimpfte auf den Proviant, das Brot wurde schlecht und die Margarine war ein ranziges Öl.

Nach weiteren acht Tagen hatte uns endlich ein schwacher Nordost-Passat erfasst. Scharf bei dem Wind, über Steuerbord-Halsen konnten wir NW bis NNW liegen. Selten lief das Schiff mehr als acht Knoten. Auf 28° N verließ uns aber allmählich der Passat. Wir gerieten wieder in flaue Winde, doch westlicher Richtung, so dass wir auf die Azoren zuhalten konnten. Die Temperatur sank jetzt schnell, es war ja Februar und der nördliche Winter machte sich bemerkbar. Wir holten unsere Seestiefel hervor und zogen wieder Winterkleidung an. Stürmische westliche Winde, die uns jetzt unserem Ziel schneller hätten entgegenbringen können, blieben aus. Stattdessen sprangen sie häufig auf O oder NO, es blieb meist flau.

Als wir uns dem Festland näherten, frischte der Wind aus SO bis zur Sturmstärke auf. In einer dunklen Sturmesnacht sichteten wir das Feuer von Galley Head. Wir mussten die oberen Segel fortnehmen, und es setzte während der Nacht bei zunehmender See voller Sturm ein. Da wir kaum vom Lande freisegeln konnten, mussten wir das Schiff stark pressen, so dass die Leereling häufig unter Wasser kam. Die Schoten standen zum Brechen. Das Feuer von Galley Head verschwand, es wurde über Land unsichtig und Landfeuer waren nicht mehr zu sehen. Nach der Logge hätten wir das Feuer von Queenstown in der Morgenwache in Sicht bekommen müssen, unser Besteck wurde unsicher, und wir nahmen deshalb mehr Segel fort. Als es Tag wurde, war kein Land zu sehen, Sturm aus SO und die See nahmen noch zu. Wir segelten nun vor den Untermarssegeln, gereffter Fock und Sturmbesan. Wir mussten ungefähr die Höhe von Queenstown haben, getrauten uns aber nicht, nach Land abzuhalten. »Na«, sagte der Kapitän, »heute können wir unseren Körper zum Aalkorb machen, lange können wir diesen Kurs nicht mehr behalten. Dann ist es schon besser, wir lassen das Schiff vor dem Wind möglichst hoch auf Land laufen, um wenigstens unser Leben zu retten! Wir haben noch einen Rest vom Schinken, den wollen wir noch vorher verzehren.« Und wir ließen ihn uns gut schmecken. Nach dieser Stärkung sagte der Kapitän zu mir, ich solle mal nach oben steigen, ob vielleicht doch noch etwas von Land zu sehen wäre. Ich stieg mit dem Fernglas in den Mast, der Wind presste mich dagegen, und durch das gewaltige Arbeiten des Schiffes war es mir fast unmöglich, das Fernglas zu gebrauchen. Nach einer starken Böe wurde es über Land etwas sichtiger. Durch das Fernglas suchte ich das Land ab, dann plötzlich entdeckte ich einen weißen Feuerturm, berichtete dies nach unten und gab die Richtung an. Nach Einsicht in die Karte und nach unserer Berechnung musste es Queenstown sein. Wir hielten sofort darauf zu. Sobald der Feuerturm von Deck aus zu beobachten war, stieg ich wieder an Deck und übernahm das Ruder. Wir lagen jetzt über Backbord-Halsen und konnten gut von Land freiliegen, denn wir hatten schon zuviel Ostweg gemacht und mussten wieder zurücksegeln. Das Schiff arbeitete nun gewaltig in der Küstensee. Das Deck war ständig überflutet und ängstlich fragte die Mannschaft, ob wir das Schiff jetzt auf Strand setzen wollten. Wir sprachen ihnen Mut zu und beruhigten sie. Die Anker wurden unter Lebensgefahr klargemacht, denn durch die allgemeine Aufregung waren die Schäkel nur halb eingeschäkelt, wie sich später herausstellte. Doch glücklicherweise hielten sie, sonst wären wir verloren gewesen. Hohe schwere Brandung ließ jetzt das Land und die Untiefen erkennen, es ging auf Leben und Tod. Bald darauf entdeckten wir eine Öffnung, auf die wir zuhielten, so kamen wir in die Nähe des Feuerturms. An eine Übernahme des Lotsen war gar nicht zu denken. Vom Turm aus gab er uns mit Signalen die Kurse an, die wir steuern mussten. Vor uns brandete die See über den Untiefen. Ich musste außerordentlich geschickt steuern, um daran vorbeizukommen, doch es gelang. Bald hatten wir ruhigeres Wasser, geiten die Segel auf und segelten vor Topp und Takel ziemlich weit in den Hafen hinein, wo wir auf einer Bank mit vier Faden Wasser beide Anker laufen ließen. Der Sturm brauste mit großer Gewalt über uns hinweg, doch wenn die Anker hielten, waren wir außer Gefahr.

In der Kajüte sah es fürchterlich aus, das Wasser stand einige Zoll hoch und konnte nicht abfließen. Alles war nass, sogar die Karten waren kaum noch zu gebrauchen, sie lagen nun in meiner Koje, die noch trocken geblieben war. Als wir noch beim Segelfestmachen waren, kamen leere Zuckerkörbe an uns vorbeigetrieben, sie rührten von einer englischen Bark her, die mit 14 Mann Besatzung auf die Felsen geschlagen war, an denen wir wie ein Wunder vorbeigesteuert waren. Nach einer halben Stunde waren Schiff und Mannschaft in den grausigen Fluten verschwunden. Als wir unser Mittagessen aßen, beglückwünschten wir uns gegenseitig, den sicheren Hafen nach einer Reise von 128 Tagen erreicht zu haben. Ein kräftiger Schluck Rum bekräftigte diesen Glückwunsch. Am Nachmittag wurden die Verheerungen, die Sturm und See auf dem Schiff angerichtet hatten, wieder in Ordnung gebracht.

Dann fuhr der Kapitän mit einem Dampfer an Land, um zunächst erst mal frischen Proviant, besonders frisches Gemüse und Früchte gegen den Skorbut, einzukaufen sowie etwaige Order in Empfang zu nehmen. Der Sturm heulte noch immer ununterbrochen in der Takelage. Die Nacht war stockfinster, der Himmel mit schweren Wolken bedeckt. Aus Vorsicht steckten wir noch mehr Kette aus und hielten gute Wacht. Gegen Mitternacht trieb ein Rettungsboot an uns vorbei. Die Leute schrien uns unverständliche Worte zu. Wir warfen ihnen Leinen zum Boot hinüber und nahmen die völlig erschöpften Leute an Bord bis zum Morgen. Dann kam der Kapitän auch wieder an Bord. Order lag für uns noch nicht vor, aber Briefe aus der Heimat und frisches Fleisch, Gemüse und Früchte kamen an Bord. Unsere Mannschaft fiel gleich über die ihnen gereichten Früchte her, vertilgten sogar rohe Steckrüben, so vitaminhungrig waren sie.

Es lagen noch mehr deutsche Schiffe hier im Hafen. Unter ihnen die Elsflether Bark GERD HEYE mit Kapitän Ladewigs, der war es, der Vaters Schiff, die JOHANN, von Pernambuco rüberbrachte und nachher das Schiff führte. Eines Tages ruderten wir zur GERD HEYE hinüber, um den Kapitän als guten Bekannten zu begrüßen. Zugleich bat ich ihn, die Stelle als Zweiten Steuermann für mich offen zu halten, was er auch versprach, in dem Falle, dass beide Schiffe zur gleichen Zeit in Hamburg sein würden. Die GERD HEYE segelte nämlich von hier direkt nach Hamburg, und auch wir sollten dorthin versegeln, um dort das Schiff und Segel überholen zu lassen. Kapitän Ladewigs übergab die GERD HEYE nachher seinem Steuermann Hamer, mit dem zusammen ich später die See noch manches Mal gepflügt habe. Die GERD HEYE segelte bald darauf zu ihrem Bestimmungshafen. Durch dreimaliges Dippen der Flagge wünschten wir ihr gute Reise.

Einmal habe ich mir auch Queenstown angesehen. In den vernachlässigten Häusern wohnte eine ärmliche Einwohnerschaft. Es herrschte Schlackerwetter und viele kleine, arme Kinder liefen barfuß auf der Straße umher und bettelten. Landschaftlich ist die Stadt sehr schön gelegen in leicht hügeligem Gelände an einer großen Bai. Von Land aus machte die Reede, mit den vielen ankommenden und ausfahrenden Schiffen als Orderplatz, einen imponierenden Eindruck. Die Hauptstadt Cork liegt weiter landeinwärts. In den Geschäften sah ich viele weibliche Angestellte, zu damaliger Zeit etwas sehr Ungewöhnliches. Nachdem ich mit viel Mühe für meine Geige neue Saiten gekauft hatte, fuhr ich wieder mit dem Kapitän an Bord.

Die Mannschaft erholte sich ziemlich rasch wieder vom Skorbut, jedoch brauchten die Seebeulen länger zum Abheilen. Durch die mangelhafte Verpflegung war unser Blut zu sehr geschwächt worden. Nach 14 Tagen Liegezeit erhielten wir Order, nach Plymouth zu versegeln, den Zucker dort zu löschen und dann nach Hamburg weiterzufahren, um dort die Reise zu beenden.

An einem trüben, regnerischen Tag, SW-Wind, Stärke sechs bis sieben, hievten wir Anker, ließen uns herausschleppen und setzten die Segel mit Kurs auf den Kanal. Die Bramsegel konnten noch soeben stehen, doch in der Nacht flaute es ab und dichter Nebel legte sich übers Meer, wir gaben Nebelsignale. Die Logge zeigte sechs Knoten die Stunde, im Nebel immerhin noch eine gute Fahrt. Ich hatte auf meiner Morgenwache, ehe der Nebel einsetzte, an Backbord Land gesichtet und meinte auch, Lizard erkannt zu haben, doch der Kapitän war der Meinung, dass es Land's End gewesen sein müsse, wenigstens nach der Logge zu rechnen. Dann wäre Lizard schon quer gewesen. Sonnenbeobachtungen zur Ermittlung des Schiffsortes waren nicht zu bekommen, der dichte Nebel ließ die Sonne nicht durchbrechen. Unser Besteck war ganz unsicher. Der Nebel hielt während des Tages und der Nacht noch an. Am nächsten Morgen, als es einen Augenblick sichtig wurde, kam uns ein Kriegsschiff entgegen. Es war die deutsche Korvette ELISABETH. Wir baten durch Signale um den Schiffsort und man teilte uns mit, dass wir dicht unter Start Point wären und sofort wenden müssten. Wir gingen nun sofort über Stag, und während wir noch wendeten, klarte es auf, wir sahen die hohe Küste vor uns. Diesen Kurs noch eine halbe Stunde beibehaltend, wäre die FRANK WILSON gestrandet. Ein glücklicher Zufall hatte uns davor bewahrt. Das hatten wir der deutschen Korvette ELISABETH zu verdanken. Wir waren schon 30 sm zu östlich gesegelt, meine Sichtung von Lizard war also richtig gewesen.

Auf westlichem Kurs sichteten wir bald darauf Eddystone-Leuchtturm und hielten denselben nun an Backbord. Ein Plymouth-Lotse kam an Bord, der uns auf die Außenreede von Plymouth brachte. Wir ließen nun die Anker fallen, machten die Segel fest und gingen Ankerwache.

Am nächsten Morgen wurden wir in den Innenhafen geschleppt, die FRANK WILSON wurde am Kai vertäut. Nach der Lukenbesichtigung wurde mit der Löschung begonnen. Trotz der ständigen Überflutung des Decks in den letzten Wochen war die Ladung nicht nass geworden, sondern befand sich in tadellosem Zustand.

»Na, Stüermann«, sagte Kapitän Brockmeier am Abend zu mir, »wir sind beide unverheiratet, dann gehen wir mal an Land!« Und so haben wir diese abenteuerliche Fahrt dann bei Stout und Ale gut begossen. Plymouth als Kriegshafen ist eine typische englische Stadt, jedoch herrschte hier internationales Leben. Es gab einige gute Theater und ich habe hier mehrere Webersche Opern gehört. Die Straßen waren sauber, der Verkehr am Tage recht lebhaft, Nachtleben war nicht vorhanden. An einem anderen Abend stießen Kapitän Brockmeier und ich auf einen Jahrmarkt. Der dicke Kapitän wollte sich mal wiegen lassen, ob er bei der schmalen Kost der Reise abgenommen hätte. Der Zeiger schlug aber gleich erheblich herunter: »By Jingo, 17 stones, that's a good weight for a young man like you, captain«, schrie der Besitzer in die Menge. Stolz warf sich Kapitän Brockmeier in die Brust und sagte nachher zu mir: »Dat har ick nich dacht, bi de flaue Kost!« Er spendierte darauf noch einen Stout und Ale, ziemlich spät wanderten wir wieder an Bord. Ich interessierte mich hier mehr für die Musik, besuchte häufig das Theater und kaufte mir mehrere Opernstücke, die ich dann auf der Geige spielte. Nach den unendlichen Strapazen und Entbehrungen bekam mir der Aufenthalt hier unter gesitteten Menschen ausgezeichnet. Es gingen allerdings einige Pfund drauf, ich hatte mich aber wieder gut erholt.

Die Ladung war bald gelöscht, Ballast wurde übergenommen und nun war unser Bestimmungsort Hamburg, die deutsche Heimat winkte. Wir hatten den Schiffsboden so gut es ging von Dornen und Langhalsen gereinigt, doch würde die FRANK WILSON trotzdem nur schlecht laufen, aber es musste gesegelt werden.

Am 23. März verließen wir Plymouth, das raue Seeleben wollte uns zuerst nicht behagen. Bei flauen Winden aus westlichen Richtungen hatten wir uns nach acht Tagen bis HAAKS-FEUERSCHIFF an der holländischen Küste herangearbeitet. Hier flaute es nun ganz ab. In unserer Nähe fischten drei holländische Fischerboote. Sie hielten große, lebendige Schollen in ihren Händen, zum Zeichen, dass sie Fische an uns verkaufen wollten. Da sie in unserer Nähe blieben, gaben wir ihnen Zeichen, dass sie zu uns herüberkommen sollten. Als diese Leute mit einem kleinen Boot bei uns längsseits lagen, berichteten sie, dass sie schon drei Wochen hier herumtrieben ohne nennenswerten Fang. Wir tauschten gegen sieben Pfund Rauchtabak, der auf der Reise schon gelitten hatte, und vier Pfund Pökelfleisch, eine Tonne voll Schollen, eine Tonne feinste Seezungen und eine Tonne Knurrhahn ein. Die armen Fischer ruderten vergnügt wieder zu ihren Fahrzeugen zurück und wir freuten uns über die prachtvollen Fische. So viele delikate Fische habe ich in meinem Leben noch nicht verzehrt wie auf dieser Heimreise. Morgens zum Frühstück feinste Seezunge, mittags gebratene Scholle und abends gebackener Knurrhahn, der weder knurrte noch krähte. »De stört us wenigstens nich in slap, wi de olle verdammte Hahn«, sagte der Zimmermann. Obgleich die Witterung recht kalt war, mussten wir die vielen Fische zuletzt doch ausnehmen, leicht einsalzen und an der Luft trocknen. In Hamburg haben wir die Schauerleute damit erfreut.

Nach dreitägigem Aufenthalt bei HAAKS-FEUERSCHIFF setzte starke Brise ein aus NO bis O. Wir kreuzten und kreuzten, bis wir am 22. Tage nach unserer Ausfahrt aus Plymouth uns in der Nähe von Helgoland befanden. Hier setzte eine flaue, westliche Brise ein, die uns bis zum FEUERSCHIFF ELBE II brachte. Wir ankerten dort, um auf einen Schlepper zu warten. Noch während der Nacht mit beginnender Flut wurden wir nach Hamburg raufgeschleppt, wo wir dann in Steinwerder an den Pfählen festmachten.

Wir schrieben den 18. April 1886. 23 Tage von Plymouth nach Hamburg war auch eine »Rekordreise«, in der Zeit konnte man von Hamburg nach New York fahren.

Es war stiller Freitag. Der Erste Steuermann Büschen und ich ließen uns an Land setzen, um wieder mal ein deutsches Glas Bier zu trinken. Am Nachmittag packte ich meine Sachen, denn am Sonnabend sollte abgemustert werden, und dann wollte ich sofort nach Hause reisen, um Ostern noch einige Wochen bei meiner Familie zu bleiben. Die GERD HEYE lag ganz in unserer Nähe im Trockendock. Kapitän Brockmeier und ich gingen dort an Bord und trafen Kapitän Ladewigs, woraufhin ich mich gleich wieder verpflichtete, für eine lange Reise über Christiania nach Melbourne. Anfang Mai sollte ich anmustern. Als wir nach der Abmusterung unsere Kisten und Kleidersäcke von Bord holten, nahm ich Abschied von einem der sonderbarsten, mutigsten Kapitäne, mit denen ich je zusammen gewesen war, von Kapitän Brockmeier. Ich habe ihn nie wieder gesehen, die FRANK WILSON ist mit ihm verschollen. Der nörgelige Zimmermann sagte beim Abschied: »Na, Stüermann, denn djüs, god dat wie von den verdammten Pott herünn sind.« Nach vielen Jahren traf ich ihn als Hafenpolizisten an den Vorsetzen in Hamburg wieder, in schmucker Uniform.

Am Sonnabend vor Ostern traf ich abends um zehn Uhr in Elsfleth ein und traf Mutter und Schwester Elly gesund und freudig an. Ich war ein Jahr und zwei Monate fort gewesen.

Kristiania
Hamburg
Falmouth
Le Havre
Kanada
Corinto
Estero Real
Brasilien
Afrika
Süd Atlantik
Indischer Ozean
Australien
Melbourne

Siebte und letzte Segelschiffsreise

auf der GERD HEYE
als Zweiter Steuermann

Kristiania – Melbourne – Corinto/Nikaragua – Falmouth

1886–1887

Im Hause wurde gebaut. Aus zwei kleinen Zimmern wurde ein großes gemacht, das Kinderzimmer war entbehrlich geworden. Der Schutt, der fortgeräumt werden musste, ließ mir die Zeit nicht lang werden. An Vergnügen war nicht zu denken und die nicht gemütliche Zeit verging rasch genug bis zu meiner Abreise. Am 5. Mai reiste ich mit dem Ersten Steuermann Bellmer nach Hamburg. Der Reeder empfing uns sehr unfreundlich, warum wir nicht früher abgereist wären. Doch ich hatte nicht Order erhalten, früher zu reisen, und empfand deshalb diese Unfreundlichkeit als ein Unrecht. Kaum hatten wir uns umgezogen, als schon der Proviant übergenommen und verstaut werden musste. Der Kapitän, Hamer, war ein besserer Vorarbeiter, was uns gar nicht imponieren konnte. Es war seine erste Reise als Kapitän und da wollte er sich wohl sehr eifrig zeigen. Dann wurde der Ballast übergenommen und festgetrimmt, die Segel angeschlagen, und als alles seeklar war, wurden wir unter strömendem Regen nach See geschleppt. Bei FEUERSCHIFF ELBE III ankerten wir über Nacht. Es herrschte vollständige Windstille und von allen Seiten zogen Gewitter heran. Am anderen Morgen gegen vier Uhr setzte Ebbe ein und eine mäßige westliche Brise versprach günstige Gelegenheit zum Segeln. Wir gingen Anker auf und segelten mit nördlichen Kursen an der holsteinischen Küste entlang dem Skagerrak entgegen. Die ganze Küste grünte im Frühlingsschmuck. Die Windmühlen mahlten in der frischen Brise ihr Korn. Es war ein prächtiges Landschaftsbild und stand im krassen Gegensatz zur christlichen Seefahrt. Hiermit winkte uns die Heimat freundlichen Abschied bis auf Wiedersehen in einem Jahr.

Im Skagerrak frischte der Wind auf. Am andern Tag sahen wir die hohen Berge von Kristiansand, die noch mit Schnee bedeckt waren. Ein eisiger Wind wehte von dort her und zwang uns, unsere Winterbekleidung anzuziehen. Wir näherten uns nun schnell dem Christianfjord. Bei Vesterøy erhielten wir einen Lotsen und im Laufe des Nachmittags brachte uns ein Schlepper durch den Fjord nach Kristiania, wo wir gegen Mitternacht bei anbrechender Morgenröte ankerten. Sofort kamen Stauer und Händler an Bord, an Ruhe war vorläufig nicht zu denken. Ich war von der Schönheit dieses Fjordes und der Landschaft ganz überrascht. Die tropischen Landschaften waren gewiss imponierend schön, doch hiermit hielten sie den Vergleich nicht aus. Die ruhige Fahrt bei Sonnenschein durch den Fjord zeigte uns das Land von der besten Seite. Im Fjord lagen viele kleine Felseninseln, sie waren alle bewachsen, und überall lugten niedliche Landhäuser aus dem Tannenwald hervor. Wenn man diese Inseln vor sich liegen sah, konnte man zunächst nicht erkennen, wie man weiterfahren konnte, doch sicher fuhr man dann um die Inseln herum und eine neue weite Wasserfläche öffnete sich vor den erstaunten Augen mit einem noch schöneren Blick. Auf den mit Wald bewachsenen Bergen sah man grüne Wiesenflächen und dazwischen rauschte das Schmelzwasser des Eises und Schnees herunter. Meilenweit konnte man die weißen Ströme mit den Augen verfolgen. An den Ufern sah man viele Frauen und Mädchen in Nationaltrachten und auf den stillen Wassern Boote mit fröhlichen Menschen, die sangen und Harmonika und Gitarre spielten. Um unseren Ballast zu löschen und mit der Beladung beginnen zu können, verholten wir nach dem Ladeplatz. Die Übernahme der Ladung wurde nach der Löschung des Ballastes sofort begonnen. Fast ohne Unterbrechung wurden die gehobelten Bretter, sogenannte »flooring-boards« ins Schiff geschoben, sogar durch Bug- und Seitenpforten wanderte das Holz, eine saubere staubfreie Ladung.

Die Umgebung von Kristiania war richtig entzückend. Im Hintergrund der geräumigen Bai sah man das Königsschloss Oskarshamn am Bergabhang liegen. Davor waren schöne Gartenanlagen, die sich bis zum Wasser hinzogen. Kapitän Hamer und ich verabredeten uns, an einem Sonntag dort hinzufahren. Die herrliche, sonnige Fahrt in fröhlicher Gesellschaft versetzte uns in ausgelassene Stimmung. Wir schlossen mit einigen Mädchen Freundschaft und unterhielten uns in gebrochenem Norwegisch. Das Schloss durften wir nicht besichtigen, doch vergnügten wir uns in einem Tanzlokal bei alkoholfreien Getränken. Am Abend begleiteten wir unsere Damen in die Stadt und waren gegen elf Uhr bei untergehender Sonne wieder an Bord.

An einem anderen Sonntag ging ich schon ganz früh allein los, wanderte in die Berge, pflückte mir Maiglöckchen und stieg dann wieder zum Hafen hinunter. Hier fand ich viele Menschen versammelt, die einen beflaggten Dampfer erwarteten. Als der Dampfer einlief, spielte die Musik die Nationalhymne. Ein Herr mit Künstlerhut erschien auf dem Landungssteg und begrüßte die »Hurra« schreiende Menge. Es war Björn Björnssen, der nach vierjährigem Aufenthalt in Paris jetzt aus der Verbannung zurückkehrte. In vollem Wichs empfing ihn die Universität, Björnssen bestieg einen Wagen, der von den Studenten durch die geschmückten Straßen zur Universität gezogen wurde. Ich hatte mich dicht an den Zug geklemmt, der den Dichter bald zu den Terrassen der Universität brachte, wo er von einer ungezählten Menge jubelnd begrüßt wurde. Das Vaterland hatte ihn wieder. Unterwegs hatte ich gehört, dass heute in der Oper eine große Festvorstellung stattfinden würde und dass der Sohn Björn Björnssens anwesend sei, der dort Theaterdirektor wäre. Sobald die Kasse geöffnet wurde, kaufte ich mir eine Karte und erhielt einen guten Platz im Sperrsitz zu meiner großen Freude und Überraschung. Es wurden »Die lustigen Weiber von Windsor« gegeben und ich hatte mich rechtzeitig eingefunden. Das Haus war durch eine auserlesene Gesellschaft voll besetzt. Ich kam mir zuerst etwas beklommen vor, doch ich war ordentlich angezogen und erfreute mich an den schönen, parfümierten Damen, die rechts und links von mir saßen. Freudig gestimmt hatte ich die schöne Musik und Handlung des ersten Aktes in mich aufgenommen, der Vorhang fiel und ich sah mir nun meine Umgebung etwas näher an. Da trat ein uniformierter Diener an mich heran und sagte mir auf feinem Norwegisch, dass ich zwei Reihen zu weit nach vorne säße. Ich wechselte den Platz und erhielt einen nicht weniger guten Platz, auf dem ich dann die sehr schöne Vorstellung bis zum Ende genoss. Es war beinahe Mitternacht, doch war es noch hell.

Das Laden des Holzes ging ununterbrochen weiter flott vor sich. Als die Hälfte der Ladung im Schiff war, feierten wir das Pfingstfest. Schon in der Sonnabendnacht war die ganze Bai voller Boote mit fröhlicher Gesellschaft. Während der ganzen Nacht ertönte Gesang und Musik zu uns herüber, wolkenloser Himmel und blendender Sonnenschein versprachen uns ein fröhliches, herrliches Pfingstfest. Leider hatten wir uns am Sonnabendabend mit fetten, gebratenen Makrelen den Magen verdorben, so dass wir sehr verstimmt den ersten Feiertag verlebten. Am zweiten Feiertag fuhren wir nach Oskarshamn und erfreuten uns an den frohen Menschen in der sonnigen Natur. Nachher besuchten wir in der Stadt noch einige Restaurants und nahmen von der Stadt im hohen Norden lustigen Abschied.

Am 6. Juni 1886 war das Schiff beladen, 450 Stander Holz waren verladen und fest verstaut. Alles war seeklar gemacht, die Segel angeschlagen. Am 10. Juni verließen wir den Hafen und ankerten in der Nacht vor dem Fjord, der Wind war vollständig eingeschlafen. In dieser hellen, schönen Nacht erhielten wir noch Besuch von einer lustigen Herren- und Damengesellschaft. Sie hatten ihre Musik mitgebracht, und nachdem das Deck aufgeräumt war, begann der Tanz. Bald schon ging die Sonne auf, jeder erfreute sich an dem wolkenlosen, goldenen Himmel, man tanzte, scherzte und die ganze Gesellschaft wäre am liebsten mit nach Melbourne gefahren. Bald gegen fünf Uhr morgens kam Brise auf, wir lichteten die Anker, setzten Segel und unter nicht enden wollenden Hurra-Rufen verabschiedeten sich die lustigen Tänzer. Wir zogen langsam unserem fernen Ziele entgegen. Dies war eine der merkwürdigsten Abfahrten, die ich je erlebt habe.

Der günstige Wind brachte uns bald in die Nordsee, auch hier begleitete uns das schöne Sommerwetter. In den hellen Nächten versuchte ich Makrelen zu fangen, das Schiff lief ca. sechs Seemeilen, doch die schlauen Makrelen blieben immer ungefähr zwei Meter hinter den Angeln. Gefangen habe ich keinen Fisch, da war eben nichts zu machen. Allmählich näherten wir uns dem Englischen Kanal. Der günstige Wind sprang auf West und wir mussten kreuzen. Den ganzen Kanal hindurch kreuzten wir gegen starke westliche Winde. Bei Land's End wurde es stürmisch, wir nahmen die Bramsegel fort und passierten nach 14-tägiger Reise um acht Uhr abends Lizard. Der Wind holte nach NW und nun konnten wir Kurs steuern, dem Passat entgegen. Der Nordost-Passat blieb flau. So kam es, dass wir über 30 Tage gebraucht hatten, den Äquator zu erreichen. Der Kapitän war knurrig, wir Steuerleute und die Mannschaft auch. Es wollte sich überhaupt kein harmonisches Zusammenleben bilden. Der Koch kochte schlecht, wurde widerspenstig, und wir mussten ihn sogar für einige Tage in Eisen legen. Auch ich hatte mich mit dem Kapitän und dem Zimmermann derart überworfen, dass ich mir schon überlegte, ob ich mit dem Kapitän noch anders als nur rein dienstlich verkehren sollte. Der Erste Steuermann hingegen umschmeichelte den Kapitän derart, dass mir das widerlich wurde, und dadurch entstand schließlich eine solche Gereiztheit und gegenseitige Abneigung, ein Zustand, der sich erst besserte, als der Erste Steuermann arbeitsunfähig wurde.

Nach dem Passieren der Linie setzte der Südost-Passat bald kräftig ein. Bei stark angebrassten Rahen und flotter Fahrt brachte der Passat uns bis auf 26° S herunter, dann wurde es wieder flau und mit veränderlichen Winden gelangten wir auf 48° S, wo wir stürmische Westwinde anzutreffen hofften, die uns dann in schneller Fahrt um das Kap der Guten Hoffnung herum nach Australien bringen sollten. Merkwürdigerweise trafen wir hier aber nicht stürmische, sondern mäßige nördliche und südliche Winde an bei meist dunstigem Wetter. Unter der Küste von Australien blieb der Wind mäßig und südlich, so dass wir während der ganzen Fahrt Bramsegel führen konnten, doch im Ganzen wurde die Reise hierdurch merklich verlängert.

Am 126. Tage unserer Reise sichteten wir Kap Otway, erhielten bei King Island einen Melbourne-Lotsen, der uns durch die Klippen von Port Phillip hindurch in die Melbourne Bai brachte. Da mir die Gewässer noch von der INDUSTRIE her gut bekannt waren, konnte ich bei der Annäherung an Land gute Dienste leisten, denn der Kapitän war recht unsicher in Bezug auf das Finden von Landmarken. In ruhigem Wasser segelten wir durch die weite Melbourne-Bai und ankerten am Nachmittag in der Nähe der mir bekannten Railway-Pier, in Sandridge. Es waren vier Jahre vergangen, seit ich das mir so lieb gewordene Melbourne verlassen hatte. Ich fand alles noch unverändert vor, doch der Yarra-Fluss nach Melbourne hinauf war inzwischen reguliert worden, so dass kleinere Schiffe bis zu acht Fuß Tiefgang dort hingebracht wurden. Am nächsten Tag ankerte noch eine andere Elsflether Bark in unserer Nähe. Es war die I. C. WARNS mit Kapitän Warns, ein Nachbar von mir. Wir gingen an Bord und begrüßten den Kapitän und die Steuerleute. Die GERD HEYE wurde mittels Schleppern an die Pier gebracht, um dort die ganze Ladung »flooring boards« zu löschen.

Es war jetzt September, der Frühling war gerade eingekehrt, doch konnte man davon in der vegetationsarmen Gegend kaum etwas merken. Man musste schon weiter ins Land hineingehen, um Bäume und Gärten im Frühlingsschmuck prangen zu sehen. Am Abend schlenderte ich durch die mir bekannten Wege und bei milder Luft nach Sandridge und suchte die mir bekannte Wirtschaft Georg mit der rothaarigen, pockennarbigen Irländerin auf. Wir begrüßten uns als alte Bekannte, erzählten von vergangenen Zeiten und tranken schlechtes Bier. Aber da ich nichts erfahren konnte, was mich interessierte, wanderte ich recht enttäuscht nach Melbourne wieder an Bord.

Nun wurde mit dem Löschen begonnen. Auf einem Fahrzeug, das längsseits geholt hatte, bemerkte ich den Koch von der INDUSTRIE. Er war Führer des Leichters und hatte sich hier verheiratet, obgleich er in Bremen auch schon verheiratet war. Er hatte sich schon ein kleines Häuschen gekauft, was er allerdings noch abbezahlte. Aber er hatte doch was Eigenes und verdiente gut. Ich freute mich über sein gutes Fortkommen und wünschte ihm ferner guten Erfolg. Ich habe dann versucht, noch andere alte Bekannte zu finden, habe aber keinen mehr gefunden. Das »Old England Eleven Hotel« und die kleine Nelly waren auch verzogen. Die Zeit war für mich zu kurz, um noch weitere Nachforschungen anzustellen, nur der Gemüsehändler Georg kam noch mal an Bord, um Gemüse zu verkaufen. Ich durfte hier auch nicht viel Geld verschwenden, denn ich wollte nach dieser Fahrt wieder die Schule besuchen, um mein Schifferexamen zu machen.

Nachdem etwa vier Wochen vergangen waren und Ladung für Europa für uns nicht zu bekommen war, erhielten wir die Order, nach der Westküste von Amerika zu segeln und zunächst den Hafen Corinto in Nikaragua anzulaufen, wo Näheres über die nächste Reise vorliegen würde. Das Schiff wurde nun von Melbourne zu einer Ballastladestation auf dem Yarra-Fluss hin verlegt. Wir nahmen hier viel Steinballast über, um die gewaltigen Stürme, die wir auf unserem Wege nach der Küste Südamerikas zu durchfahren und auszunutzen hatten, gut überstehen zu können. Anfang November verließen wir Melbourne. So manchen Blick warf ich noch zum schönen Melbourne zurück. Ich habe es nie wieder gesehen, doch in der Erinnerung lebt es ewig weiter in mir. Nach sechsstündiger Fahrt durch die Melbourne-Bai passierten wir am Nachmittag Queens Cliff, Port Phillip. Wir segelten durch die Bassstraße und trafen hier starke südliche Winde, die später noch raumten, so dass wir direkten Kurs auf Neuseeland halten konnten und bis auf 46,5° heruntergingen.

Als Neuseeland nach einigen Wochen passiert war, wurde der Erste Steuermann Bellmer schwer krank. Schwere Stürme aus West trieben uns mit gerefften Segeln rasch vorwärts, das Schiff arbeitete in der gewaltig hohen See schwer, doch Wasser kam nicht viel über, weil wir in Ballastfahrt waren. Der Kapitän Hamer und ich hatten unsere ganze Aufmerksamkeit der Führung des Schiffes zu widmen, daneben musste der schwer kranke Erste Steuermann von uns gepflegt werden. Durch das beständige Überspülen des Wassers waren Kajüte und Kammern beständig nass, Türen und Fenster waren fest verschlossen und leichte Nahrungsmittel standen uns auch nicht zur Verfügung.

Wir hatten jetzt den 180. Längengrad passiert, und weil wir von Ostlänge auf Westlänge kamen, hatten wir diesen Tag, es war gerade Sonntag, zweimal zu verleben. Ein schwerer SW-Sturm fegte mal wieder über uns hinweg, wir nahmen alle Segel fort, bis auf die Untermarssegel, und damit machte das Schiff noch zehn Seemeilen durchs Wasser. Mit einmal hörten wir den Ruf: »Mann über Bord!« Es wurden sofort Rettungsgürtel geworfen, aber was nützte es? In der gewaltigen See und dem schweren Sturm hatten wir keine Rettungsmöglichkeiten. Kapitän Hamer und ich waren uns einig, dass wir nicht beidrehen konnten, wir hätten Schiff und die ganze Mannschaft aufs Spiel gesetzt und äußerst gefährdet. Es war der Schiffsjunge, der von oben aus der Takelage über Bord gefallen war. Er war nicht sehr gewandt und hatte wahrscheinlich beim Überholen des Schiffes den Halt verloren. Im Journal wurde eine kurze Bemerkung geschrieben: »Lenzten vor Fock und Marssegel, See gewaltig und hoch. Beim Festmachen des Vorobermarssegels fiel der Schiffsjunge auf ungeklärte Weise über Bord und konnte nicht gerettet werden. Ein Beidrehen des Schiffes war unmöglich, weil Schiff und Mannschaft dadurch aufs Äußerste gefährdet worden wären. Mängel in der Takelage waren nicht vorhanden. Schiffsort 45° S, 140° W.« Wir hatten unsere ganze Aufmerksamkeit auf die Führung des Schiffes zu konzentrieren und hatten keine Zeit, über den Unfall nachzudenken, an dem nichts zu ändern war; das ist Seemanns-Schicksal!

Immer weiter fegte uns der Sturm ohne Unterbrechung nach Osten. Schwierig gestaltete sich für uns auch die Pflege des schwerkranken Ersten Steuermanns. Bei den furchtbaren Bewegungen des Schiffes war es sehr schwer, den Kranken umzubetten, was kaum mit vier Mann zu bewerkstelligen war. Und der Junge, der ihn bewachen musste, war nicht mehr. Ich hatte eine Kammer in der Kajüte bezogen, da war ich ungestörter. Kapitän Hamer und ich kamen zu der Überzeugung, dass es sich bei der Krankheit des Ersten Steuermanns um Darmtyphus handeln müsse und daraufhin haben wir ihn auch ganz streng behandelt.

Allmählich hatten wir nun die 100° Westlänge erreicht und konnten schon Nord halten und ruhigere, wärmere Breiten erreichen. Vom südlichen Sommer hatten wir bisher wenig Angenehmes gemerkt, nur in den kurzen Nächten wussten wir, dass es tatsächlich Sommer war. Nach achttägiger Fahrt mit nördlichen Kursen erreichten wir bald den Südost-Passat, und es wurden nun wieder alle Segel gesetzt, die das Schiff tragen konnte, sogar Royals und Leesegel. Dies gab dem Schiff bei stetiger Brise eine Fahrt von neun bis 10 Seemeilen per Stunde. Das schöne warme Wetter gab uns jetzt Gelegenheit, den nun genesenden Kranken häufig auf Deck zu lagern. Der Zustand des Kranken besserte sich von Tag zu Tag, und wir freuten uns darüber, dass es uns gelungen war, ein Menschenleben unter solch schwierigen Umständen gerettet zu haben. Der Kranke war jetzt auch wieder im Schiffsdienst tätig, die Arbeit bekam ihm gut und das Essen schmeckte ihm auch.

Unser Kurs nach Corinto/Nikaragua führte uns auch an den Galapagosinseln vorbei. Der Wind war hier unter dem Äquator fast ganz eingeschlafen. Wir sahen viele Schildkröten und es gelang uns auch, eine zu harpunieren. Wir kochten uns daraus eine Suppe, das Fleisch aber war zu zähe zum Essen. Wir segelten so dicht an der Küste von Ecuador entlang, dass wir die Schneekuppe des Chimborazo sehen konnten, sie liegt 6.250 m über dem Meeresspiegel. Wir waren nur noch 780 sm von unserem Ziel Corinto entfernt, das wir in etwa acht Tagen erreichen sollten.

Der Wind frischte nun auch wieder aus östlicher Richtung auf, und so sichteten wir in einer klaren Nacht die Küste von Nikaragua. Wir sahen an den Bergabhängen viele Feuerstellen, die wir zunächst für herabfließende Lava hielten. Es waren aber, wie sich später herausstellte, Buschbrände.

Als wir das Feuer von Corinto in sternklarer Nacht sichteten und wir bei mäßiger Brise mit vollen Segeln darauf zuhielten, überfiel uns plötzlich ein heftiger Sturm, ein sogenannter Papagayos. Wir hörten im Wasser ein starkes Rauschen und geiten sofort die oberen Rahsegel auf und nahmen die Stagsegel herunter. Kurz darauf setzte ein Sturm in Stärke zehn bis elf ein. Der klare Himmel blieb ungetrübt, der Barometerstand hatte sich in nichts verändert. Beide Wachen kämpften nun mit den Segeln. Die Marssegel flogen herunter, Fock und Großsegel wurden aufgegeit, und nun knatterten die aufgegeiten Segel im Winde und es war ein Wunder, dass sie uns nicht in Fetzen davonflogen. Wir hatten das Schiff sofort vor den Wind, von der Küste ab, gelegt, und das bewahrte uns vor größeren Schäden in der Takelage. Der Sturm dauerte ungefähr vier Stunden. Je mehr wir uns von der Küste entfernten, desto stiller wurde es. Am Morgen bei Sonnenaufgang war wieder normale Brise, und nun hielten wir wieder auf den Feuerturm von Corinto zu, um einen Lotsen aufzunehmen.

Ziemlich dicht bei der Einfahrt zum Hafen kam ein kleines Boot in Sicht, wir hielten darauf zu und ein tiefbrauner Mann übernahm nun die Führung des Schiffes. Mit vollen Segeln flitzten wir zwischen den Felsen am Eingang hindurch zu unserem Ankerplatz in der sehr geräumigen Bai, ganz dicht beim Ort, der sich, mit schneeweißem Meeressand umrahmt, sehr romantisch ausnahm. Der Kapitän ließ sich sofort an Land setzen, um seine Order in Empfang zu nehmen, wohin das Schiff bestimmt war und was für Ladung übergenommen werden sollte. Der Charter war nicht gerade sehr günstig. Wir sollten hier den Ballast löschen, einen Teil der Ladung hier einnehmen und dann nach der Bai von Fonseca und Estero Real einen Fluss hinauf segeln, um dort die Ladung Gelbholz zu

komplettieren. Voraussichtlich nahm das zwei Monate in Anspruch und war mit großen Kosten verbunden.

Die ehemalige Hauptstadt von Nikaragua, León, lag ca. hundert Kilometer landeinwärts und war mit Corinto durch eine Eisenbahn verbunden. Wohin man blickte, überall nur Berge, Busch und Urwald. Corinto, ein Ort von damals etwa dreitausend Einwohnern, lag auf einer flachen Landzunge. Die Holzhäuser lagen zumeist im Busch. Einige bessere Gebäude waren das Konsulat und ein Hotel, ferner eine Kirche, die aber auch aus Holz erbaut waren. Der Turm der Kirche hatte einen kräftigen Stahlbolzen, mit dem jeden Abend eine Andacht eingeläutet wurde. Die Straßen des Ortes waren ungepflastert und viele schwarze Schweine wühlten sich im Sande herum, was vom Strand her immer zu beobachten war. Um diese Zeit, im Jahre 1886, wurde noch an dem Bau des Panamakanals gearbeitet. Die Dampfer, die von dort kamen, waren immer mit Fieberkranken besetzt. So war das Hotel hier ständig von diesen Kranken besucht, die wahrscheinlich ihre Reisen nicht fortsetzen konnten und ärztliche Hilfe und Erholung brauchten. Es kamen fast wöchentlich sechzig bis achtzig Kranke hier an. Die meisten Dampfer, die hier verkehrten, waren amerikanische, doch kamen auch Dampfer der Kosmos-Linie, Hamburg, hierher. Der Handel war recht lebhaft, der Lade- und Löschbetrieb aber noch recht primitiv.

An einem Sonntag hatten wir den deutschen Konsul Guillermo Jerichow und dessen Gattin, die aus Vegesack stammte, zu uns zum Mittagessen eingeladen. Als wir gerade mit dem Essen – es gab Geflügel mit Gemüse – beginnen wollten, setzte plötzlich ein Erdbeben ein. Sofort verließ der Konsul mit Frau das Schiff, um ihre Kinder, die zu Hause waren, in Sicherheit zu bringen. Dieses Beben dauerte eine Stunde, auch wir merkten es durch das Rasseln der Ankerkette in der Klüse.

An Land habe ich mich auch mal umgesehen. Die Umgebung von Corinto war flach. Die Häuser standen teilweise dicht zu Seiten der ungepflasterten Straße und verloren sich bald im Busch. Auf dem Markt und in den Läden wurden viele Früchte angeboten. Alle Tropenpflanzen wuchsen üppig aus dem Boden hervor. Der Balkon des Hauses des Konsuls war mit Vanillepflanzen umrankt, und als wir mal im Hause eingeladen waren, bemerkte man den herrlichen Duft. Auf dem Markt luden Früchte wie Apfelsinen, Bananen, Datteln, Mangos, Sukkade-Frucht, Mispeln und unzählige andere Früchte zum Kaufen ein. Das Klima war wohl heiß hier, aber auch ziemlich gesund.

Nachdem wir den Ballast gelöscht und etwa 100 t Gelbholz übergenommen hatten, machten wir das Schiff wieder segelfertig. Die zu segelnde Distanz betrug etwa 120 sm. Es sollten uns drei sachkundige Mulatten begleiten, die als Lotsen, Ladungsagenten und Stauer fungierten, denn wir hatten noch von der Bai von Fonseca auf einem Fluss etwa 20 sm in den Urwald hinein zu segeln, um zum Ankerplatz zu gelangen. Ein Lotse brachte uns durch die Hafeneinfahrt von Corinto wieder auf See und mit leichter Brise segelten wir nachts an der Küste entlang, um am nächsten Morgen in die Bai von Fonseca einzusegeln. Die Einfahrt der Bai war leicht auszumachen. Rechts erhebt der Vulkan Cosegüina 1.170 m hoch sein drohendes Haupt, links, bereits im Staate Salvador, der Vulkan Conchagan mit 1.250 m Höhe. Beide sind immer noch tätig, und es liegt in ihrer Nähe keine Siedlung. Beide Vulkane sind etwa 30 sm voneinander entfernt und bilden die Einfahrt zu der schönen Bai von Fonseca, die Humboldt als die schönste der Erde bezeichnet hat. In der nördlichen Ecke liegen in Salvador die kleinen Orte Amapala und La Union. Die Bai wird von den Staaten Salvador, Honduras und Nikaragua begrenzt. Wir passierten diese herrliche Einfahrt bei frischer Brise und leicht bewölktem blauen Himmel. Ringsherum war dichter Urwald, von der Flussmündung war nichts zu erkennen. Wir segelten mit voller Fahrt anscheinend in den dichten Urwald hinein. Etwas misstrauisch nahmen wir die oberen Segel fort, und wenn man unsere Mulattenbegleiter fragte, ob der Kurs so richtig sei, antworteten sie: »Si, si, muy bueno!« Nach einigen angespannten Stunden gewahrte man eine kleine Öffnung im Urwald, die von den Mulatten als die Flussmündung bezeichnet wurde. Wir setzten nun wieder mehr Segel und befanden uns bald in einem undurchdringlichen Urwald auf einem ungefähr 100 m breiten, stark strömenden Fluss.

Wir brauchten noch über zwei Stunden, um zum Ladeplatz zu kommen, dann ankerten wir mitten im Strom in ca. zehn bis zwölf Meter Wassertiefe. Von der Mündung etwa 20 sm entfernt, über uns der blaue Tropenhimmel, unter uns der trübe, schmutzige Strom und ein Ufer, an dem man vor lauter Busch, der bis ins Wasser stand, kein Land sehen konnte, lagen wir mitten im dichtesten Urwald. Wir machten nun die Segel fest und betrachteten von oben die Umgebung. Nichts als Urwald war überall zu entdecken und man fragte sich unwillkürlich, woher das Gelbholz denn nun kommen sollte. Unsere Begleiter klärten uns dahin auf, dass das Holz mit indianischen Kanus angefahren werden würde. Wir glaubten nun, dass das denn wohl eine lange Liegezeit werden würde. Aus fast wolkenlosem Himmel brannte die Sonne auf uns herab, die Temperatur war tagsüber ständig über 30° C und sank nachts auf 28 bis 26° C herab. Wir holten nun alle Sonnensegel aus und gaben dem Schiff außen einen weißen Kalkanstrich. Das hielt die Hitze ab und ließ die Nähte nicht so austrocknen.

Nach einigen Tagen hörten wir in der stillen Nacht ein fortwährendes Tuten auf Muscheln, das immer näher an uns herankam, bis aus der Dunkelheit einige Kanus mit Indianern auftauchten, die uns unverständliche Worte zuriefen. Sie brachten die Ladung Gelbholz und befestigten ihre Kanus längsseits bei uns. Die Indianer kletterten an Bord und verstauten sich sofort an Deck zum Schlafen.

Am anderen Tage begannen wir mit der Übernahme der Ladung. Der eine unserer Begleiter hatte eine große Waage an Deck aufgestellt und damit wurde jedes Kanu ausgewogen, wir hatten dadurch gleich das Tonnengewicht. Zunächst ging das Verstauen des Holzes im Raume ziemlich leicht. Aber mit dem Holz kam auch viel Ungeziefer an Bord. Unter ihnen Skorpione, große, bis zu zehn Zentimeter lange Tausendfüßler, deren Stich giftig war, und niedliche kleine Eidechsen, die sich, wenn nicht geladen wurde, ganz friedlich in der Sonne sonnten. Die frische Brise, die tagsüber die Hitze noch erträglich machte, hörte gegen Abend ganz auf. An ein Schlafen bei einer Temperatur von 30° C in unseren Kammern war kaum zu denken. Die Hitze und die verfluchten Wanzen trieben uns an Deck, dort versuchten wir unter Moskitonetzen zu schlafen. Doch die Moskitos, diese widerlichen kleinen Säuger, kamen durch die kleinsten Ritzen und Öffnungen und ließen uns auch dort nicht zur Ruhe kommen. Vom Urwald her hörte man das Heranschleichen der Jaguare und Hyänen, die auf der Jagd nach Vögeln durch den Busch streiften. Dann flog mal eine Schar schreiender Papageien über uns hinweg, dann war es für eine Weile wieder still. Man hörte in der Nacht nur das Glucksen des Wassers und mitunter das Rauschen und Stöhnen der großen Krokodile, die es hier in rauen Mengen gab. Ungestärkt und müde kroch man dann am Morgen aus dem Moskitonetz heraus, um in der furchtbaren Hitze wieder Gelbholz zu stauen. Es war hier im Urwald ein wirklich ungemütlicher, mühevoller Aufenthalt und die Abenteuerlust wurde sehr gedämpft, obwohl wir zu gerne die unberührte, üppige Natur kennengelernt hätten.

Und an einem Sonntag unternahmen wir in unserem Boot und mit unseren drei Eingeborenen eine Flussreise und versuchten irgendwo zu landen, was schließlich nach langem Suchen und viel Mühe gelang. Wir alle waren mit Buschmessern und Schusswaffen gut ausgerüstet, besonders die Mulatten hatten in ihren Gürteln große, vernickelte Revolver, und ihre Füße waren gegen Schlangenbisse mit Lederstiefeln gut geschützt. An einer lichten Stelle banden wir das Boot an einen Baum und drangen in den Wald ein. In Dämmerlicht und unheimlicher Stille schlugen wir uns einen Weg durch das Lianengestrüpp und kamen an einen Sumpfsee. Hier entdeckten wir Jaguarspuren. Unsere Eingeborenen waren sehr erfahren mit der Jaguarjagd und verfolgten die Spuren sehr lange, bis dieselben sich im Wasser verloren und nicht wiedergefunden wurden. Da wir mit der Jaguarjagd kein Glück zu haben schienen, machten wir Jagd auf Schnepfen, die in großen Scharen die Ufer des Sees umflogen. Dutzende wurden abgeschossen, und damit gaben wir uns dann auch zufrieden und wollten nun nach sechsstündigem Herumirren wieder zu unserem Boot gelangen. Der Schweiß rann uns aus allen Poren, denn wir Europäer waren für diese Hitze viel zu schwer angezogen, und eine Jagd im Urwald bei solcher Hitze auf Raubkatzen ist nicht zu vergleichen mit einer Reh- oder Hasenjagd in der Heimat. Als Laie sollte man lieber die Finger davon lassen. Als wir an Bord anlegten, steckten der Erste Steuermann und die Matrosen die Köpfe schmunzelnd über die Reling und suchten nach dem erlegten »Tiger«. Stattdessen konnten wir ihnen aber die Schnepfen heraufreichen und da zeigten sie wieder ein freundliches Gesicht.

Ein schönes Schnepfenragout am Abend entschädigte uns für die misslungene Tigerjagd.

Der Erste Steuermann kaufte sich von den Indianern ein sehr gutes Tigerfell und eine große Boa-Schlange.

Die Eingeborenen hatten sie abends angebracht, sie hatten dieselbe an einen Bambusstock gesteckt, daran kurz angebunden, sehr darauf bedacht, dass die Riesenschlange sich nicht ins Kanu ringeln konnte, wo sie für sie hätte gefährlich werden können, denn sie lebte und war sehr angriffslustig. Der Erste Steuermann bezahlte dafür einen dreiviertel Dollar, mir war nicht klar, was er damit wollte. Sie stank zuletzt wie die Pest und wir mussten sie schließlich über Bord werfen.

Eines Tages besuchten uns mehrere Kanus mit Eingeborenen, Männer und Frauen kletterten an Bord und es entstand an Deck ein Tauschhandel. Das meiste, das eingetauscht wurde, waren Papageien, Aras und Finken. Das Schiff wurde jetzt eine reine Vogelkolonie. Auch der Erste Steuermann kaufte sich einen schönen roten Ara, den er wirklich unter allerlei Schwierigkeiten in die Heimat brachte, wo er lustig auf einem Bauernhof, der den Schwiegereltern des Ersten Steuermanns gehörte, im Sommer herumkreischte. Durch diese Eingeborenen erfuhren wir auch, dass etwas unterhalb des Flusses von uns ein anderes Schiff gleichfalls Gelbholz laden sollte. Wir ruderten hin und erkannten, dass es sich um die Elsflether Bark CARL handelte, deren Erster Steuermann, H. Götting, ein guter Bekannter von mir war. Nach einigen fröhlich verlebten Stunden kehrten wir wieder zu unserem Schiff zurück. So trifft man manchmal an weltentfernten Orten Landsleute, die man dort nie vermutet hätte.

Wir lagen nun schon über vier Wochen in dieser verlassenen Gegend, um Gelbholz zu laden. Immer kündeten die Indianer ihr Kommen mit den Kanus durch lautes Tuten auf großen Muscheln an. In der stillen Nacht klang das gespensterhaft, unheimlich und das Echo wurde vom Ufer aufgefangen. Unsere Nachtruhe wurde dadurch immer sehr gestört. Der Achter- und Vorderraum waren schon bis unter die Luken gefüllt, und um mehr Holz laden zu können, sägten wir mit vier Partien das Krummholz in gerade Stücke. Es war eine langwierige Sägerei, und der Zimmermann hatte genug zu tun, die Sägen zu schärfen. Dadurch haben wir aber immerhin etwa 10 bis 15 t mehr laden können, es machte sich schon bezahlt.

Nun kratzten wir unsere GERD HEYE wieder ab und gaben ihr einen schwarzen Anstrich. Das Frischwasser musste für die Reise wieder ergänzt werden. Weil es aber auf unserem Ankerplatz zu schmutzig war, mussten wir es aus einem weiter flussaufwärts mündenden Nebenfluss holen. In die Boote wurden große Wasserfässer verstaut und dann ging eines Morgens die Fahrt los. Nach angestrengter Ruderei gegen die Strömung gelangten wir schließlich an eine klare Wasserstelle. Zu unserem Schrecken tauchten viele Alligatoren auf, die sehr neugierig und angriffslustig sich an unseren Riemen vergriffen. Die Mulatten schossen auf die Biester, getötet haben sie aber keinen, denn man musste schon den geöffneten Rachen oder die Augen treffen, um ihr Lebenslicht auszublasen. Am Abend kehrten wir wieder an Bord zurück. Zum Waschen war das Wasser wohl zu verwerten, eventuell auch zum Kochen.

Endlich kam nun auch die letzte Ladung längsseits, sie wurde verstaut und dann ging auch kein Stückchen mehr in die GERD HEYE hinein. Vorne im Schiff stand alles voll von Vogelkäfigen. Dem Zimmermann flogen einige Papageien wieder fort in den Urwald. Er hatte aber das Glück, einige von ihnen auf den Bäumen wieder einzufangen, doch die kleinen Finken, die entwichen waren, blieben verschwunden. Der Erste Steuermann nahm seinen Ara mit in unsere Kammer, für mich nicht gerade angenehm, aber er konnte dort Wanzen fressen.

In der Frühe eines Morgens hievten wir den Anker, setzten Segel und erreichten mit achterlicher Brise bald die Bai von Fonseca und weiter durch die wunderbare Einfahrt den Stillen Ozean. Alle atmeten nun auf, die frische Seebrise gab neuen Mut und Kraft, es ging heimwärts. Doch bevor die lange Reise angetreten werden konnte, musste das Schiff in Corinto noch ausklariert werden. Zu dem Zwecke ankerten wir auf der Außenreede von Corinto, der Kapitän fuhr an Land und wartete dort auf nähere Order.

Der Erste Steuermann und ich hatten uns ein Fass kalifornisches gutes Bier zugelegt und saßen nun an den prachtvollen, kühleren Abenden friedlich auf dem Achterdeck beim Glase Bier und besprachen die bevorstehende Reise in die Heimat. Der Erste Steuermann wollte dann heiraten und ich wollte wieder die Schule besuchen. Danach wollte ich der Segelschifffahrt den Rücken kehren, denn ich hatte es damals bereits erkannt, dass die Segelschifffahrt bald zu Ende sei. Auch Kapitän Hamar und Steuermann Bellmer wandten sich bald der Dampferfahrt zu. Der Zufall brachte es später mit sich, dass Kapitän Hamer als Erster Offizier und ich als Zweiter Offizier auf dem Dampfer CORONA unter Kapitän Wittenberg von Elsfleth aus unsere Dampferfahrten begannen.

Am nächsten Morgen schickte der Kapitän ein kleines Küstenfahrzeug zu uns heraus, das mit lebenden Schildkröten beladen war. Wir trauten unseren Augen nicht, als der Kapitän uns in einem Schreiben mitteilte, dass wir 20 Stück davon an Bord nehmen sollten. Wir guckten uns gegenseitig an, der Koch schmunzelte schon darüber und durchdachte, was für ein herrliches Gericht er wohl davon bereiten könnte. Nach einiger Überlegung, wie wir diese lebenden Panzertiere zu übernehmen hatten, verfertigten wir große Säcke und stopften sie da hinein. Das war aber gar nicht so einfach, sie unbeschädigt zu übernehmen, denn einige wogen über 300 Pfund. Doch mit der Winde wurde eine nach der anderen an Bord genommen und schön nebeneinander an Deck gelegt. Unser Versuch, die Tiere mit dem uns übergebenen Grünfutter zu füttern, misslang, der Kopf war unter dem Panzer nicht herauszukriegen. Sie blieben an Deck regungslos liegen, bis wir sie mit Wasser begossen, das schien ihnen zu gefallen. Solange wir in tropischen Gewässern segelten, mochte die Behandlung der Tiere weiter keine Schwierigkeiten machen, aber wie würde es bei Kap Hoorn, in Schnee und Eis, Hagel und Sturm damit aussehen? Auch rätselten wir, ob sie eine Ladung für Fremde war oder für eigene Rechnung sei. Am Abend kam der Kapitän an Bord und brachte die Order mit, dass wir nach Falmouth for order segeln sollten. Wohin wir von dort segeln sollten, blieb uns die ganze Reise ein ungelöstes Rätsel, es würde wohl England oder Frankreich sein.

Da das Schiff segelfertig war, hievten wir sofort Anker, und nun ging es mit vollen Segeln bei frischer Brise mit Südkurs auf Kap Hoorn zu, wo diesmal ja Hochsommer war. Die Schildkröten lagen noch immer auf dem Hauptdeck. Sie fraßen nicht, sie tranken nicht und blieben doch am Leben. Sie wurden täglich begossen. Eine von ihnen wog 360 Pfund und war so groß, dass wir mit zwei Mann darauf stehen konnten, ohne dass sie sich bewegte. Manchmal versuchten wir, ihnen das Maul zu öffnen, sie bissen einen Besenstiel glatt durch, aber fressen taten sie nicht.

Nach acht Tagen hatten wir den Äquator erreicht, flaue östliche Winde brachten uns nach ein paar Tagen in den Südost-Passat, und wir machten nun bei steifer Brise mit stark angebrassten Rahen flotte Fahrt dem Süden entgegen und hielten uns zunächst auf 88° und 86° Westlänge. Auf 26° S verließ uns der Passat, wir schlugen nun die leichten Segel ab und schlugen für die Kap-Hoorn-Fahrt die neuen, schwereren an. Alles wurde noch gut überholt, und die Schildkröten wurden ins Kajütsdeck gebracht und in Hängematten aufgehängt, denn durch das Schlingern des Schiffes in der schweren See hätten die Tiere sich durchgescheuert, auch mussten sie gegen Kälte geschützt werden. Das Wetter blieb verhältnismäßig still. Erst auf 50° S setzten Schneeböen ein und oft schneite es ununterbrochen bei mäßigen West- bis SW-Winden. Bald setzten aber nun die stürmischen Westwinde ein. Nach 42-tägiger Reise sahen wir bei leichtem Sturm aus West Kap Hoorn im Schneegestöber ca. zehn Seemeilen ab. Wir führten noch die Bramsegel, es war zwar auch im Hochsommer kalt, die See jedoch war nicht übermäßig hoch. Es kamen wohl manchmal Brecher über, doch das mit Holz leicht beladene Schiff machte sich gut in der See. So habe ich auf meiner letzten Fahrt um Kap Hoorn das berüchtigte Kap noch einmal im Schnee bei klarem Wetter gesehen und endgültig von ihm Abschied genommen.

Der Kurs wurde nun etwas nördlicher. Bis östlich der Falkland-Inseln blieb der SW-Wind und wir liefen stündlich neun bis zehn Seemeilen. Das Wetter wurde schon etwas handlicher und wärmer, die Schneeböen hörten auf, jedoch spürten wir noch lange die mächtigen, schweren Wellenberge aus südlichen Richtungen. Albatrosse und Kaptauben hatten uns 14 Tage lang begleitet, sie umflogen das Schiff Tag und Nacht in ihrem eleganten Gleitflug, bis auch sie uns auf 40° S verließen. Auch von diesen Kap-Hoorn-Vögeln nahm ich nun für immer Abschied, in der Erinnerung aber gedenke ich ihrer immer noch mit großem Interesse.

Jetzt fehlte uns was auf unserer einsamen Fahrt, nur vereinzelt traf man noch Möwen an, und die kleinen Seeschwalben begleiteten uns bis an den Südost-Passat heran. Nun befanden wir uns in den Rossbreiten. Flaue, leichte Winde und schönes Wetter veranlassten uns, die Malerarbeiten aufzunehmen. Nach dem Wechsel der Segel, der schweren gegen die leichten, wurde das Schiff erst gründlich gewaschen, und dann hörte das Malen und Ölen nicht eher auf, bis wir die Azoren erreicht hatten, wo das schlechte Wetter wieder einsetzte. In den 30er Südbreiten hatten wir über acht Tage herumgebummelt, meistens hatten wir veränderliche, flaue Winde. Auf 25° S bekamen wir den Südost-Passat und es wurden alle Segel, die zu setzen waren, gesetzt, und nun ging es mit flotter Fahrt wieder bei immer schönem Passatwetter der Heimat entgegen.

Nachdem wir bereits 95 Tage unterwegs waren, passierten wir am nächsten Tag den Äquator. Mallung und Stillen setzten ein und hielten uns wieder fest. Die Schildkröten lagen nun im strömenden Regen an Deck. Manche von ihnen hatten schon das Leben ausgehaucht und waren ihrem ursprünglichen Element übergeben worden, etwa zwölf waren noch halb lebendig. Wir füllten unsere Wasserfässer mit Regenwasser, und alles Zeug wurde nun gründlich durchgewaschen. Nachts ließen wir uns den unaufhörlichen warmen Regen auf den nackten Körper klatschen. Das war nach den langen Salzwasserbädern ein Hochgenuss.

Acht lange Tage dukkelten wir am Äquator herum. Man sah viele Segelschiffe, hier trafen sie sich alle, die Homeward-bounder und die Outward-bounder, alle wünschten sich Wind und kratzten an den Masten, doch der Wind wollte nicht kommen. Dann und wann kam ein leichter Zug und dann war's wieder still und man brasste von Backbord nach Steuerbord und zurück. Endlich auf 3° N und 26° W setzte der Nordost-Passat ein. Mit angebrassten Backbord-Rahen durchsegelten wir nun den letzten Abschnitt unserer Reise. Der Proviant hatte schon sehr gelitten, Erbsen und Bohnen waren bereits muffig und Reis und Mehl saßen voller Milben. Wir holten den Proviant an Deck, lüfteten und reinigten ihn. Nach zwölf Tagen verließ uns der Passat erneut, wir schlugen nun wieder für die zu erwartenden Stürme die schwereren Segel unter. Die Azoren waren passiert und in einer Nacht bekamen wir bei stürmischen NW-Winden das Feuer von Lizard in Sicht.

Am anderen Morgen nahmen wir einen Falmouth-Lotsen an Bord und ankerten gegen Mittag auf der Außenreede von Falmouth. Unsere Reise hatte 130 Tage gedauert. Es war eine mittelmäßige Reise, jedoch war sie ohne schwere Stürme und Unfälle verlaufen. Nach einigen Tagen Aufenthalt erhielten wir die Order, nach Le Havre zu segeln und erreichten Le Havre am 10. Mai 1887 morgens. Wir holten das Schiff sofort in den Innenhafen an den Kai und begannen die Luke zu öffnen sowie das Schiff löschbereit zu machen. Unsere Menagerie hatte auf der langen Reise sehr gelitten. Sämtliche Papageien und Finken waren eingegangen, nur der rote Ara lebte noch, doch als der Steuermann denselben an Deck setzte in die warme Sonne, bekam er Freiheitssehnsucht und flog fort. Zur großen Freude des Steuermanns brachte ein Schutzmann ihn am Abend wieder an Bord. Kapitän Ladewigs war von Elsfleth an Bord gekommen, um wieder die Führung des Schiffes zu übernehmen. Ich erkundigte mich sofort nach der Reisegelegenheit über Hamburg oder Bremen, musste aber noch acht Tage warten, um dann mit einem Dampfer der Hapag über Hamburg fahren zu können. Mit der Löschung der Ladung hatte die Mannschaft nichts zu tun. Wir schlugen die Segel ab und reinigten das Schiff außenbords. Bei dieser Arbeit glitt ich auf der Reling aus und stürzte ins Wasser. Rettung nahte sofort von allen Seiten, doch war es schwer, an der steilen Bordwand oder Kaimauer hinaufzuklimmen. Als ich wieder auf Deck stand und angestaunt wurde, dachte ich, das ist ein würdiger Abschluss der abenteuerlichen, romantischen Segelschifffahrtszeit. Bald darauf packte ich meine Sachen, schüttelte die Wanzen aus meinen Kleidern und Kisten und verschwand von diesem Wanzenpott, auf dem ich nur ungern gearbeitet hatte und auf dem keine Harmonie aufkommen wollte, weder bei der Mannschaft noch in der Kajüte.

Der Dampfer, mit dem ich nun fuhr, hieß RHENANIA der Hapag, kam von Westindien und ging nach Hamburg. Unsere Schildkröten waren bis auf sieben alle verendet. Drei wurden hier verkauft, vier gingen mit der RHENANIA nach Hamburg. Ich war schon einen Tag vor der Abreise an Bord gegangen, erhielt eine gute Kammer und machte mich mit den Offizieren des Schiffes bekannt. Da hier gerade die »Exposicion de maritime« in großer Aufmachung lief, verabredete ich mit den Offizieren einen Besuch dieser Ausstellung. Man hatte in die Kais große Vergnügungslokale gebaut, zu denen man nur per Boot gelangen konnte. An den Kaimauern lagen schmucke große Dampf- und Segelyachten. Als wir alles durchwandelt hatten, landeten wir auf einer belgischen Segelyacht, wurden in der Kajüte freundlich bewirtet und wanderten dann in Begleitung des Eigentümers und dessen Damen von einem Lokal ins andere. Schließlich hatten die Offiziere des Dampfers Damenbekanntschaften gemacht, und so wurde unsere Gesellschaft ziemlich ausgelassen und zu allerlei Streichen aufgelegt. Gegen Abend landeten wir im Victoria Hotel mit unserer Damengesellschaft und setzten uns an einen Tisch mitten im Saal. Da der Dritte Offizier sehr gut Französisch sprach, unterhielt er die Damen und neckte sie, was sie auch freundlich erwiderten und hinnahmen. Am Nebentisch saßen einige französische Herren, die sich darüber abfällig äußerten, dass sich französische Mädchen mit den verhassten »allemands« abgaben und diese Lokale besuchten. Wir ließen uns diese Anrempelungen natürlich nicht gefallen und so entstand nach kurzem Wortwechsel eine wüste Schlägerei. Als sich immer mehr Personen einmischten, ergriffen wir die Flucht. Der Zweite Offizier entwich aus einem Eingang nach der Straße. Dort hatten sich aber viele Menschen angesammelt und da musste er sich hindurchschlagen, wobei er tüchtig verhauen wurde. Wir anderen wurden vom Wirt durch eine Hintertür geführt, von wo aus wir in eine stille Straße entwischen konnten, unter Mitnahme eines roten Damen-Sonnenschirmes. Als die RHENANIA am nächsten Mittag durch die Schleusen, an den Molen vorbei nach See dampfte, stand unsere Damengesellschaft auf dem Molenkopf und winkte freundlichen Abschied zu uns herüber. Der Dritte Offizier erwiderte die Grüße mit dem mitgenommenen roten Damen-Sonnenschirm, versichernd, dass er ihn auf der Rückreise wieder abgeben würde. Ein lautes Gelächter erscholl von der Mole und viele Tücher wurden geschwenkt.

Durch den Kanal und die Nordsee begleitete uns schönes Wetter. Wie ganz anders ist doch das Leben auf einem Dampfer! Die Offiziere waren auch auf der Fahrt über See gut gekleidet, gingen regelmäßig ihre Brückenwache, blieben auf der Fahrt zwischen zivilisierten Menschen und verbauerten nicht. Ich glaubte in den Himmel versetzt zu sein, wenn ich mir ausmalte, dass ich auch bald ein solches Seeleben führen würde. Der Entschluss, nie wieder auf einem Segelschiff zu fahren, stand jetzt unerschütterlich fest. Der Unterschied war doch allzu groß, das ganze Zusammenleben war kameradschaftlicher und eine anständige Verpflegung war eine Selbstverständlichkeit. Diese kurze Überfahrt war für mich sehr lehrreich. Ich lernte den ganzen Dienst auf einem Passagierschiff kennen und noch dazu bei der HAPAG, wo ich es nachher, bis zu meinem Abschied von der christlichen Seefahrt, schnell zum Ersten Offizier gebracht habe.

Nach zweitägiger Fahrt erhielten wir bei Borkum einen Elblotsen, und früh am Morgen lagen wir am Kai vertäut. Ich ließ mein Gepäck zum Bahnhof bringen und nahm von den Herren in der Messe freundlichen Abschied. Ich freute mich nun auf den Schulbesuch. Am Nachmittag eines schönen Junitages kam ich in Elsfleth an. Die Segelschifffahrt ließ ich nun für immer hinter mir, nur beim Norddeutschen Lloyd oder HAPAG wollte ich mein Seeleben weiterführen. Zu Hause traf ich nur meine Mutter, die Geschwister waren alle in Beruf oder Lehre. Unsere Mutter freute sich über meine glückliche Heimkehr nach eineinhalb Jahren. Aber als ich ihr von den Wanzen erzählte, wurde sie ängstlich und meine ganze Seemannsausrüstung wanderte in den Keller, in den Waschkessel. Da der Schulkursus erst am 1. Juli begann, hatte ich genügend Zeit, mich ordentlich einzukleiden und einzurichten.

Ende meiner Segelschifffahrtszeit

Seemannsschule und Beginn meiner Dampferfahrzeit

1887 – 1888

Auf der Seemannsschule in Elsfleth machte ich mit acht Schülern zusammen im Februar 1888 mein Kapitänsexamen. Von der Prüfungskommission wurde mir mitgeteilt, dass, falls ich mich noch einem besonderem Vortrag unterwerfen würde, ich das Examen mit Auszeichnung bestehen könne, weil meine sämtlichen Aufgaben ohne Fehler gelöst wären. Ich habe darauf verzichtet und mich stattdessen sofort um eine Anstellung beim Norddeutschen Lloyd beworben. Der Andrang war sehr groß und man sagte mir, dass ich der 134ste wäre.

Von März bis Juni wartete ich vergeblich auf eine Anstellung, dann bot sich mir eine Stelle als Zweiter Offizier auf dem Dampfer CORONA, Reederei Schiff, Elsfleth. Der Dampfer lag in Bremerhaven und lud für New York. Der Erste Offizier war mein früherer Kapitän, Hamer, der jetzige Kapitän hieß Wittenberg. Auf dieser Reise nahmen wir einen Freund und Nachbarn von mir, Hans Folkens, mit hinüber. Er wollte dort sein Glück machen, was ihm aber nicht sofort gelang. Nach der zweiten Reise traf ich ihn in New York als Straßenreiniger. Später ging er von hier nach Buffalo und, da er Drogist von Beruf war, heiratete er eine Apotheker-Witwe und besuchte mich nach zehn Jahren als wohlhabender Amerikaner.

Nach der zweiten Reise der CORONA wurde dieses Schiff von der Hamburg-Südamerikanische-Dampfschifffahrts-Gesellschaft gechartert. Wir waren dann für diese Linie eineinhalb Jahre in der La-Plata- und Brasilfahrt beschäftigt. Für mich waren diese Fahrten außerordentlich interessant und lehrreich. Nach drei Monaten waren wir immer wieder in Hamburg und nach einem Jahr wurde ich schon Erster Offizier.

Nach Ablauf dieser Charter im Herbst 1889 verholten wir zwecks Kessel- und Maschinen-Reparatur in die Werft von Lange in Vegesack. Der Erste Maschinist, Langheinrich, der Kapitän, Wittenberg, und ich blieben an Bord. Bei der Ankunft in Vegesack verloren wir Anker und Kette, trotz Schlepper trieben wir gegen die Damenbadeanstalt und zerdrückten sie. Nach vielen vergeblichen Versuchen legten wir in Lesum an die Werft von Lange an. Die Kessel wurden zur Reparatur an Land gegeben. Nach vielen vergeblichen Versuchen gelang es mir doch, den Anker und die Kette wiederzufischen.

Im Oktober 1889 besuchten mich Herr Paetz und Frau mit den Kindern Frieda und Willy. Da wir von Brasilien viele Ananas und von Teneriffa Wein mitgebracht hatten, konnte ich die Gäste gut bewirten, und wir verlebten zusammen mit Langheinrichs einen angenehmen Nachmittag. Bei diesem Besuch lernte ich meine spätere Frau Frieda als neunjähriges Mädchen kennen.

An einem Abend im November brach im Holzlager der Werft Feuer aus. Da keine Leute und Spritzen zur Hand waren, konnte das Feuer sich rasch ausbreiten, so dass die Helgen des auf Stapel liegenden eisernen Neubaus in Mitleidenschaft gezogen wurden und die Takelage der CORONA gefährdet war. Vom Ersten Maschinisten und einigen an Bord befindlichen Leuten wurden die Rettungsboote klargemacht, denn sie waren vom Lande abgeschnitten. Kapitän Wittenberg und ich befanden uns zum Abendessen im Hafenhaus. Wir rannten sofort zum Schiff, vor uns der Direktor Nawatzki, der gerade von seiner Hochzeitsreise zurückgekehrt war. Nach einer Stunde war die Bremer Feuerwehr zur Stelle und um Mitternacht war das Feuer bekämpft.

Während dieser Liegezeit hatte ich das Schiff mit Landarbeitern von außen und innen vom Rost zu befreien und zu streichen. Bei diesen Arbeiten hatten jene Leute ausfindig gemacht, dass in einer vom Zoll versiegelten Kammer geräucherte Ochsenzungen an Spießen hingen. Sie öffneten das Bullauge und holten mittels Spieß und Messer nach und nach unsere in Argentinien gekauften leckeren Frebentoszungen heraus. Als der Zollbeamte mal die Siegel nachsah, sahen wir die Gaunerei, die Ware war nun unverzollt in den Verkehr gekommen. Die Diebe wurden zur Rechenschaft gezogen und bestraft.

Im Dezember wurden die Kessel wieder einmontiert und Mitte Dezember wurde die CORONA nach Bremerhaven geschleppt, um in Wenkes Dock einen Bodenanstrich zu erhalten. Die Fahrt nach Bremerhaven war mit allerlei Widerwärtigkeiten verbunden. Es herrschte eine leichte Kälte und das Treibeis hinderte die Fahrt, so dass wir erst um drei Uhr nachmittags das Schiff in Geestemünde an der Hafenmole festmachen konnten. Unterwegs hatten wir eine Boje in die Schraube bekommen und es musste dieselbe mitgeschleppt werden, ein widerwärtiges Hindernis. Bei der Abfahrt von Vegesack fiel ein betrunkener Heizer zwischen Kai und Schiff. Seine Kopfhaut war stark zerrissen, sie wurde von einem Arzt oberflächlich vernäht, und wir mussten den sinnlos Betrunkenen in ein dortiges Krankenhaus liefern. Am nächsten Tag legten wir das Schiff in Wenkes Dock, und sobald der Bodenanstrich erledigt war, verholten wir wieder in den Geestemünder Hafen zum Laden einer Stückgutladung für New York.

Zu dieser Zeit hatte ich mir zum Überfluss auch noch eine Grippe zugelegt, so dass ich Mutter und Elly nicht besuchen konnte. Mutter und Elly logierten bei Schwedes und kamen mehrere Male an Bord, wo sie auch von Kapitän Wittenberg sehr zuvorkommend bewirtet wurden. Am 20. Januar 1890 war das Schiff beladen, und wir verholten am nächsten Tag vor die Schleuse, um in See zu gehen. Bei der Ausfahrt war das Wetter trübe und regnerisch. Mutter und Elly waren zur Schleuse gekommen, um mir die letzten Abschiedsgrüße zuzuwinken. Die Seefahrt hatte wieder begonnen.

Im Kanal trafen wir auf starke westliche Winde mit hohem Seegang, was die Fahrt sehr herabsetzte. Wir mussten nun Devonport in England anlaufen, um die Bunker wieder aufzufüllen. Von dort setzten wir die Reise fort. Um die schweren westlichen Winde und die hohe See zu meiden, gingen wir bis auf 36° N herunter, wo besseres Wetter zu erwarten war. Wir erreichten New York am 18. Reisetag und legten das Schiff gleich an unseren Löschplatz in Brooklyn.

Nach Löschung der Ladung sollten wir mit Mais und Rindvieh nach London zurückkehren. Wir legten zu dem Zwecke die CORONA an den »grain elevator« in New York, um den Unterraum mit Mais zu füllen. Die 450 Stück Rindvieh, die im Zwischendeck untergebracht werden sollten, luden wir auf der Reede. Durch die Bewegungen der Tiere geriet das Schiff in starke Schlingerbewegungen, wie bei hohem Seegang. Das ließ erst nach, als wir in voller Fahrt waren. Im Zwischendeck entwickelte sich eine unerträgliche Hitze, einige Tiere gingen infolgedessen ein, die Luken konnten auf der Fahrt nicht geschlossen werden, was sich bei schlechtem Wetter sehr nachteilig auswirkte, auch bei dem in Holzverschlägen untergebrachten Vieh.

Nach ziemlich guter Reise kamen wir nach 14 Tagen auf der Themse an und legten in Themsehaven an den Schlachthof an, wo das Vieh sofort geschlachtet wurde, es hatte sehr an Gewicht verloren. Nach der Löschung des Viehs setzten wir unsere Reise nach Antwerpen fort.

Noch auf der Themse erreichte mich ein Telegramm, dass ich sofort nach Hause kommen müsse wegen einer Erbschaft. Nach unserer Ankunft in Antwerpen reiste ich dann nach einigen Tagen über Düsseldorf, Bremen nach Elsfleth. Leider war es kein frohes Wiedersehen, denn Mutter hatte sich beim Hinfallen den Arm verletzt.

Mein größter Wunsch war es jetzt, mich bei einer der größten Dampferreedereien um eine Anstellung zu bewerben. Da unser Reeder, Herr Bankdirektor Ad. Schiff, mit Herrn Direktor Ballin befreundet war, wurde ich durch ihn dorthin empfohlen und wurde sofort als Vierter Offizier auf dem Dampfer WIELAND eingestellt.

Nachwort

Hier enden die handschriftlichen Aufzeichnungen von Adolf Sievers.

Noch bis 1895 fuhr Adolf Sievers als Offizier auf verschiedenen Dampfern der Hapag zur See, zuletzt als Erster Offizier auf dem Schnelldampfer AUGUSTE VIKTORIA. 1890 vermachte sein Onkel einen Teil seines Vermögens den vier Kindern des verstorbenen Bruders. So konnte Adolf im Herbst 1895 als Teilhaber in die von seinem Bruder Gustav gegründete Lebensmittelgroßhandlung in Bremen eintreten, die sie von da an unter dem Namen »Gebr. Sievers« gemeinsam führten.

1898 heiratete Adolf Sievers die Kaufmannstochter Frieda Paetz, die er schon im letzten Kapitel seiner Seefahrtserinnerungen erwähnt. Sie führten eine glückliche Ehe, in der sie zwei Töchter, Marga und Käthe, bekamen. Mit der Familie unternahm Adolf so manches Mal mit der eigenen Segelyacht LIENEN Segeltouren auf der Weser. Bei zahlreichen Regatten hat er mit dem neun Meter langen Boot große Erfolge errungen.

Der Erste Weltkrieg unterbrach die florierende Expansion der Firma »Gebr. Sievers«, welche aber den beiden Familien während der Hungerjahre eine gute Versorgung mit Lebensmitteln sicherte. Nach dem Krieg gelang trotz der Inflation der Wiederaufbau der Firma.

1923 trennten sich die Brüder, und Adolf Sievers gründete eine eigene Großhandlung mit Kaffeerösterei, die er 1928 im Alter von 66 Jahren verkaufte, um sich in den wohlverdienten Ruhestand zurückzuziehen.

In den folgenden Jahren dachte Adolf oft und mit großem Vergnügen an die erlebnisreichen und schönen Zeiten auf See zurück. Besonders seine Zeit als Mitglied der Matrosenkapelle blieb unvergessen. Die Musik war nach den Jahren zur See immer noch ein wichtiger Bestandteil seines Lebens. Das Musizieren mit der Geige im Familienkreis, auch unter Begleitung seiner Tochter Marga am Klavier, machte ihm bis ins hohe Alter große Freude. Auch Schiffsmodelle baute er weiterhin. Er beschäftigte sich mit dem Nachbau mehrerer Segelschiffe aus seiner Fahrenszeit und widmete sich dem Obstanbau in seinem Garten.

Einen schweren Schicksalsschlag mussten Adolf und seine Familie hinnehmen, als das von ihm erbaute und über 30 Jahre bewohnte Wohnhaus in Bremen im November 1944 durch Brandbomben zerstört wurde. Die Familie verlor fast ihr gesamtes Vermögen.

Adolf Sievers zog nach Eitzen II bei Ebstorf und verbrachte seine letzten Lebensjahre in der Abgeschiedenheit der Lüneburger Heide – bis zuletzt in geistiger Frische, zufrieden und ausgesöhnt mit seinem Schicksal. Er verstarb 93-jährig am 2. Juni 1955.

Worterklärungen

Außenklüver: das äußere Segel des Klüverbaums
Baas: Meister
Backbord: links (vom Heck aus gesehen).
Balje, auch Balge: enges, stets Wasser führendes Fahrwasser zwischen oder hinter den Inseln des Wattenmeeres
Bändsel: kurze, dünne Leine
Begien: Segel an der Kreuzrah
Besan: Gaffelsegel am hinteren Mast
Besanmast: auf Segelschiffen mit mehreren Masten der letzte Mast
Bilge: unterster Raum eines Schiffes. Dort sammelt sich Leckwasser.
Bram: zweite Mastverlängerung über dem Obermast
Bramsegel: Takelung an der Bram; drittes Rahsegel von unten
Bramstenge: oberster Teil eines Mastes
Brasse: Tau, mit dem Segel gestellt, Rahen gedreht und festgehalten werden können
Brassen: die Rahen mit der Brasse nach dem Wind drehen
Brigg: ein Segelschiff mit zwei voll getakelten Masten, nämlich Groß- und Fockmast
Bulle: die vom Ende des Baumes nach vorne führende Sicherungsleine auf einem Segelboot, die ein Überschlagen des Baums auf die andere Seite verhindert
Bultsack: Seemannsmatratze
Duc d'Alben, Duckdalben: In den Hafenboden eingerammte Pfähle, an denen Schiffe befestigt werden können.
Einschäkeln: etwas mit Hilfe eines Schäkels befestigen
Erste Kajüte: erste Klasse
Etmal: die von einem Schiff von einem Mittag bis zum nächsten Mittag zurückgelegte Strecke
Fall: ein Tau, mit dem Segel niedergeholt und aufgezogen werden
Fieren: Absenken von schwebenden Lasten, Tau nachgeben
Fock: Vorsegel, vor dem Mast
Fockschot: doppelt geführte Schot zum Bedienen der Fock
Gangspill: eine Winde auf Segelschiffen, mit deren Hilfe per Muskelkraft der Anker gehoben wird
Geitau: ein Tau, das, am Schotring eines Rahsegels befestigt, über die Rahnock zum Mast hinauf und von dort nach unten auf Deck läuft. Das Geitau dient dem Reffen des Segels.
Glas: Auf größeren Schiffen wird die Uhrzeit nicht in Stunden, sondern in Glasen angegeben. Ein Glas entspricht einer halben Stunde.
Glasen: Anschlagen der Schiffsglocke, um die vergangenen Glasen seit Wachbeginn anzuzeigen. Eine Wache dauert acht Glasen, also vier Stunden.
Grain elevator: Getreideheber
Großschot: Tauwerk, mit dem das Großsegel bedient wird
Großsegel: Hauptsegel
Halsen: bei der Fahrt vor dem Wind die Segelstellung von einer Seite auf die andere ändern
Häsig: diesige, leicht neblige Luft

Helgen, Helling: Gelände zum Schiffsneubau; von dort werden Schiffe auch zu Wasser gelassen
Heuerbaas: jemand, der Seeleute anwirbt bzw. vermittelt
Jager: das äußerste Segel am Klüverbaum, auch Außenklüver genannt
Kajüte: Wohn- und Schlafraum auf Booten und Schiffen. Marine: Wohnraum des Kommandanten oder besonders bevorzugter Gäste auf einem Schiff
Kalmen: Windstille sowie Regionen, in denen es meist windstill ist
Klaufall: eines von zwei Fallen zum Hissen eines Gaffelsegels (das andere ist das Piekfall).
Klüse: Öffnung in der Schanz (Verschalung), durch welches Ketten, Taue oder Trossen gezogen werden können
Klüverbaum: Über den Vorsteven hinausragendes Rundholz, an dem die Vorsegel befestigt werden.
Kolli: Plural von Kollo
Kollo: Stückgut; kleinste Einheit einer Warensendung
Lee: dem Wind abgewandte Seite eines Schiffes
Leichter: Kahn ohne eigenen Antrieb, mit dem Ladung aufgenommen (geleichtert) wird
Lenzen: vor dem Wind segeln mit nur geringer oder ohne Segelfläche
Logge: Gerät zum Messen der Schiffsgeschwindigkeit
Logis: Unterkunftsräume der Mannschaft
Luv: dem Wind zugewandte Seite eines Schiffes
Mallung: Hinundherspringen des Windes
Mennige: Rostschutzfarbe (mit Bleioxid als Pigment)
Nock: ein über das Segel hinausragendes Ende eines Rundholzes
Pardunen: Eisendrähte, durch die die Masten schräg nach achtern und zur Seite abgestützt werden
Persenning: starkes Segeltuch; dient zum Schutz von Gerätschaften und Ladung
Piek: vorderster und hinterster Teil des Schiffskörpers sowie das oberste Ende eines Gaffelsegels
Poller: Metallpfosten auf Schiffen und an Kaimauern, an denen die Trossen befestigt werden
Rah: querstehende Takelagespieren, an denen die Segel befestigt werden
Rahnocken: die äußersten Enden der Rahen
Royal: Rahsegel oberhalb der Bram
Saling: Bei Yachten sind dies Querstützen zwischen Mast und Wanten. Bei Großseglern auch: Holzkonstruktion, die zwei Teile des Mastes miteinander verbindet (auch: Eselshaupt).
Schäkel: ein u-förmiger Haken, der mit einem Bolzen verschließbar ist und mit dem man Ketten und Taue miteinander verbinden kann
Schratsegel: alle Segel, die längsschiffs sitzen
Schralen: unsteter, veränderlicher Wind
Schute: offenes Boot ohne Eigenantrieb, das dem Befördern von Lasten dient
Segelkoje: ein Raum im Schiff, in dem die Reservesegel aufbewahrt werden
Stag: Seil, starker Draht, mit dem die Masten in Längsrichtung des Schiffes gesichert und gestützt werden
Steamer: Dampfer
Stelling: Laufsteg zwischen Schiff und Pier oder Schiff und Schiff
Steuerbord: rechts (vom Heck aus gesehen)
Stevedore: Stauer, Schiffsbelader
Sturmsegel: kleines Segel, das bei Sturm als einziges gesetzt wird
Talje: Flaschenzug
Untermars: zweite Rah von unten
Verschalken: Abdichten von Schiffsluken durch Lukenkeile und Persennige
Vierkant gebrasst: Die Rahen sind so gestellt, dass sie quer zum Schiff stehen.
Want: Taue oder Stahldrähte zum seitlichen Stützen des Mastes
Zeising: kurzes Tau, mit dem die geborgenen Segel zusammengebunden werden
Zweite Kajüte: zweite Klasse